北京大学粤港澳大湾区知识产权发展研究院

主　编

张　平

主要参与人（姓名首字母顺序）

辜凌云　梁欣然　凌晓苏　刘伟斌　秦瑞翰
夏　瑜　谢　阳　徐佳鑫　闫文光　朱园伟

参 与 人（姓名首字母顺序）

陈　蕾　陈　琳　陈彤欣　段南星　郭依贝
胡誉川　金宇航　蒯鸿娜　黎活文　李佳一
李林凡　潘婧怡　施田琪　王清杨　吴熙辰
吴亚曦　谢　巽　徐煜涵　许洋龙　叶卓颖
张　晗　张梓楠　章　璐　赵怡冰　周劭涵

北京大学法学院
北京大学粤港澳大湾区知识产权发展研究院
"大治论坛：全球互联网前沿科技法律观察（2022—2023）"报告

全球互联网前沿科技法律观察

（2022—2023）

张 平 / 主编

中国法制出版社
CHINA LEGAL PUBLISHING HOUSE

前言 PREFACE

近年来，随着《数字经济发展战略纲要》《新时代的中国网络法治建设》《数字中国建设整体布局规划》等重要文件的发布，我国不断推动"数字中国"和"网络强国"建设，进一步明确了数字法治的基础作用，强调了法治在互联网时代的引领和保障作用。然而，随着促进数字技术应用等前沿科技的迅猛发展，新型法律实践的出现以及随之而来的法律挑战已超越了传统法律工具和法治理念的范畴。尤其是在算法治理、数据安全、开源治理等前沿领域，需要现行法律体系重新审视和调整，确保法治建设与数字化进程相协调。

北京大学法学院、北京大学粤港澳大湾区知识产权发展研究院，分别是中国现代法学教育的发源地和服务于粤港澳大湾区的智库机构，长期以来持续关注互联网前沿法律发展，每年围绕重点问题开展了大量的研究工作，形成包括《互联网技术创新专利观察报告》《互联网个人信息保护及测评报告》《中华人民共和国个人信息保护法理解适用与案例解读》《中华人民共和国数据安全法理解适用与案例解读》《〈个人信息保护法〉一周年观察》《开源规则——案例、许可证及开源组织》等多部成果，以及陆续出版的《全球互联网法律观察（2020—2021）》《全球互联网法律观察（2021—2022）》，力争从多方面深度观察互联网产业前沿法律治理问题，为互联网行业健康可持续发展保驾护航。

本次年度报告整体上延续上两个年度《全球互联网法律观察》的行文逻辑和体例，研究团队在初稿撰写完成后，邀请多位法学领域专家针对报告提出修改意见，在此基础上进行删改补充。2023年5月20日，报告于北京与广州同步召开的"北京大学知识产权学院成立三十周年纪念学术研讨会 暨第三届大治论坛：全球互联网前沿科技法律观察（2022—2023）"上发布，论坛中，两个分会场，数百名学术界、实务界的专家学者针对报告提出的法律议题展开了深入探讨。会后，研究团队根据会议中的专家发言和观点，重新修葺成稿，至此完成本书。

序 | PREFACE

"治谓以事咨辩陈请。"

——《周礼正义》

互联网技术自诞生之初便饱受赞誉与争议，科技的发展并非能以线性的思维予以观察，纷繁复杂的社会生活充斥着各种不可预估的变量，系统性与整体性社会规范调整的应成为应对技术发展与冲击的必然趋势。基于现实因素的考量，由于传统技治主义以过于乐观的心态调整科技与社会之间的关系并不适合技术"蝶变"背景下的社会调整需求，算法黑箱、数据泄露、人脸识别风险等一系列科技发展危机正成为技术与社会关联杂交过程中的新型难题。互联网前沿科技领域中的法律问题正是科技社会化应用中的野性与法律秩序、道德伦理交互对抗的体现。解决因技治主义所带来的数字鸿沟与数字异化等问题和风险，探索社会福利增长的最优解，对于实现我国实现治理体系和治理能力现代化具有重要意义。

算法治理、数据安全、生成式人工智能、开源软件治理、元宇宙等热词在社会热点事件的冲击下反复映入公众视野。习近平总书记在第十四届全国人民代表大会第一次会议上的讲话提到："要完整、准确、全面贯彻新发展理念，加快构建新发展格局，深入实施科教兴国战略、人才强国战略、创新驱动发展战略，着力提升科技自立自强能力……"一时间，围绕互联网治理开展的建设活动又掀起一股热浪，世界各国纷纷制定和修改涉互联网治理的有关战略或法案，以试图加强互联网监管规范和价值挖掘。数字经济治理和持续发展，数字化转型升级等已成为目前全球最重要的热点议题。

时值北京大学知识产权学院成立三十周年院庆，北京大学法学院/知识产权学院、北京大学粤港澳大湾区知识产权发展研究院联合中国法学交流基金会共同举办"北京大学知识产权学院成立三十周年纪念学术研讨会暨大治论坛：全球互联网前沿科技法律观察（2022—2023）"，并发布《大治报告：全球互联网前沿科技法律观察（2022—2023）》。该报告针对目前互联网领域最关切的"算法的法律治理：应用与规制""数据要素市场化配置：理论与实践""开源：法律治理与生态构建""元宇宙：立足当下，展望未来""网络运营者分类分级：理念与规范"五大热点议题进行深入分析。

关于"算法的法律治理：应用与规制"问题，报告首先对算法应用的主要场景和治理现状进行分析，结合中国当前实践，寻求算法应用与监管之间的平衡。后续聚焦于"算法推荐的法律规制""算法过滤的法律规制""算法审计的规范路径"和"算法共谋的反垄断规制"四大问题，重点分析了我国算法治理在立法、司法和监管上可能存在的问题，并通过探索现阶段中国的算法治理范式，为探讨如何实现算法公平、算法安全与算法向善提供框架。

关于"数据要素市场化配置：理论与实践"问题，报告立足于各地方大数据产业战略布点，以数据要素市场化战略布局为基础，分析数据要素基础制度体系的构建情况和地方数据交易所设立运行情况，重点观察"数据交易""数据跨境""数据开放"和"数据安全"四个热点问题，力求为完善数据要素市场化配置环境，确立系统性统一交易标准下分类分级制度，落实权益保护，把关数据安全和保障数据质量和明确开放边界提供建议。

关于"开源：法律治理与生态构建"问题，报告在观察开源在我国的发展现状与战略定位基础上，重点观察和分析我国开源的机遇和挑战。通过"开源软件的著作权侵权判定""开源与商业秘密保护"和"开源生态治理与中国开源之路"三个开源法律及开源生态建设治理问题进行梳理和剖析，以探索开源良性发展为目的，力求准确把握开源前瞻点，推动变中求新，激发经济活力。

关于"元宇宙：立足当下，展望未来"问题，报告基于Web 3.0发展的时代背景，系统梳理 Web 3.0 时代中全球各地对于元宇宙的有关政策及近年来国内外相关领域的重大事件，重点关注与元宇宙相关的虚拟人、虚拟财产及知识产权等领域。通过对以上领域的关注与分析，深入探索挖掘元宇宙背景下技术应用给社会发展带来的冲击，分析元宇宙及相关领域在我国未来数字经济体系下的发展与应用，为科技与法律的发展应用提供可借鉴的分析思路。

关于"网络运营者分类分级：理念与规范"问题，报告立足于互联网时代下网络运营者发展应用以及互联网平台分类分级的背景，重点关注网络运营者分类分级与主体责任的承担、平台"通知—删除"必要措施的应用以及"守门人"制度的衔接三个方面，深入分析网络运营者在互联网法治环境中对于社会规范的适应与发展，思考网络运营者分类分级的理念与规范建构，为网络运营者在互联网法治环境中的发展提供切实的分析。

报告立足本土，放眼全球，内容横穿理论与实践之间，兼顾国内与国际之情，以促进互联网产业发展和社会秩序间实现权利的平衡。报告总结当前算法的法律治理、数据要素市场化配置、开源的法律问题、元宇宙以及网络运营者分类分级五大问题，借鉴不同行业的法律治理模式和路径，以期能够为互联网法律治理提供更多建设性思路和建议，共同实现为全球互联网法律治理贡献中国智慧！

五月榴花照眼明，枝间时见子初成。值此时节，诚邀各界同人相会，共襄互联网法律治理盛举！

是为序。

目录 CONTENTS

第一部分 算法的法律治理：应用与规制 / 001

一、引言 / 003

二、整体观察 / 004
（一）算法治理是信息时代的核心议题 / 004
（二）算法应用的主要场景及监管现状 / 005

三、重点观察之一：算法推荐的法律规制 / 014
（一）问题简述 / 014
（二）核心争议点 / 015
（三）域外立法 / 024
（四）评析 / 031

四、重点观察之二：算法过滤的法律规制 / 032
（一）问题简述 / 032
（二）核心争议点 / 033
（三）域外立法 / 039
（四）评析 / 040

五、重点观察之三：算法审计的规范路径 / 041
（一）问题简述 / 041
（二）核心争议点 / 043
（三）域外立法 / 049
（四）评析 / 052

六、重点观察之四：算法共谋的反垄断规制 / 052

（一）问题简述 / 052

（二）核心争议点 / 055

（三）域外立法 / 065

（四）评析 / 067

七、小结与展望 / 069

第二部分　数据要素市场化配置：理论与实践 / 073

一、引言 / 075

二、整体观察 / 076

（一）中央层面 / 077

（二）地方层面 / 082

（三）地方数据交易所设立运行情况概览 / 090

三、重点观察之一：数据交易 / 094

（一）问题简述 / 094

（二）核心争议点 / 095

（三）评析 / 103

四、重点观察之二：数据跨境 / 106

（一）问题简述 / 106

（二）核心争议点 / 108

（三）评析 / 113

五、重点观察之三：数据开放 / 116

（一）问题简述 / 116

（二）核心争议点 / 116

（三）评析 / 124

六、重点观察之四：数据安全 / 126

（一）问题简述 / 126

（二）核心争议点 / 127

（三）总结 / 141

七、小结与展望 / 142

（一）完善数据要素市场化配置环境 / 142

（二）确立系统性统一交易标准下分类分级制度 / 143

（三）严格落实权益保护，把关数据安全 / 143

（四）技术革新以保障数据质量和明确开放边界 / 144

第三部分　开源：法律治理与生态构建 / 147

一、引言 / 149

二、整体观察 / 150

（一）开源在我国的发展现状与战略定位 / 150

（二）2022—2023年国内开源重点事件一览 / 154

（三）我国开源的机遇和挑战 / 158

三、重点观察之一：开源软件的著作权侵权判定 / 160

（一）开源软件与著作权 / 160

（二）甲网络公司、乙网络公司等侵害计算机软件著作权纠纷案简析 / 163

（三）"违约即侵权"司法观点的普适性评析 / 167

四、重点观察之二：开源与商业秘密保护 / 169

（一）我国商业秘密保护现状 / 169

（二）开源软件的技术秘密认定 / 172

（三）开源代码的发表与权利主张 / 174

（四）开源商业秘密风险防范建议 / 175

五、重点观察之三：开源生态治理与中国开源之路 / 177

（一）国内开源规则体系构建 / 177

（二）国际开源许可证的认证和治理 / 182

（三）全球开源生态构建与中国开源智慧思路 / 184

六、小结与展望 / 185

第四部分　元宇宙：立足当下，展望未来 / 187

一、引言 / 189

二、整体观察 / 189

（一）国内情况 / 189

（二）国外情况 / 192

三、重点观察之一：虚拟人 / 192

    （一）虚拟人的分类与特征 / 193

    （二）虚拟人所引发的法律问题 / 195

    （三）域内外动向 / 197

    （四）虚拟人的法律规制路径初探 / 197

四、重点观察之二：虚拟财产 / 199

    （一）问题简述 / 199

    （二）核心争议点 / 200

    （三）域内外动向 / 205

    （四）从"虚"到"实"：虚拟财产的保护体系构建 / 208

五、重点观察之三：知识产权 / 209

    （一）问题简述 / 209

    （二）核心争议点 / 210

    （三）域内外动向 / 212

    （四）应对和解决：对过往措施的调整与适用 / 215

六、小结与展望 / 219

第五部分　网络运营者分类分级：理念与规范 / 221

一、引言 / 223

二、整体观察 / 232

    （一）网络运营者分类分级是互联网法治监管的重要举措 / 232

    （二）网络运营者分类分级的理念探讨与实施难题 / 235

三、重点观察之一：网络运营者分类分级与主体责任的承担 / 240

    （一）现象简述 / 240

    （二）核心争议点 / 241

    （三）域外借鉴 / 242

    （四）评析 / 244

四、重点观察之二：网络运营者分类分级与一般侵权责任条款必要措施的应用 / 247

    （一）问题简述 / 247

    （二）核心争议点 / 249

（三）域外借鉴 / 251
　　　（四）评析 / 253
　五、重点观察之三：网络运营者分类分级与"守门人"制度的衔接 / 254
　　　（一）问题简述 / 254
　　　（二）核心争议点 / 256
　　　（三）域外经验借鉴与剖析 / 257
　　　（四）评析 / 261
　六、小结与展望 / 262

结　语 / 264

致　谢 / 266

后　记 / 268

第一部分

算法的法律治理：应用与规制

一、引言

算法源起于计算机及工业领域，本质上可被定义为一种有限、确定、有效的现实世界数字化、模拟化的工具。[①]在利用算法进行自动化决策的应用中，其基本流程包括建立模拟现实问题的模型，为模型输入数据，通过模型模拟问题，再通过算法计算出问题答案。[②]相较于人力推演，算法运算准确且高效的特征极为突出，正因为算法应用与21世纪经济发展的市场需求与时代趋势不谋而合，因此算法在我国各行业中日益得到了更为广泛的适用空间。随着算法应用型研究如火如荼地开展，我国法律层面上对于算法治理与算法规制的认知也越来越成熟。近年来，我国网络、信息、数据等基本法确立，立法上逐步开始完善针对算法应用的监管性与责任性规范。不可否认的是，我国对于算法向上向善的实现难以一蹴而就。基于算法技术发展所带来的可控风险和伦理风险的现实化，包括公民人格权、财产权、知识产权、公平竞争等权益都面临着算法挑战。因此，如何实现对算法的有效治理成了理论与实务研究中的焦点。

本报告主要针对世界各国在算法治理中的法律实践及理论研究进行梳理分析。内容上分为对算法应用与治理的整体观察与针对具体问题的重点观察。整体观察主要在于先行明确算法的主要应用场景、监管现状。重点观察则聚焦于推荐性算法、过滤性算法的法律规制问题，算法审计的规范路径以及算法共谋的反垄断法规制问题。在对以上各类行为中存在的种种问题抽丝剥茧，确定其核心争议后，同时借助比较法的分析方法，考察英

---

① ［美］罗伯特·塞奇威克、凯文·韦恩：《算法》，谢路云译，人民邮电出版社2019年版，第1页。
② 参见沈伟伟：《算法透明原则的迷思——算法规制理论的批判》，载《环球法律评论》2019年第6期。

美国家对以上问题的治理思路和治理逻辑。在此基础上，提出算法法律治理的基本范式和应对思考，在应用（发展）和规制（监管）间寻求平衡。

二、整体观察

（一）算法治理是信息时代的核心议题

随着云计算、大数据、物联网、人工智能和区块链等技术的出现，在新的科技革命和产业变革中，数据经济蓬勃发展，催生了新产品形态和业务模式。数据经济的核心是数据，算法出现以后，数据被抓取、处理、提炼才产生基于数据价值的数据经济。[①]正如莱辛格教授所言"代码即法律"，算法是这数字信息世界的法律。算法在大数据蓬勃发展的今天，从实验室走向应用，以前所未有的速度、深度和广度重构着我们的生产和生活。

算法融入了经济社会的各个方面，带动了经济增长、推动了经济发展，使得个体的生活更加丰富、更加便利，成为企业取得竞争优势的重要因素和政府治理社会的便利手段。算法的应用范围广阔，展示形态多样，例如，搜索引擎通过排序算法对用户搜索的内容进行展示；商业银行通过对于贷款申请者的还款风险评估算法测算贷款申请者的还款能力进而决定是否放出贷款；机场车站对于大规模人群的特征识别算法；用于维护公共安全，大数据征信可以对征信对象进行信用评分。作为个体，我们的衣物选择、新闻获取、股票等商业交易中充斥着信息平台的个性化推荐，通过算法大幅度提高决策效率，提升消费体验。企业通过算法处理大数据，通过追踪、监测市场信息来调整价格信息。政府通过算法进行犯罪风险预防、辅助量刑和智能社会治理等公共管理，在社会福利事业、刑事司法、医疗系统的完善和国家安全等方面，算法发挥着举足轻重的作用。我们生活在"算法社会"中，算法在不同场景下管理、分类乃至约束着社会的运行。

[①] 参见韩旭至：《人工智能的法律回应——从权利法理到致害责任》，法律出版社2021年版，第98页。

在信息化、网络化和智能化飞速发展的当下，算法极大地促进了经济的发展和政府管理，但同时也在多个方面带来了风险，如市场竞争、信息传播、个人隐私和弱势群体的利益等方面。算法在生产生活中发挥着不可替代的重要作用，但其又存在风险和隐患，因此算法成为信息时代最重要、最核心、最关键的议题，受到越来越多的关注和更大范围的讨论。

（二）算法应用的主要场景及监管现状

1. 算法应用的主要场景

技术一般被认为是价值中立的，然而企业开发设计算法目的是服务其经济目标，即使企业在开发算法时没有违反法律法规，但将利益最大化作为算法要实现的最终目标，可能使得算法在自我学习迭代中造成可能违反法律法规、公序良俗和社会伦理道德的结果。随着算法越来越广泛地应用，风险和问题逐渐显现。算法的应用影响正常的传播秩序、市场秩序和社会秩序，也给社会公平公正和消费者合法权益的保护带来严峻挑战。

在政府管理方面，算法被越来越多地应用于治理社会，如交通执法、犯罪预测等领域，但算法黑箱始终挑战着人类享有的决策知情权。当算法在政府管理和社会治理方面发挥越来越大的作用，人类的自主性亦面临着更严峻的挑战。在面对"电车难题"中算法如何作出决策无法知晓，算法自动作出判断并实施行动可能构成对道德伦理的挑战。

在经济发展方面，随着平台企业涌现，由平台连接着用户和供应商，提供双方交易中介服务以及实现交易所需要的数字化工具、数字基础设施和交易规则。然而个别超大型平台利用市场优势地位和对数据的掌控对供应商和最终用户定价，利用算法向供应商和消费者收取高价，限制市场竞争，对消费者权益带来严重威胁。

在社会安全方面，AI换脸等算法的发展使得算法犯罪成为社会信息安全重要隐患。绝大多数用户对于平台或产品收集面部识别特征等生物识别信息缺乏警惕，其面部特征信息可能被算法技术窃取应用于诈骗、色情、虚假新闻等，不仅严重损害公民个人财产和身心健康，还严重影响了社会秩序。

在个人权益方面，算法可能威胁个人隐私，侵害弱势群体的利益。算法建立在数据的收集基础之上，但算法设计开发者为追逐利益可能并非全部基于合法途径获取用户的数据。自2019年1月中央网信办、工业和信息化部、公安部和市场监督管理总局四部委联合发布《关于开展App违法违规收集使用个人信息专项治理的公告》开始我国（移动互联网应用程序）App违法违规侵害用户权益专项整治活动，①仅在2021年因违法处理个人信息通报违规1549款、下架514款App。②因个人信息泄露发生的司法案例近年来也快速增长。另外，算法的应用可能也在一定程度上损害了弱势群体的利益。例如，有些外卖平台的骑手在算法的调度安排下为了准时完成订单避免罚款，被迫增加劳动强度，甚至采取超速、闯红灯和逆行等高风险行为，增加事故发生概率。

2. 算法监管与治理现状

（1）算法规范及特征

目前对于算法的监管主要是散见于各个法律、部门规章、规范性文件、地方规章和技术标准中，整理如下表：

类别	名称	发布时间	实施时间	发布机关	具体规定
法律	《电子商务法》③	2018年8月31日	2019年1月1日	全国人民代表大会常务委员会	第18条第1款规定："电子商务经营者根据消费者的兴趣爱好、消费习惯等特征向其提供商品或者服务的搜索结果的，应当同时向该消费者提供不针对其个人特征的选项，尊重和平等保护消费者合法权益。"

---

① 《中央网信办、工业和信息化部、公安部、市场监管总局关于开展App违法违规收集使用个人信息专项治理的公告》，载中国政府网，http://www.gov.cn/zhengce/zhengceku/2019-11/11/content_5450754.htm，最后访问时间：2024年6月1日。

② 《工信部：2021年全年通报违规1549款、下架514款APP》，载央视网，https://news.cctv.com/2022/04/14/ARTIrf8x2Mq1uBYtEVxxtlZ2220414.shtml，最后访问时间：2024年6月1日。

③ 本书中法律、法规名称中的"中华人民共和国"省略。例如，《中华人民共和国民法典》简称为《民法典》。

续表

类别	名称	发布时间	实施时间	发布机关	具体规定
法律	《个人信息保护法》	2021年8月20日	2021年11月1日	全国人民代表大会常务委员会	第24条规定："个人信息处理者利用个人信息进行自动化决策，应当保证决策的透明度和结果公平、公正，不得对个人在交易价格等交易条件上实行不合理的差别待遇。通过自动化决策方式向个人进行信息推送、商业营销，应当同时提供不针对其个人特征的选项，或者向个人提供便捷的拒绝方式。通过自动化决策方式作出对个人权益有重大影响的决定，个人有权要求个人信息处理者予以说明，并有权拒绝个人信息处理者仅通过自动化决策的方式作出决定。" 第55条规定："有下列情形之一的，个人信息处理者应当事前进行个人信息保护影响评估，并对处理情况进行记录：……（二）利用个人信息进行自动化决策……"
	《反垄断法》	2022年6月24日	2022年8月1日	全国人民代表大会常务委员会	第9条规定："经营者不得利用数据和算法、技术、资本优势以及平台规则等从事本法禁止的垄断行为。" 第22条第2款规定："具有市场支配地位的经营者不得利用数据和算法、技术以及平台规则等从事前款规定的滥用市场支配地位的行为。"
部门规章及文件	《关于规范金融机构资产管理业务的指导意见》	2018年4月27日	2018年4月27日	中国人民银行、中国银行保险监督管理委员会、中国证券监督管理委员	第23条第2款规定了算法备案："金融机构运用人工智能技术开展资产管理业务应当严格遵守本意见有关投资者适当性、投资范围、信息披露、风险隔离等一般性规定，不得借助人工智能业务夸大宣传资产管理产品或者

续表

类别	名称	发布时间	实施时间	发布机关	具体规定
部门规章及文件				会、国家外汇管理局	误导投资者。金融机构应当向金融监督管理部门报备人工智能模型的主要参数以及资产配置的主要逻辑，为投资者单独设立智能管理账户，充分提示人工智能算法的固有缺陷和使用风险，明晰交易流程，强化留痕管理，严格监控智能管理账户的交易头寸、风险限额、交易种类、价格权限等……"
	《App违法违规收集使用个人信息行为认定方法》	2019年11月28日	2019年11月28日	国家互联网信息办公室秘书局、工业和信息化部办公厅、公安部办公厅、国家市场监督管理总局办公厅	第3条规定："以下行为可被认定为'未经用户同意收集使用个人信息'：……6.利用用户个人信息和算法定向推送信息，未提供非定向推送信息的选项……"
	《在线旅游经营服务管理暂行规定》	2020年8月20日	2020年10月1日	文化和旅游部	第15条规定："在线旅游经营者不得滥用大数据分析等技术手段，基于旅游者消费记录、旅游偏好等设置不公平的交易条件，侵犯旅游者合法权益。"
	《国务院反垄断委员会关于平台经济领域的反垄断指南》	2021年2月7日	2021年2月7日	国务院反垄断委员会	第5条规定垄断协议的形式："平台经济领域垄断协议是指经营者排除、限制竞争的协议、决定或者其他协同行为。协议、决定可以是书面、口头等形式。其他协同行为是指经营者虽未明确订立协议或者决定，但通过数据、算法、平台规则或者其他方式实质上存在协调一致的行为，有关经营者基于独立意思表示所作出的价格跟随等平行行为除外。"

续表

类别	名称	发布时间	实施时间	发布机关	具体规定
部门规章及文件	《关于加强互联网信息服务算法综合治理的指导意见》	2021年9月17日	2021年9月17日	国家互联网信息办公室、中央宣传部、教育部、科学技术化部、工业和信息部、公安部、文化和旅游部、国家市场监督管理总局、国家广播电视总局	一、总体要求 …… （二）基本原则 ……建立健全多方参与的算法安全治理机制…… （三）主要目标 利用三年左右时间，逐步建立治理机制健全、监管体系完善、算法生态规范的算法安全综合治理格局。 …… 二、健全算法安全治理机制 …… （二）优化算法治理结构……打造形成政府监管、企业履责、行业自律、社会监督的算法安全多元共治局面。
	《互联网信息服务算法推荐管理规定》	2021年12月31日	2022年3月1日	国家互联网信息办公室、工业和信息化部、公安部、国家市场监督管理总局	针对算法黑箱、算法歧视、信息茧房、舆论操控、不正当竞争等问题制定了规范，其内容既包括伦理与法治相衔接、推动社会共建共治共享、实施分类分级管理等原则，也包含了弹性条款与具体规则相结合、建立互动的监管关系、赋能公众监督、实施敏捷治理等具体结构和路径；进一步规范了互联网信息服务算法推荐活动，在信息服务规范、用户权益保护、监督管理、法律责任等方面都作出了明确规定。
地方性法规及文件	《深圳经济特区数据条例》	2021年7月6日	2022年1月1日	深圳市人民代表大会常务委员会	第69条规定："市场主体不得利用数据分析，对交易条件相同的交易相对人实施差别待遇，但是有下列情形之一的除外：（一）根据交易相对人的实际需求，且符合正当的交易习惯和行业惯例，实行不同交易条件的；（二）针对新用户在合理期限内开展优惠活动的；（三）基于公平、合理、非歧视规则实施随机性交易的；（四）法律、法规规定的其他情形。前款所称交易条件相同，是指交易相对人在

续表

类别	名称	发布时间	实施时间	发布机关	具体规定
地方性法规及文件	《上海市网络交易平台网络营销活动算法应用指引（试行）》	2021年11月12日	2021年11月12日	上海市市场监督管理局	交易安全、交易成本、信用状况、交易环节、交易持续时间等方面不存在实质性差别。" 第5条规定数据处理："网络交易平台经营者开展网络营销活动算法应用时，应当依法实施收集、使用、加工等数据处理活动，并采取适当措施保障数据主体的合法权益及数据安全。网络交易平台经营者收集、使用、加工的数据涉及消费者个人信息的，应当符合《个人信息保护法》有关个人信息处理的规定，利用个人信息开展网络营销活动算法应用的，应当依法在事前进行个人信息保护影响评估，根据评估情况采取相应处理措施并进行记录。" 第6条规定决策结果的公平公正："网络交易平台经营者利用消费者个人信息开展网络营销活动算法应用，应当符合《个人信息保护法》的规定，保证算法应用结果的公平、公正。下列因素可能会对算法应用结果的公平、公正产生影响：（一）参数设置是否科学、合理；（二）消费者画像是否公正、客观、真实；（三）决策规则设计是否科学、合理。" 第7条规定参数设置，第8条规定消费者画像，第9条规定差别待遇，第10条规定随机交易，第12条规定信息推送或商业营销，第13条规定商品或者服务的搜索结果，第14条规定有奖销售，第15条规定公平参与市场竞争，第16条规定弱势群体保护。

续表

类别	名称	发布时间	实施时间	发布机关	具体规定
技术标准	《信息安全技术 个人信息安全规范》	2020年3月6日	2020年10月1日	国家市场监督管理总局、国家标准化管理委员会	第7.4款和第7.5款规定"……用于推送商业广告目的时，则宜使用间接用户画像"，"……在向个人信息主体提供电子商务服务的过程中，根据消费者的兴趣爱好、消费习惯等特征向其提供商品或者服务搜索结果的个性化展示的，应当同时向该消费者提供不针对其个人特征的选项……"

在国家层面，《关于规范金融机构资产管理业务的指导意见》第23条规定了算法报备。为规范在线旅游市场秩序，文化和旅游部制定了《在线旅游经营服务管理暂行规定》。

《电子商务法》首次在法律层面涉及算法相关的规范，《个人信息保护法》对于算法的规定主要是集中在自动化决策方面，第24条规定包括算法黑箱问题、反对算法歧视条款和设置算法自动化决策规则三个方面。

目前，《App违法违规收集使用个人信息行为认定方法》作为中央网信办、工业和信息化部等执法部门通报App违法违规收集使用个人信息的重要依据，在实践中对于企业有着重要的参考价值。《信息安全技术 个人信息安全规范》的具体内容亦可作为企业实践中参考的规范。

对算法进行专门规定的法律文件是《关于加强互联网信息服务算法综合治理的指导意见》和《互联网信息服务算法推荐管理规定》。《关于加强互联网信息服务算法综合治理的指导意见》主要提供了指导思想、基本原则、主要目标，强调健全算法安全治理机制，构建算法安全监管体系和促进算法生态规范发展。《互联网信息服务算法推荐管理规定》的规范集中在互联网信息服务算法推荐活动，在信息服务规范、用户权益保护、监督管理、法律责任等方面都作出了明确规定。对于算法的其他应用，有待进一步规范。

地方层面对于算法的监管也有不少探索。《深圳经济特区数据条例》中对于算法的监管进行了原则性的规定，而《上海市数据条例》虽仅提及要保护算法的知识产权，但在具体的试行规定中，如《上海市网络交易平台网络营销活动算法应用指引（试行）》对于算法治理问题进行了大胆尝试和探索，对目前算法存在的主要问题进行了回应，包括消费者画像、差别待遇、信息推送或商业营销以及商品或者服务的搜索结果展示，还有要求公平参与市场竞争和保护弱势群体，对企业提出了合规管理建议，如建立合规管理体系、将算法公开透明、建立投诉处理机制和消费者赔偿机制。

由于算法共谋与反垄断相关联，《国务院反垄断委员会关于平台经济领域的反垄断指南》将平台经济领域特有的竞争行为纳入反垄断监管之下，明确"通过数据、算法、平台规则或者其他方式实质上存在协调一致的行为"为垄断协议的形式，同时规定"利用数据、算法、平台规则等实现协调一致行为"为横向垄断协议，"利用数据和算法对价格进行直接或者间接限定"为纵向垄断协议。《反垄断法》从法律层面约束经营者滥用数据、算法、技术及资本优势、平台规则等排除、限制竞争的不当行为，主体并不仅限于平台经济和互联网方面的实体。

（2）算法治理的现状

算法由人类开发设计，其从诞生之日起不可避免地带有人类主观认知的缺陷，这一局限性极有可能会随着数据的积累和算法的迭代被放大。算法的自我生产能力带来了规则的复杂性，以及算法开发设计者与受算法支配者之间的信任危机。有学者指出治理算法的核心要素是：解决算法的可靠性、透明性、可解释性和可问责性。[1] 目前的法规主要从要求算法公开透明和赋予个人对数据的权利两条路径进行算法治理，然而两条路径均存在各自的难题。

①算法公开透明

算法的不透明性使其成为技术黑箱，海量的数据和算法的专业化增加了监督难度。在缺少监督的情形下，企业经营者极有可能利用算法追逐经济利益违背法规、道德和公共利益。故不少观点认为破解算法黑箱的核心在于让

---

[1] 袁康：《社会监管理念下金融科技算法黑箱的制度因应》，载《华中科技大学学报（社会科学版）》2020年第1期。

算法公开透明。但使算法公开透明可能会带来一些问题。

算法可能包含商业秘密，出于对商业秘密的保护，算法不可能完全公示。算法公开存在可行性的难题，同时与知识产权保护相悖。如部分电商平台将其算法作为商业秘密严格保护，算法作为企业的重要竞争力，一旦被公之于众会使得企业自身优势荡然无存。而且即使公开算法也收效甚微，一来是算法本身无比冗长和繁杂，公开算法源代码并不能提供对算法的有效说明，阅读代码和算法设计是高度专业化的技能，技术壁垒阻碍着不具有专业知识的公众对公开的算法进行监督；二来是算法内部逻辑会随着对训练数据的学习不断改变，这一学习能力一定程度上使得算法可以自己调整修改决策规则，算法具有自主性可能会造成算法执行任务后果难以预测。①

以通过算法实现垄断为例，信息交换过程无须媒介，经营者之间的意思联络缺乏书面证据，合谋的意图更加隐蔽。除了更方便地结成垄断协议之外，算法还能监督协议的执行和防止参与者作弊。例如：网约车商业模式中，有的平台将基础费率、供求影响因素嵌入算法运行，决定司机和乘客双方的交易价格，司机之间无法通过竞价争取乘客，平台可以对外统一的定价赚取垄断利润。②

算法黑箱的决策可能并非经营者的本意，例如，一鞋类除臭剂制造商的创始人，发现某市场的媒体在新闻报道中提及他们的除臭剂，该产品的零售价格就会上涨。而这临时涨价反而会降低商品的销售量，与经营者自身意图相悖。目前对于垄断的规制无法破解算法黑箱，更难以查明对于价格合谋的结果，经营者是否知情，同时算法的自主学习能力也为经营者逃避责任提供借口。

②赋予个人对数据的权利

个人数据赋权的法律法规更多的是依靠个人作为数据权利主体对于数据的控制，从算法所依赖的对象"数据"的角度切入，对算法进行规制，实践中，

---

① 参见丁晓东：《论算法的法律规制》，载《中国社会科学》2020年第12期。
② 参见刘佳：《人工智能算法共谋的反垄断法规制》，载《河南大学学报（社会科学版）》2020年第4期。

不论是欧盟的《通用数据保护条例》(the General Data Protection Regulation，GDPR)规定的用户享有知情选择权、被遗忘权、请求删除权和反对自动化处理权等，还是我国《个人信息保护法》规定的查询更正权、删除权、撤回同意权和拒绝自动化决策权，在"知情—同意"的制度框架下，面对企业展示的复杂冗长的隐私政策，用户常常难以理解并无法仔细阅读，并且用户若拒绝同意隐私政策会无法正常使用软件，使得个体权利在实践中难以得到有效保障。

由于算法的专业性和复杂性，如何提高算法透明度和可解释性，建立第三方监督评估机制，引入第三方服务机构或专家委员会对企业算法合规性进行审查是否可行，完善算法治理规则，制定合理开发利用算法的规范，对于算法开发者和使用者提出兼顾道德伦理和社会公共利益的要求，设置合理的审查、风险评估和算法解释等义务，本报告将参考美国、欧盟等域外经验，结合中国当前实践，寻求算法应用与监管之间的平衡。

三、重点观察之一：算法推荐的法律规制

(一)问题简述

在大数据时代，企业级的产品和服务会通过各种算法对数据加以充分利用，并直接作为企业决策、营销、创新进而实现企业经济效益的工具，算法推荐技术即是此类工具之一。[1]算法推荐通常指网络服务提供者根据其获取的用户及其他相关信息，通过各类运算逻辑进行一系列的数据处理和分析之后，将经过算法分析识别的并与处理结果相匹配的内容精准地推送给用户的过程。[2]在不同的文献中，算法推荐也被称为算法推送[3]或个性化

---

[1] [美]卢克·多梅尔:《算法时代》，胡小锐、钟毅译，中信出版社2016年版，第2页。
[2] 参见刘华玲、马俊、张国祥:《基于深度学习的内容推荐算法研究综述》，载《计算机工程》2021年第7期。
[3] 参见林妍池:《论网络平台算法推送的版权责任与法律规制》，载《南海法学》2021年第5期；熊琦:《"算法推送"与网络服务提供者共同侵权认定规则》，载《中国应用法学》2020年第4期。

推荐①等。

伴随着互联网技术的发展及网络用户的增加，在海量信息的加持下，算法推荐技术被进一步广泛应用到各类场景中，包括电子商务平台的产品推介、短视频平台的内容推送和各大平台的个性化广告分发等。以新闻平台的推荐系统为例，该系统通过一系列流程将文本进行自动化编辑、识别、分类，进而根据用户画像、用户行为及社会热点等评价要素，筛选出特定范围内的文章推送给特定用户，以满足平台用户期待、增强用户黏性，从而提高了平台的商业收益与市场竞争力。

推荐类算法的应用在提升社会福利的同时，也衍生出信息茧房和诱导沉迷的问题。自2018年起，由信息茧房到大数据杀熟，再到算法歧视而引发的诉讼逐渐增多，算法规制已然成为一个热门话题，得到了持续的关注与讨论。目前算法推荐在理论与实务中探讨的基本问题包括：算法推荐的黑箱性与人类决策的知情权与自主性的矛盾，算法推荐对个体的隐私与自由的威胁，算法推荐下的歧视与偏见，个人信息、数据的概念辨析与权利保护，算法推荐运行中涉及的公共滋扰和利益平衡，算法推荐的法律伦理问题等。目前的研究主要集中在隐私权保障、反歧视以及知识产权和言论自由的保护层面，已形成的研究共识在于强调对算法的公平性、透明度与问责的落实。

（二）核心争议点

1. 算法推荐的伦理风险

算法推荐带来的伦理问题，始终是实务界和理论界关注的重点问题之一。有学者指出机器学习的数据采集、标注等过程往往负载着价值判断，进而将数据所隐含的社会偏见和算法设计者自身的主观偏见带入模型训练中。② 有学者归纳了算法歧视的基本类型，分为偏见代理的算法歧视、特征选择的

---

① 参见初萌：《个性化推荐服务商合理注意义务之重构》，载《科技与法律》2020年第2期。
② 参见刘友华：《算法偏见及其规制路径研究》，载《法学杂志》2019年第6期。

算法歧视以及大数据算法杀熟。①有研究从算法歧视与金融风险的耦合性入手，揭露了大数据算法歧视的客观现状。②在伦理学视域的研究中，有文章指出算法歧视主要涉及算法公平与算法身份污名化两大伦理问题。③此外，有学者指出不仅在算法的决策过程和结果中会产生歧视，算法社会本身就意味着不平等，因为这样的智能体系对人的科技素质要求极高，从而推动了少数科技精英主宰大多数普通人生活的局面。④

目前的算法推送程序是基于消费者之前购买、浏览、收藏等网络行为而运行，这使得算法推送的信息大概率直击消费者的潜在需求。但倘若特定推送行为只针对消费者所感兴趣的内容时，就有可能导致消费者所能收到的信息面、知识面仅仅限于自身的兴趣范围之内，消费者将会形成"信息偏食"，最终往"信息茧房"的方向发展。⑤"信息茧房"的出现，可能在一定程度上形成信息骚扰或信息侵略，而这两者均属于信息社会的公敌。⑥"信息茧房"的存在，会造成消费者安于处在算法特定推送为其专属设计的"茧房"中，进而削弱消费者主动获取信息的积极性，如主动去浏览对比商品价格。这会造成消费者个人主动选择交易对象的意愿被算法特定推送间接限制。⑦在"信息茧房"中，算法程序不仅可能会主导我们获取的信息范围，而且除了简单地执行特定推送任务外，算法程序还可能会干扰我们对日常信息的判断力。⑧

此外，普通消费者对算法程序个性化内容推送行为的运行过程是难以理

---

① 参见郑智航、徐昭曦：《大数据时代算法歧视的法律规制与司法审查——以美国法律实践为例》，载《比较法研究》2019年第4期。
② 参见季洁：《算法歧视下的金融风险防控》，载《上海金融》2018年第10期。
③ 参见刘培、池忠军：《算法歧视的伦理反思》，载《自然辩证法通讯》2019年第10期。
④ 参见於兴中：《算法社会与人的秉性》，载《中国法律评论》2018年第2期。
⑤ 参见孙建丽：《算法自动化决策风险的法律规制研究》，载《法治研究》2019年第4期。
⑥ 参见齐爱民：《拯救信息社会中的人格：个人信息保护法总论》，北京大学出版社2009年版，第21页。
⑦ 参见王莹：《算法侵害类型化研究与法律应对——以〈个人信息保护法〉为基点的算法规制扩展构想》，载《法治与社会发展》2021年第6期。
⑧ Chagal-Feferkorn, Karni: The Reasonable Algorithm, University of Illinois Journal of Law, Technology & Policy (2018).（参见查克·费尔科恩：《合理的算法》，载《伊利诺伊大学法律评论（科技政策）》2018年。）

解的,这种难以理解是算法程序不透明所带来的结果。正如学术界所提出的"算法黑箱理论",算法程序如同一个被黑布盖住的箱子,消费者能够发现的只有算法采集信息的入口,以及算法程序经过运行产出的结果。但是对于在"算法入口"与"算法出口"之间的算法运行程序的具体路径、结果的产出所考量的因素权重等隐藏信息,消费者无法得知。随着算法技术商业化的越发普遍,算法技术"黑箱"特性所导致的将消费者排除在外的特性会越发凸显。基于算法的不透明性,人们开始担心算法程序的"黑箱"特性使得数字经济市场变为被算法程序所控制的"黑市",数字经济市场中的互联网企业逐渐发展成为掌握"算法权威"的强势一方,这造成本就处于信息弱势的消费者不得不屈服在"算法权威"之下,算法程序变成数字经济时代下互联网企业的"帮凶"。

而针对消费者的算法歧视是指,互联网企业以消费者个人数据为基础,借助算法程序所实施的不利于消费者的信息收集、信息推荐、个性化服务等经营策略。① 例如,在线上酒店预订场景下,同一酒店、同一房型在同一时间点被预订时,在都没有优惠券或折扣的情况下,该 App 常用用户所需要支付的价格高于新用户或者较低使用频率的用户。又如,在线上打车时,就同一车型、同一路线而言,使用该 App 频率高的用户所需支付的价格要高于普通用户。甚至不同手机品牌、同一品牌不同价格的手机所需要支付的价格也存在差异。

理论界的共识认为,互联网平台运用算法歧视消费者造成差异性定价的行为严重侵害了消费者的合法权利,例如,邹开亮、刘佳明认为,电商交易平台基于"故意"的主观所实施的算法价格歧视,与消费者内心的真实想法是相违背的。② 李飞翔认为,平台经济中的算法价格歧视行为是经营者违反电商交易平台上明码标价义务的一个体现。在线上电子商务交易中,消费者

---

① 参见喻玲:《算法消费者价格歧视反垄断法属性的误读及辨明》,载《法学》2020年第9期。
② 参见邹开亮、刘佳明:《大数据"杀熟"的法律规制困境与出路——仅从〈消费者权益保护法〉角度衡量》,载《价格理论与实践》2018年第8期。

被区隔开来,消费者一般很难发现自己购买的产品和服务价格存在差异,因此经营者的算法歧视行为损害了消费者的公平交易权利。① 有学者认为,算法程序以及大数据是否帮助了某些企业获得支配性力量,导致头部企业拥有过高控制权等问题也值得思考。②

当前,部分科技企业开始采取"经由设计的伦理(ethics by design, EbD)"方案,以确保算法的合理性和数据的准确性、时效性、完整性、相关性、无偏见性和代表性,并采取各类技术方式识别、解决和消除偏见。理论研究层面,有学者从算法共同治理的维度进行讨论,意图建立内外集合、限权与赋权并举、贯穿算法应用全过程的制度体系。有学者强调算法公平并指出推送算法公平的三条进路,分别为技术进路、哲学进路和法治进路,③ 并在法治进路当中区分了差别性影响原则与差别性待遇原则。④ 有学者认为,应当加强算法伦理的讨论与研究,制定分领域、分优先级的算法相关公共政策。⑤ 郑智航教授认为,网络技术逐步生成了一种网络自主空间,并形成了一套以技术编码和自治伦理为主的技术治理方式。人们需要重视法律蕴含的价值,运用法律治理的有关手段,对技术治理进行有效归化。⑥ 还有学者认为,由于算法使用具有反复性和普遍性,通常对公众反复使用,因此可以引入集体诉讼制度予以解决。⑦

未来,我国可能会进一步出台围绕算法透明和算法责任的法律和伦理规制政策,但应当谨慎选择监管方式和监管措施,避免不当的监管阻碍人工智能的发展、创新和竞争,力求在技术发展与伦理规制之间取得平衡。

---

① 参见李飞翔:《大数据"杀熟"背后的伦理深思、治理与启示》,载《东北大学学报(社会科学版)》2020年第1期。
② 参见丁晓东:《论数据垄断:大数据视野下反垄断的法理思考》,载《东方法学》2021年第3期。
③ 参见王聪:《"共同善"维度下的算法规制》,载《法学》2019年第12期。
④ 参见刘培、池忠军:《算法歧视的伦理反思》,载《自然辩证法通讯》2019年第10期。
⑤ 参见贾开:《人工智能与算法治理研究》,载《中国行政管理》2019年第1期。
⑥ 参见郑智航:《网络社会法律治理与技术治理的二元共治》,载《中国法学》2018年第2期。
⑦ 参见刘友华:《算法偏见及其规制路径研究》,载《法学杂志》2019年第6期。

2. 算法推荐中的个人信息权益

个人信息具有可识别性，是人类基于个人信息建立各类关系，开展与个人相关的活动以及社会交往的基础。大数据时代智能算法的运行，依靠使用者在各类活动中产生的信息数据，智能算法对数据具备发掘、收集、处理、存储和使用能力，其对于数据的大量发掘与使用必然会牵扯出个人信息保护的问题。消费者信息被大规模收集，从而形成海量数据库以及消费者的"个人画像"，是进行算法精准推荐的基础。但以算法运行为目的的个人信息或个人数据的利用必须时刻置于信息安全的前提项下，遵守法律规范所明确的个体和公共信息权益的行为边界。有学者认为，法律尤其需要确立立法、行政管理、司法审判等敏感领域中的准入规则与使用规则，以保障人类安全、服务人类与防范系统性风险，保证人类的最高决策权。[①]

目前对于规范消费者信息收集的立法主要有《民法典》《个人信息保护法》《网络安全法》《刑法》等法律，以及《信息安全技术 个人信息安全规范》《信息安全技术 个人信息去标识化指南》《个人基本信息分类与代码》等国家标准。我国2018年制定的《电子商务法》也要求个性化推荐应当尊重消费者的选择权。

《消费者权益保护法》第29条规定，经营者对于消费者信息的收集、使用应当在合法、正当且必要的前提下进行，并且经营者对于该信息数据的收集、使用应当经过消费者的明确同意，以及经营者需要对消费者说明收集、使用其个人数据时的目的、范围以及方式。《消费者权益保护法》明确要求，互联网企业对消费者个人信息进行收集行为时需要提前取得消费者的同意，并且该同意应当是自愿作出的。《互联网信息服务算法推荐管理规定》在第10条规定，算法推荐服务提供者应当加强用户模型和用户标签管理，完善记入用户模型的兴趣点规则和用户标签管理规则，不得将违法或者不良信息关键词纳入用户标签管理中。《个人信息保护法》明确规定，收集个人信息应当

---

① 参见于海防：《人工智能法律规制的价值取向与逻辑前提——在替代人类与增强人类之间》，载《法学》2019年第6期。

限于实现处理目的的最小范围，不得过度收集个人信息。

此外，《个人信息保护法》规定了信息删除权。其第47条规定了个人信息处理者未主动删除消费者个人信息的，消费者个人有权请求删除，并规定了个人信息处理者应当主动删除个人信息的情形，其中包括处理目的已实现、无法实现或者为实现处理目的不在必要以及个人撤回同意。因此，当消费者不再使用算法程序App时，应当认定为处理目的无法实现或者消费者个人撤回同意的情形，在App被消费者删除时，互联网企业应当主动删除消费者的个人信息。但是实践中，互联网企业往往会基于操作成本的考量或信息二次利用的动机怠于删除个人信息，同时消费者也没有渠道确认自己的个人信息是否已经被删除。尽管其原因在于算法程序固有的"黑箱性"，使得消费者难以明确了解或理解相关数据的利用机制以及数据的留存和保护状况。但为了切实保护消费者的利益，在监管要求中明确以提升算法透明性为指向的适当公开算法程序的运用，或大数据库中消费者信息的利用流程仍然十分必要。

放眼国际，智能算法兴起时，美国就提出了应当对个人信息保护做出调整，艾伦·威斯丁在其著作《隐私与自由》中，将隐私的概念定义为个人对自身相关信息的主动控制。[①] 随着智能算法的不断发展，个人信息的作用和价值也在发生变化，智能算法侵权等问题不断出现，美国开始大量立法以保护个人信息、规制智能算法。其中，《家庭教育权利与隐私法》对于具有识别性的个人信息设置了一条单独说明，要求教育机构应当对收集到的个人信息承担安全保障义务，确保个人信息不被非法使用。《隐私法案》则赋予信息主体个人信息纠正权，并要求美国有权机关在使用个人信息时必须遵从法定义务。[②]

数据是智能算法运行和发展的根本，充分开发与利用、挖掘信息的价

[①] See Alan Westin: Privacy and Freedom, New York: Atheneum, 1967, p.7.（参见艾伦·韦斯廷：《隐私与自由》，纽约：阿西尼姆出版社1967年版，第7页。）

[②] 参见丁晓东：《个人信息私法保护的困境与出路》，载《法学研究》2018年第6期。

值，对相关主体物尽其用，发挥其经济效益，是智能社会必须面对的问题。这就必然需要在个人信息保护和智能算法发展之间寻求平衡，建立起既符合时代进步和经济发展需要，又能对个人信息予以合理保护的模式。上述法律法规、各类规范和标准对智能算法使用数据具有规制作用，但事实上，智能算法使用数据时的数据泄露事件时有发生。因此，有必要结合当前智能算法数据的具体使用实践，对智能算法使用数据的行为进行规制，促进智能算法技术发展和相关产业的效率提升，并保障广大民众的合法权益。

3. 技术中立原则的适用性

在我国的相关理论研究中，有关技术中立问题被论及最多的是"实质非侵权用途"原则（Substantial Non-Infringing Use）。① 该原则是指当某种产品被广泛用于合法与普遍的目的时，即使该产品可能被用于侵权，其销售者和生产者的销售和生产行为也不构成帮助侵权。在我国的司法实践中，使用算法推荐技术的网络服务提供者常常会以技术中立作为算法推荐侵权责任的抗辩理由，主张其并不具有主观过错，无须为其管理的平台用户所实施的侵权行为承担责任。但技术中立这一抗辩理由的合理性和效力在理论上受到了较大争议。

熊琦将网络服务提供者的侵权行为分为积极行为和消极行为，他认为"算法推送"不构成司法解释中规定的"主动编辑"或"设置榜单"等积极行为，从消极行为的"承担与管理能力一致的注意义务与合理预防程度"的认定来看，网络服务提供者使用算法推荐技术也不需要对内容进行全面的实质审查。因此应当遵循技术中立原则，不应为采用算法推荐的网络服务提供者设定过高的注意义务。② 初萌在其文章中表达了相反的意见，其认为技术中立不代表技术使用者的中立，人对技术的运用是主体有目的、有

---

① 参见张今：《版权法上"技术中立"的反思与评析》，载《知识产权》2008年第1期；董京波、唐磊：《云计算服务商著作权间接侵权研究》，载《云南民族大学学报（哲学社会科学版）》2021年第6期。

② 参见熊琦：《"算法推送"与网络服务提供者共同侵权认定规则》，载《中国应用法学》2020年第4期。

意识的行为，体现着人的主观价值倾向，技术中立表象背后往往隐藏着网络服务商对利益最大化的追逐，应当受到规制。[①]此外，有学者主张，应当采用法律与代码相结合的双重保护模式，把握平等权保护与科技创新之间的平衡。[②]

在2021年11月举办的"算法治理与版权保护问题研讨会"中，孔祥俊教授指出，算法推荐是否构成技术中立，取决于算法是否可设定、可选择及可控制。如果平台对算法具有现实的把控能力，算法推荐的中立性一般来讲是难以成立的。林子英也表示，讨论算法推荐技术是否中立，要结合平台的功能及算法使用的目进行综合判断。北京市海淀区人民法院知识产权庭庭长杨德嘉法官更是直接指出，技术的应用，特别是市场化、大规模的应用，永远不可能具有真正意义上的中立性。我们所能见到的这些市场化、商业化的技术应用，无一不具有商业主体明确的目的性，它们大都是精准的利益计算和取舍的结果。对技术的使用常常体现着使用主体鲜明的价值追求，因此应当受到有效约束。

司法实践中，法院在甲科技公司诉乙科技公司侵犯某电视剧信息网络传播权案中提出，"相较于其他网络服务提供者，使用算法推荐技术的网络服务提供者应承担更高的注意义务"。[③]该判决击破了网络服务提供者的"技术中立"主张。

2021年12月31日公布的《互联网信息服务算法推荐管理规定》从规范层面否定了算法推荐的技术中立。该规定要求网络服务平台加强用户标签管理及用户模型管理，完善相关规则，不得将与不良或违法信息相关的关键词记入用户标签或用户兴趣点，并据以推送信息。

综上，所谓技术中立，应当只是运用注意义务界定标准得出的无须承担注意义务的一种情形，并不代表所有的新技术都可以适用技术中立的抗辩。

[①] 参见初萌：《个性化推荐服务商合理注意义务之重构》，载《科技与法律》2020年第2期。
[②] 参见崔靖梓：《算法歧视挑战下平等权保护的危机与应对》，载《法律科学》2019年第3期。
[③] 北京市海淀区人民法院（2018）京0108民初49421号民事判决书。如无特别说明，本书所引用案例均来自中国裁判文书网，最后访问时间：2024年8月5日。

网络服务提供者在算法推荐技术的编写或使用中也不能当然适用技术中立获得免责，网络服务提供者是否构成侵权依然要着眼于对其主观过错的判断。

4.算法推荐下"避风港"规则的优化

"通知—删除规则"在网络服务提供者注意义务规则中处于基础性地位。该规则在我国的法律规范中首见于《信息网络传播权保护条例》，具体列举了四类网络服务提供者享受侵权责任豁免的条件，本质是通过设定具体注意义务的方式对网络服务提供者的主观过错进行客观化的认定。

"通知—删除规则"的引入为网络服务提供者的行为提供了清晰的指引，也为其建造了一个可以免予承担赔偿责任的避风港，起到了鼓励互联网行业发展的作用。此后，"通知—删除规则"又见于《侵权责任法》（已失效）第36条第2款，使得"通知—删除规则"从著作权领域延伸至整个民法领域。目前，"通知—删除规则"还可见于《消费者权益保护法》以及多个司法解释，并被纳入2020年施行的《民法典》第1195条规定之中。

为履行以"通知—删除规则"为核心的传统注意义务，各大与内容相关的网络平台都设立了侵权通知的接收及响应渠道。随着互联网技术的发展和网民知识产权意识的不断提高，互联网平台接收及处理的侵权通知数量也在不断增长。海量的侵权通知在更好地保护权利人的同时，也让网络服务平台承受着巨大的压力。

进入算法时代后，侵权内容的版权算法过滤功能对传统"避风港"规则的运行程序和理论基础带来了系统性冲击。一方面，随着海量侵权内容的泛滥，当前被动性的事后注意义务模式想要有效地实现打击网络版权侵权是十分困难的。尤其在算法推荐技术这种高效的新型传播模式的介入下，损害结果一旦发生就会迅速扩大，仅仅要求网络服务提供者承担消极的注意义务，常常难以有效保护权利人的合法权益。另一方面，智能算法推荐技术的普遍应用为提高网络服务商识别与控制版权侵权内容提供了技术上的可能性，网络服务商承担注意义务的时间节点有了前置的倾向。

早在2001年，金斯伯格（Ginsburg）教授就撰文讨论了新技术给互联网中著作权保护带来的冲击。金斯伯格（Ginsburg）认为，著作权是为实现创作者与公共利益的平衡而生的，而每一个技术上的巨大进步都有可能打破这种平衡，因而网络服务提供者的义务也需要随着技术的进步不断调整。①斯泰西·多根（Stacey Dogan）讨论了"实质非侵权用途"与"避风港"规则的关系，他认为不应过分加重网络服务提供者的注意义务。②齐尼蒂（Ziniti）在其文章中讨论了使用推荐系统的网络服务提供者是否能享受《通讯礼仪法案》第230条规定的出版者责任豁免。他认为，在Web2.0时代，网络服务提供者主动推送信息的行为包含着对信息的编辑、排序和选择，并用搭便车的方式在推送的信息中植入广告获取利益。因而应当相应地承担更多责任，一味主张网络服务提供者不应为第三人上传的侵权信息负责是有失公正的。③

自2019年1月1日起施行的《电子商务法》在《侵权责任法》和《信息网络传播权保护条例》的基础上，对"通知—删除规则"的体系进行了完善和扩充，将原本的"通知—删除"模式发展成为"通知—反通知及必要措施"模式及"终止交易和服务的必要措施"模式，并引入了行政机关的力量。这种完善使得"通知—删除规则"更具有可操作性和可救济性，但仍有部分问题尚存争议，留待以后解决。

（三）域外立法

下文对各国算法规制的法律规范进行细致梳理。欧盟制定了一系列强有力的法律框架，主要包括《欧盟基本权利宪章》《通用数据保护条例》《非个人数据自由流动条例》和《网络安全法》等。美国对算法的相关规定主要体

---

① See Ginsburg, Jane C: Copyright and Control over New Technologies of Dissemination. Columbia Law eview, 2001, 101 (7).（参见简·金斯伯格：《新传播科技下的版权和控制》，载《哥伦比亚大学法律评论》2001年第7期。）

② See Dogan S L: Code Versus the Common Law. SSN Electronic Jounal, 2003, 11.（参见道根·S：《普通法与代码的对抗》，载《SSN电子杂志》2003年第11期。）

③ See Cecilia Ziniti. Optimal Liability System fo Online Service Poviders: How Zean v. America Online Got It Right and Web 2.0 Poves It. Berkeley Technology Law Journal, 2008, 23 (1).（参见塞西莉亚·辛纳提：《在线服务提供商的责任：Zean诉联邦政府案为何正确》，载《伯克利科技法评论》2008年第1期。）

现在《平等信贷机会法》《公平信用报告法》和《加州消费者隐私法案》等文件中。其他主要法域也纷纷出台相关文件，规范算法推荐与人工智能问题。此外，在宏观领域也形成了诸多政策性文件，为算法规制的发展设置了主要的方向，主要包括《阿西洛马人工智能23条原则》等。

1. 欧盟

在欧洲，欧盟在注重智能算法规制的同时，非常注重对人格利益的保护。世界第一部保护数据信息的法律，便是由欧盟出台的《欧盟数据保护指令》。这一法律从立法思想、制度规范等角度，为学界理论研究和各国立法工作提供了重要参考。随着欧盟对智能算法发展所带来的问题的认知逐步深化，以及出于促进智能算法产业发展与平衡国家、社会、个人与智能算法发展之间的利益冲突的需要，欧盟又颁布了《通用数据保护条例》这一较为全面的智能算法和大数据领域立法，并将智能算法规制归纳到数据保护制度框架内。欧盟对于智能算法规制的相关研究，主要是通过《通用数据保护条例》中对数据权利的规定这一基本范畴展开。《通用数据保护条例》涉及个人信息收集、保管和处理的各个阶段，为数据主体的保护个人信息权提供了具体的规范。反自动化决策权、算法解释权受到了世界范围内相关研究者的关注，对我国算法治理的实践也极具参考价值。

欧盟的立法者认为，信息数据在被智能算法处理的过程中，不光要考虑其带来的价值，更要保护个人权利并对智能算法进行制约。为实现人工智能对个人信息的有序收集，保护信息主体对个人信息的控制权，《通用数据保护条例》规定智能算法运营主体在处理信息前，必须取得信息主体出自其真实的意思表示的授权，信息主体享有撤回信息的权利。并且，考虑到智能算法领域对普通人来讲存在技术壁垒，侵权损害发生时难以举证说明，《通用数据保护条例》还将举证责任分配给了智能算法运营主体。证明责任倒置的方式增加了智能算法的运营主体的违法成本，倒逼其遵守"告知同意"原则，这表明了欧盟对智能算法规制的严肃态度。欧盟的《通用数据保护条例》是规范数据处理行为的立法典范，其中第5条将智能算法的透明度和问责原则列为数据处理的核心原则。欧盟的智能算法规制立法也十分重视自我救济权利的赋予和算法解释权的设置。欧盟对智能算法规制中涉及的风险评估问题也有独具特色的规定，例如，《通用数据保护条例》在第35条中为数据控制者设定了数据保护影响评估义务。此义务要求数据控制者即智能算法运营主体，在使用新技术进行处理数据之前，应对可能出现的个体自由权利风险做出数据保护影响评估，评估后再确定是否使用该算法以及未来化解风险的操作方案。

欧盟一直在积极推进智能算法规制的进程，并且十分支持理论界对智能算法风险应对策略的研究。近年来，欧盟建立智能算法规制专家研究委员会，为欧盟实施智能算法发展战略提供咨询和理论储备。经过多年理论研究和对实践经验的总结，欧盟发布《可信人工智能伦理指南》并建立了智能算法规制的自评估清单。该指南以合法、合理、稳定三要素为核心，构建出尊重人类自治、预防侵害、保证公平、明确可解释性四项原则，设置了保障技术发展和安全、重视隐私和数据治理、注重透明性、注重多样性非歧视、建立问责机制等七个关键要求作为制度构建的基础，系统搭建起智能算法规制的框架体系和标准要求。关于智能算法规制问题，欧盟议会专门讨论了建立健康可控智能算法系统的规划，并提出对智能算法应用实施分类分级监管规制的政策蓝图，表明了欧盟智能算法规制将以监管和发展并重的态度。

目前，欧盟对于智能算法的规制已经进入实质性阶段。《欧洲议会和理事会关于制定人工智能统一规则和修订某些欧盟立法的条例》规定，应当对智能算法系统实行分类分级监管的要求。这可能为欧盟智能算法规制开启新篇章，进一步保障智能算法的可信赖度，鼓励智能算法领域的投资和创新，激发数字经济活力。

2.美国

美国的信息技术发展较早，在对于智能算法规制的研究中已形成一定的重要成果，且出于多种因素影响，美国的研究工作呈现出多元化的态势。

早期，美国理论界为智能算法规制设置了信息披露制度，要求对智能算法进行公示，试图提高算法透明度，并将现有法律理论体系中的"差别性影响理论"运用到智能算法规制中，以司法审查的形式来规制智能算法。后续在实际操作过程中，美国认识到了该做法的漏洞，并将研究重点转向了智能算法设计、开发与运营等环节。此外，美国现有研究非常重视数据处理等问题。美国理论界认为，应当修正已有法律中可以被适用的法律义务，以满足智能算法的规制需要，构建信息信义义务并配套建立相应规制标准与规制体系，建立问责机制等手段来实现规制目的。同时，美国认为应当注重行政机关灵活手段的运用，快速应对市场和技术的变化，及时运用行政手段对智能算法的规制做出调整，并且加强社会部门、行业协会等外在机构和力量，进行协作规制。

美国有关个人信息保护、智能算法规制相关的法律文件数量众多，各法规制的目的因保护对象不同有所区别。智能算法的行业自律模式也是美国率先推行，即由行业协会制定行业标准或行为指引，为行业的网络安全和智能算法规制提供标准模式。对于自律机制难以自我约束的部分，则由立法、司法和行政机关进行规制。美国法律对个人信息实行分级保护，如美国《数据安全法》对政府标识符、金融信息、健康信息、保险记录、账户凭证、数字签名、生物识别信息等，实行敏感信息分级保护制度。这也对智能算法使用数据起到了良好的规制作用，[①]保护个人隐私敏感数据的同时，保证个人低敏感数据信息的自由流通，以此来保证智能算法行业发展所需。但美国现行法律制度对人工智能的制约和个人信息的保护也存在诸多问题，如行业自律模式下的个人信息保护力度令人怀疑，企业为追求效益必然会对个人信息的保护做出不合理的决策等。

为了规制智能算法的发展，并妥善处理算法对数据的利用等行为存在的法理和实际问题，美国赋予个人以数据所有权，以维护个人对其自身数据享有的财产权利。与之相对应，美国智能算法行业认为应该启动企业数据权的立法，保证企业对自身的数据享有财产权利。

对不同的主体产生的数据进行分别保护是美国智能算法规制制度的法律特色。如美国《儿童在线隐私保护法》《金融服务现代化法案》等均属于针对

---

① 参见丁晓东：《个人信息私法保护的困境与出路》，载《法学研究》2018年第6期。

不同领域的专门性法律,分别针对与儿童、金融相关的数据展开保护。近几年来,智能算法技术的突飞猛进带来了新的社会问题,引发美国立法界对现有法律的是否能满足未来需求的思考。美国纽约市率先制定法律,尝试规制政府机构使用自动化决策系统,要求成立工作组,探索建立算法公开、算法歧视认定、解释权、救济权等机制。为保护儿童数据利益,对《儿童在线隐私保护法》进行修订,将个人照片、IP地址等纳入该法保护范围,增设对数据相关主体通知、须获授权方可使用等要求,并明确定义数据留存、删除权等专业用语。

3.日本

日本在《人工智能开发指针方案(征求意见稿)》的基础之上,对征求意见稿进行了修改和完善,日本总务省信息通讯政策研究所于2017年7月正式公布《为国际讨论而做的人工智能开发指针方案》(以下简称《指针方案》)。《指针方案》认为,发展人工智能技术能够抢占全球人工智能发展的制高点,掌握全球人工智能发展的话语权,在提高本国国际竞争力、促进经济发展、缓解就业人数短缺方面具有重要的推动作用。

《指针方案》规定了八大治理原则。第一,可控原则。人工智能的设计者、研发者对人工智能可能进行的行为应当有一定的预测,通过断网、断电等行为阻止人工智能进行危害人类的行为,对人工智能所受到的损害进行修复。第二,合作原则。与人工智能发展有利益关系的国家、地区要紧密合作,统一人工智能的国际技术标准,形成数据储存、处理、跨境流动的国际共识。第三,无害原则。人工智能的设计、研发、销售、应用等各个环节都要保障人的生命、财产安全。另外,人工智能运行的稳定性要提高,应当增强人工智能的适应性,减少出错率。第四,隐私原则。人工智能运行中所产生的数据关乎社会公共利益,对涉及个人隐私的数据要经过匿名化处理之后才能够流通。第五,透明原则。人工智能的设计者和研发者要及时公开人工智能的源代码和算法,提高社会公众对人工智能的了解程度,降低社会公众的不安情绪。第六,支持原则。人们对人工智能的相关操作行为,人工智能的控制者要及时进行信息反馈。对相关风险较高的操作行为,系统应及时进行警告，对相关的错误操作进行及时纠正。第七，伦理原则。人工智能的设计、研发、生产、销售等环节，要严格遵守人类社会的伦理规范，保障公平正义，维护人类社会的秩序。第八，问责原则。由于相关主体的故意或过失导致相关利益的损失，要对相关责任人进行问责，使其承担相关责任。

此外，日本2021年发布《算法/AI与竞争政策报告书》，数字市场的竞争政策研究会从2020年7月29日起到2021年3月8日共举行了8次研讨会，对报告书中的各个部分进行了讨论，并邀请专家学者、律师、IT企业与金融业界代表分享了观点。

报告书分为总论、分论、结论三部分。总论部分从回顾一般社团法人日本贸易会（JFTC）在算法领域的工作入手，首先明确算法与AI的定义、技术特征、算法与数据的关系，再分析目前的AI利用状况，划定报告书研讨的算法与AI的范围。分论部分讨论了算法与协同行为及单独行为的关系、算法/AI与竞争力的关系、网络平台与算法/AI的相关课题。在结论部分中，报告书回顾全文，总结了目前的状况与一般社团法人日本贸易会应当采取的措施。

针对个人化算法的"大数据杀熟"问题，报告书一方面肯定一定限度内的区别定价行为能够促进竞争、提高效率，另一方面表示为挖掘其他客户的用户而进行的针对性优惠、具有市场支配地位的平台利用"大数据杀熟"榨取消费者等行为有必要从竞争法、信息保护法、消费者法等方面共同采取行动。其后，报告书特别以网络平台为语境，再次验证算法在具体应用场景中的问题，提到了数据的作用、平台经济特性等因素与算法/AI间存在的紧密关系，表示需要继续关注这一领域的算法应用。针对平台经营者利用算法操纵搜索权重可以达到优待自家产品、排除竞争者、强化自身市场支配地位的目的的问题，日本《巨大IT平台交易透明化法》要求，特定数字平台经营者需要公布决定搜索结果顺序的基本因素等事项。报告书还提到，竞争执法机关可以考虑通过检验输入数据与输出数据、检查算法源代码理解其内部逻辑、检验算法输出结果与逻辑间的偏离程度等方式确保算法未被滥用。

4.德国

在网站应当承担的责任与义务方面，德国将网络服务提供者的注意义务提高为"通知—屏蔽"义务。在"通知—屏蔽"义务的框架下，网络服务提供者收到权利人通知后，不仅要删除或屏蔽通知中指明的侵权内容，还要主动识别并处理与之同类的侵权内容。主动识别同类侵权内容的水平，取决于该网络服务提供者自身的技术水平，因此德国多家网络服务商都采取了基于不同原理的过滤措施以保障注意义务的履行。

此外，德国司法部部长呼吁制定数字反歧视法，成立专门监管机构，探索算法监管，推动算法透明，保障个人权利。德国联邦信息安全办公室还发布了《人工智能系统可审核性白皮书》，明确表达了对于人工智能系统可审核目标的关切。

5.新加坡

2020年1月21日，新加坡个人数据保护委员会（PDPC）发布第二版《模型人工智能治理框架》，确立人工智能算法应以"透明"和"以人为本"为指导原则。该框架在附录部分对人工智能算法提出了审计要求，要求算法审计必须在对该组织具有管辖权的监管机构的要求下进行，或者由人工智能技术提供商执行，并作为取证调查的一部分，以确保算法的透明度。

2022年5月30日，新加坡个人数据保护委员会（Personal Data Protection Commission，PDPC）发布数据匿名化工具，目的在于帮助企业对简单的数据集实现匿名化。该工具依据新加坡个人数据保护委员会于3月31日发布的《基础匿名化指南》（Guide to Basic Anonymisation）制作，在该指南中，新加坡个人数据保护委员会提出识别数据、对数据进行去标识化、应用匿名化技术、评估匿名化效果、管理数据重识别与披露风险的数据匿名化五步指引。2022年7月18日，新加坡个人数据保护委员会发布了《区块链设计中的个人数据保护注意事项指南》与"保护云平台个人数据安全的良好实践"信息图。

除上述国家外，还有若干主要法域也对算法推荐问题进行了研究。法国政府于2009年成立了作品传播和互联网权利保护高级管理局，管理法国的著作权保护分级管理系统，并对互联网中的重复侵权行为实施监控。网络服务提供者在一定情形下需要承担对内容进行监控、审查、筛选过滤等义务，否则就可能需要因用户的侵权行为承担责任。

在国际组织层面，经济合作与发展组织（OECD）、二十国集团（G20）、电气和电子工程师协会（IEEE）等相继发布人工智能、算法等伦理指南，推动算法实现透明可视、公平公正、安全可控等。

（四）评析

在一定意义上，根据用户喜好推荐信息、根据用户习惯推荐商品、根据用户偏好设计个性页面，算法推荐技术为我们的生活带来了许多便利。与此同时，滥用算法推荐技术等负面问题也逐渐暴露。这些问题不仅侵害了广大网络用户的合法权益，而且给网络空间的传播秩序、市场秩序、社会秩序带来了负面影响。因此，有必要对算法推荐技术加强规范，防止其消极影响、引导其有序发展。

算法推荐以个性化为特征，符合个人化的需求，在信息分发领域产生巨大的影响，重塑了信息传播规则，改变了人们认知的方式与机制。算法的制定原则在算法推荐中起着塑造信息分发方式、规训个人的作用，通过约束个人进入数字生活、获取信息的自由，达到规制用户行为的目的。在法律、社群规范介入之前，不正当的算法推荐对个人的自主性、隐私权、平等权造成了风险。

在缺少治理的情况下，算法推荐的权力将会不断膨胀，最终引发损害结果。因而也应当对算法推荐技术进行综合性治理，从而为个人自由保留空间，在保障个人权利的前提下发展技术，坚持鼓励支持布局前沿技术，同时坚持政策引导及依法管理，控制风险蔓延，促进信息技术、互联网生态持续健康发展。

整体来看，目前国内算法推荐治理仍处在早期探索阶段，初步建立了算法推荐治理的立法文件。但是，通过梳理国内算法治理热点事件、立法现状等情况可以发现，部分企业在回应舆情或监管要求时才会主动规制算法，存在主观能动性较弱等问题。且与此同时，这些企业的态度则是希望遵循既定的规则，减少合规风险，而不是自己主动去规制算法内容。因此，从这一角度来说，未来可以在现有算法推荐相关法规的基础上，综合考虑算法的应用场景、处理数据的风险程度、算法使用的正向效益和可能的社会危害等多种维度，进一步细化算法推荐监管的分类分级，落实多层次场景化、精细化的分级分类的算法推荐治理工作。

更重要的是，为网络技术树立鲜明的价值导向。算法推荐技术每一次根据用户行为数据进行的特定推荐，无不隐藏着平台的价值判断。因此，运用算法推荐技术应树立向上向善的价值导向，网络科技发展进步更应追求科技为民、科技向善的价值目标。算法推荐服务提供者应自觉坚持主流价值导向，优化算法推荐服务机制，积极传播正能量，呵护健康向上的网络生态。加强监管规范，从根本上有利于算法推荐技术规范发展、健康发展。这需要多方共同参与治理，以实际行动推动算法推荐服务公正公平、规范透明，推动科技发展向上向善，营造更为清朗的网络空间。

四、重点观察之二：算法过滤的法律规制

（一）问题简述

算法过滤也可称为算法比对，是指在无须人为干预下，通过算法决策，自动过滤疑似侵权内容或禁止对疑似侵权内容的访问。[1]其实质是将版权规则转化为算法代码，利用人工智能学习算法以执行版权规则进而遏制网络盗版行为。[2]

过去，最为常见的技术过滤方法包括：利用网络内容标签进行过滤、对人工选定的统一资源定位符（URL）地址信息的过滤、利用内容关键词进行过滤、基于视频时长的过滤、基于智能内容分析的过滤等。[3]但前述过滤方法存在识别疑似侵权内容出错率高以及人工干预成本高的问题，故逐渐为现

---

[1] See Maayan Perel, Niva Elkin-Koren: Account ability in algorithmic copyright enforcement. Stanford Technology Law Review, 2016 (19).（参见玛雅·帕尔、尼瓦·埃尔金-科伦：《算法下的著作权实施》，载《斯坦福科技法评论》2016年第19期。）

[2] 参见魏钢泳：《网络版权算法治理及其完善》，载《中国出版》2022年第14期。

[3] 参见崔国斌：《论网络服务商版权内容过滤义务》，载《中国法学》2017年第2期。

行基于智能内容分析的过滤方法①所取代。现今，算法过滤技术已成为网络版权治理不可或缺的力量。例如，某文档资源集合平台2011年上线的DNA反盗版文档识别系统就是利用算法过滤技术将版权人提供的正版作品建成资源库，与网络用户上传的文档进行比对以识别和拦截侵权内容。某视频网站2007年起采用的内容身份系统（Content ID）核心技术也是算法过滤，网络服务平台可以根据其与版权人的约定直接过滤侵权视频。

然而，算法过滤在帮助版权人和网络服务平台发现和筛查侵权内容产生积极效应的同时，也面临着一些问题。对于网络服务平台而言，在算法"通知—删除"路径下，网络用户、版权人、网络服务平台三者相互独立，版权人发出删除通知后需要经过网络服务平台审核，还有可能收到网络用户发出的反通知，侵权错误认定的纠偏机制避免了网络服务平台单方主导的可能。但在"算法过滤"路径下，网络服务平台或直接与版权人合作，或间接扮演版权人角色，在对网络版权侵权采取事前审查（制定用户使用协议、采取事先限制）和事后审查（处理已发表内容）的过程中存在突破其原有义务的情形，从而形成网络服务平台单方主导的局面。对于版权人而言，由网络服务平台主导的算法过滤缺乏外部纠偏机制，技术不足的隐蔽性极易形成技术漏洞，加之商业利益被融入网络服务平台自身的价值判断，均会导致版权人参与打击盗版的主动性被弱化。对于网络用户而言，算法本身的伪中立与不透明容易掩饰版权人在与网络服务平台合作过程中滥用算法过滤的行为，从而误伤网络用户合理使用、言论自由的权利。因此，我国立法对于网络平台算法过滤义务的确定仍持审慎的态度，其原因不仅在于算法过滤会对传统"通知—删除"的应用规则产生间接的影响，还在于算法过滤义务所产生的权益风险。

（二）核心争议点

1.算法过滤的隐私危机与言论自由

我国《个人信息保护法》第58条增设了网络服务平台保护个人信息的

---

① 参见孙艳、周学广：《内容过滤技术研究进展》，载《信息安全与通信保密》2011年第9期。

义务，但未提及在算法过滤中，如何平衡版权人的版权利益与用户的隐私权。实际上，算法过滤造成的隐私边界问题本质上是公众利益与个人权利的碰撞，利益衡量决定隐私权的范围。当个人利益具有相当程度的社会危害性时，必须对隐私权范围做出合理限制，以确保公共信息的自由交流；当社会利益远大于合理限制用户隐私权的社会成本，算法过滤的实施就具有社会正当性。①反之，则可能对网络用户的隐私权造成实质伤害，促成个人甚至集体的隐私危机。因此，算法过滤的设计需要有合理的过滤目的和过滤方式，以确保版权人利益的同时满足网络用户的隐私权需求。

当互联网逐渐取代报纸杂志、电视广播等传统媒体成为主流传播媒介后，其以庞大的信息量和网络服务平台的优势地位影响着言论自由的实现形式，②使得言论所具有的伤害性对网络空间秩序威胁的风险也随之增加。采取必要的技术手段事先过滤危险性言论有利于促进网络空间中言论自由的良性发展，因此算法过滤理论上具备正当性基础，但技术运用过程中无法逃避的命运是技术反过来吞噬孕育技术的自由。③如若将根除危险性言论的希望全部寄托于算法过滤，恐会酿成言论自由被普遍化压制的不利后果。故明晰算法过滤对言论自由的潜在威胁、寻求言论自由威胁最小与保护社会公共秩序的平衡点确有必要。

《即时通信工具公众信息服务发展管理暂行规定》第6条规定，用户注册账号时应与所属的互联网平台签订协议。网络服务平台根据国家法律及相关规范性文件制定用户使用协议及社区规范等一系列平台内部规则，并以内部规则为基础建立平台信息查处机制，以期达成规制互联网言论内容秩序的目的。④继而通过算法过滤的技术运作筛查平台内的言论内容，在违法违规言

---

① 参见徐淑萍、熊黎：《我国网络版权内容过滤措施的实施路径分析》，载《齐鲁学刊》2022年第3期。
② 参见尹若蓝：《论互联网言论自由及其规制》，中国政法大学2021年硕士学位论文。
③ 参见时飞：《网络过滤技术的正当性批判——对美国网络法学界一个理论论证的观察》，载《环球法律评论》2011年第1期。
④ 参见尹若蓝：《论互联网言论自由及其规制》，中国政法大学2021年硕士学位论文。

论尚未得到传播前就禁止该言论的形成。网络服务平台还会采取事后处理已发表内容的机制（网络服务平台主动审查违法言论及网络用户举报触发平台审核）。

在前述"制定用户使用协议""采取事先限制"和"事后处理已发表内容"三个环节中，网络服务平台通过主导算法过滤对网络用户展开了广泛的规制活动，有滥用技术优势之嫌，增加了网络用户被不当干预的风险。网络服务平台的技术规制与网络用户的言论自由存在一定冲突，主要体现在：第一，虽然用户使用协议是私主体之间的协议，但相较于网络服务平台，网络用户处于弱势地位，协议限制甚至排除了用户的表达权。第二，算法过滤客观存在的技术不足以避免事先限制过程中对言论内容的不当认定，可能导致因无法识别不当内容而屏蔽失败或使本可以通过的内容被过度屏蔽的后果。同时，机械化的过滤不断限缩用户的视野范围，最终形成的信息茧房与言论自由价值导向背道而驰。第三，网络用户对某一信息的举报判断缺乏专业性保障，存在错误举报甚至恶意举报的情形，无论是其触发了网络服务平台的审核抑或网络服务平台主动审查，平台方的专业性亦存在判定难题。

互联网已然成为言论自由的基础设施，其中网络服务平台处在信息传播中的重要节点地位；这一优势地位与影响性促使平台在内容规制中逐渐承担更多的公共治理责任，因此法律应当重新审视网络服务平台的责任标准，对其科加合理的责任。[①]算法过滤技术正飞速进步，该技术的应用似乎在互联网越发严苛的监管态势下势在必行。但与之对应的是，完备的人工举报和纠错机制也应当受到充分关注，以承载用户的言论自由和隐私安全的保障需求。

2.算法过滤中的制度性歧视

迄今为止，算法歧视的概念在学界尚未达成共识，为避免研究中概念界定模糊，本文拟采用"人工智能自动化决策中，由数据分析失误导致针

---

① 参见尹若蓝：《论互联网言论自由及其规制》，中国政法大学2021年硕士学位论文。

对特定群体的、系统的、可重复的、不公正对待"①这一定义。需要特别指出的是，在有关大数据和人工智能的讨论中，常将偏见等同于歧视。②实际上，算法偏见和算法歧视是两个不同的概念，二者的区别在于，算法偏见是不可避免的，从某种程度上来说它是算法技术得以应用的前提，而算法歧视才是人工智能技术领域中会造成不良后果的、值得被反思和追问的伦理问题。③

在算法歧视形成较为成熟的理论框架前，厘清算法歧视的行为类型有助于找出算法歧视问题的症结，从而进一步探究算法过滤中的制度性歧视及其规制路径。算法歧视的行为类型主要可归结为：基于"受保护特征"的算法歧视、基于"用户画像"的算法歧视、基于"数据代表性不足"的算法歧视。④

基于"受保护特征"的算法歧视是特征选择（开发者为实现特定功能有意加入歧视性属性）、偏见代理（看似客观的属性可能与敏感属性关联）和社会代理（社会偏见经由算法自动化决策产生和放大）的结果。如针对种族、肤色、信仰、性别、国籍、残疾和年龄等歧视。基于"用户画像"的算法歧视是根据特定自然人个人特征，算法自动化决策得以针对个人进行个性化定制。如定向广告、个性化定价（大数据杀熟）。基于"数据代表性不足"的算法歧视由数据样本不足导致。如数据贫困群体（残疾人、老年人等弱势群体及经济贫困群体）的数字鸿沟。综上，无论是算法技术产生初期已有的基于"受保护特征"的算法歧视，还是伴随数字经济发展新出现的基于"用户画像"和基于"数据代表性不足"的算法歧视，均为算法过滤环节中难以回避的问题，故算法过滤中的制度性歧视亦可归结为前述三种歧视类型。

算法输出结果之所以含有歧视性因素，既可能源于历史数据中的歧视性

---

① 参见章小杉：《人工智能算法歧视的法律规制：欧美经验与中国路径》，载《华东理工大学学报（社会科学版）》2019年第6期。
② 参见杨庆峰：《数据偏见是否可以消除？》，载《自然辩证法研究》2019年第8期。
③ 参见孟令宇：《从算法偏见到算法歧视：算法歧视的责任问题探究》，载《东北大学学报（社会科学版）》2022年第1期。
④ 参见张怡静：《算法歧视的政府规制研究》，华东政法大学2021年硕士学位论文。

因素，也可能源于算法开发者在算法模型和训练中的歧视性导向。①总之，无论歧视性因素是如何被嵌入算法的，不可否认的一点是：算法是人类社会生活的镜像，算法歧视的发生离不开人的介入。且算法本身并不属于法律责任承担的主体，算法歧视所造成的侵权责任的承担最终也应当归结于相关主体之上。对此，有学者认为，算法歧视的责任人应当是算法的开发者和使用者，两主体有责任去识别算法中可能存在的显性或隐性偏见，以确保算法偏见不会转变为算法歧视。具体而言：算法的开发者应当为其有意或无意的不合理设计导致的算法歧视负责；算法的上层使用者（如政府、公司）应当为在不当领域或缺乏监督和补偿机制保障下使用算法导致的算法歧视负责；算法的下层使用者（每一个使用算法的理性人）应当为由明显错误的消极的算法偏见导致的算法歧视负责。②

算法歧视是算法伦理缺失所必然带来的算法风险，因而算法歧视并不仅局限于算法过滤之中，而是潜伏在算法自动化决策的各种程序之中。总体而言，算法歧视的治理方向可归纳为强化算法透明度以及科技伦理建设。在具体研究中，仍应当先界定其概念、产生原因，再逐步厘定责任主体、判定标准，以此明确具体的规制进路。

3. 网络服务平台的版权过滤义务

2019年，欧盟在《数字单一市场版权指令》（以下简称《版权指令》）中引入网络服务平台的版权过滤义务，对"通知—删除"产生了颠覆性影响，改变了网络版权责任配置模式。《版权指令》将网络服务平台的被动注意义务转变为主动的事前审查义务，规定网络服务平台须尽最大努力获得版权授权，否则将对侵权内容承担连带责任。此举在分担版权人举证责任、将注意义务集中于网络服务平台的同时，也被认为存在侵犯基本权利、损害竞争与创新等问题。

---

① 参见耿永青：《算法歧视的伦理反思及其规避对策》，中国政法大学2022年硕士学位论文。

② 参见孟令宇：《从算法偏见到算法歧视：算法歧视的责任问题探究》，载《东北大学学报（社会科学版）》2022年第1期。

算法过滤技术的运用是网络服务平台信息管理能力提高的体现，可以降低其预防侵权责任的成本，但同时存在一些新问题：第一，可能会导致过度过滤（侵权错误认定）的后果。算法过滤技术强调确定性，而合理使用条款具有灵活性，在算法过滤过程中，容易将合理使用情形误判为侵权使用，从而过滤了未侵权内容。第二，会对"避风港"规则下的版权责任配置模式造成影响。具体而言，算法过滤缩减了"通知—删除"流程，其越过版权人发送删除通知环节，将"通知—删除"两个流程合并为算法过滤。[1]对"通知—删除"应用规则的改变可能会导致反通知机制的失效，同时网络服务平台的身份也可能从技术中立者转变为主动传播者。

我国当前尚不适合为网络服务平台设置法定的版权过滤义务，但是网络版权内容过滤措施的具体制度安排可以为版权侵权的司法实践提供方向。[2]从适用主体的范围来看，不能将版权过滤义务"一刀切"地向不同服务类型的网络服务平台施加。对于提供内容发布服务的网络平台而言，对其施加版权过滤义务确实能够快速、有效地控制用户上传的内容，但对于提供基础网络服务和内容存储服务的网络平台而言，采取过滤措施产生的社会成本极高，影响信息传播效率的同时还可能导致对用户合法权益的侵害。而且，由于非营利性质的网络服务平台的运营方式与版权人之间不存在利益冲突，故实施版权内容过滤措施的主体应限制在营利性质的网络服务平台。从过滤标准的选择来看，应由行政管理部门组织专门的技术专家小组，针对不同服务类型、不同规模的网络服务平台设置不同等级的过滤标准，并根据算法技术的发展不断调整。从错误过滤的救济来看，确有必要辅以人工审查，由网络用户向网络服务平台提出错误过滤的异议申请，网络服务平台秉持中立原则，根据异议理由对过滤信息展开人工审查，并于规定时间内向网络用户及时做出回复。此外，网络用户和版权人均可对审查结果向有关部门投诉或向

---

[1] 参见魏钢泳：《网络版权算法治理及其完善》，载《中国出版》2022年第14期。
[2] 参见徐淑萍、熊黎：《我国网络版权内容过滤措施的实施路径分析》，载《齐鲁学刊》2022年第3期。

人民法院提起诉讼，否则视为对网络服务平台人工审查结果的认可。

(三) 域外立法

当前网络服务平台版权责任规则的变革路径有两种形式，一种是以欧盟为代表的"国家法律"模式，是国家权力的代理机构创制的法律规则，走的是正式的、强制性的道路；另一种是以美国为代表的"自治规则"模式，是私主体在法律规定之外达成的行为规则，走的是非正式的、弱强制性的道路。"自治规则"模式是对"国家法律"模式的有益补充。

1. 欧盟

2019年欧洲议会通过《版权指令》，其中第17条对"避风港"规则进行变革：网络服务平台要取得版权人授权，否则其提供服务的行为将被认定为向公众传播或向公众提供行为。根据该指令，承担过滤义务的主体仅包括营利性质的网络服务平台，且网络服务平台需要承担严格的版权注意义务，即必须尽最大努力确保版权作品不被其他用户侵权使用、防止侵权内容被再次上传。虽然《版权指令》并未直接要求网络服务平台承担版权过滤义务，但面临人工审查无法应对海量的侵权信息的现状，采取版权内容过滤措施是当前网络服务平台避免承担侵权责任的最佳方式。[①]

第17条主要的矛盾点在于既明确网络服务平台不承担一般的监控义务，又要求其承担获得授权及过滤的义务。故各成员国在转化、实施该条款过程中产生了不同做法：有些成员国在既有版权立法的框架下加入新的条款，有些成员国制定新的专门法律以执行第17条的规定，有些成员国仅对第17条的规定进行简单的文本翻译，也有成员国在转化过程中规定了新内容。[②]

2. 美国

美国是建构网络服务平台版权责任规则的先行者。为了给网络服务平台

---

① 参见徐淑萍、熊黎：《我国网络版权内容过滤措施的实施路径分析》，载《齐鲁学刊》2022年第3期。

② 参见鲁玹序阳：《欧盟〈版权指令〉强制过滤义务立法转化研究》，载《北京理工大学学报（社会科学版）》2023年第4期。

提供一个相对稳定的法律预期,调和版权人与网络服务平台的利益冲突,美国《数字千年版权法》(DMCA)一直坚持"避风港"规则。DMCA第512条对网络服务平台的版权责任规则作出了系统性规定,仅对网络服务平台施加"红旗"标准的注意义务。该规则的核心是"通知—删除"程序,旨在鼓励版权人和网络服务平台协作以发现并处理数字网络空间中的版权侵权问题。

美国版权局于2020年5月发布关于DMCA的评估研究,认为完善版权立法可以实现通过私人间自愿的技术过滤等非立法方式解决利益冲突,主要包括市场采取的自愿协议(数个网络服务平台与版权人之间达成的版权合作协议)和私人行动倡议(网络服务平台向版权人主动发起合作邀约,版权人可自愿加入)。[①]私人间版权治理的成功实践表明立法和司法不是版权人与网络服务平台之间利益冲突的唯一解决方式。由于网络版权"自治规则"是网络服务平台与版权人之间根据意思表示所达成的为追求私人利益的产物,在不违反社会公共利益的前提下,自治规则的灵活性和信息成本优势能够能在很大程度上弥补现有规则的不足,更好地兼顾作品的许可利益和传播利益;但该规则与合理使用、隐私权以及言论自由的界限仍有待得到进一步明确,否则容易产生个体在追求自我利益的过程中造成社会公共福利减损的结果。

无论是何种实践类型,网络服务平台自愿采取版权过滤措施的原因在于:海量算法通知的出现和算法推荐商业模式的发展,使得现有法律中的"避风港"规则不再能对网络服务平台的商业行为和风险管理提供足够清晰稳定的法律预期,因此,网络服务平台在商业实践中同样会以版权过滤合作协议的方式为自己搭建起另外一个"避风港"。[②]

(四)评析

算法过滤技术飞速发展,网络版权内容过滤措施应运而生。通过对核心

---

① 参见徐淑萍、熊黎:《我国网络版权内容过滤措施的实施路径分析》,载《齐鲁学刊》2022年第3期。

② 参见李安:《智能时代版权"避风港"规则的危机与变革》,载《华中科技大学学报(社会科学版)》2021年第3期。

争议点的分析以及域外相关治理方案的梳理，本文集中探讨了算法过滤与网络用户隐私权和言论自由的界限、算法过滤中的制度性歧视以及网络服务平台算法版权过滤义务等问题。在比较法分析中，欧盟和美国分别采取了国家法律模式与自治规则模式。面对域外国家和地区在算法过滤技术治理方面的立法，我们既不能信奉"算法虚无主义"，无视算法技术参与网络内容管理对网络服务平台"避风港"责任规则带来的系统性冲击，也不能迷信"算法万能主义"，夸大算法过滤技术在网络版权环境治理中的实际作用。[①]

我国应立足于当前网络版权保护的现状，明确过滤主体的适用范围，选择合理的过滤标准，建立错误过滤的救济机制。在立法上，应通过规范版权算法决策来强化"通知—删除"程序在智能时代的有效运转；在司法上，应适当提高网络服务平台的版权注意义务，开展司法引导、市场主导的版权过滤实践，待版权过滤实践成熟，再考虑将其法律化。

五、重点观察之三：算法审计的规范路径

（一）问题简述

随着AI和机器学习（Machine Learning，ML）的快速发展，智能算法应运而生，其以前所未有的规模为社会生活带来了极大的便利。如今，无论是衣食住行，还是医疗、就业，甚至是司法审判领域，关于人的重要决定，已经越来越多地由算法做出。算法在不知不觉中影响了我们的生活。[②]然而，由于算法的不透明性和自主性，智能算法逐渐脱离了工具化的范畴，算法歧视、算法偏见不仅侵犯了个人权益，更影响了社会生活的基本秩序以及社会公共利益。这已经促使人们和社会反思算法技术，2021年9月，国家互联网信息办公室等九部委联合发布《关于加强互联网信息服务算法综合治理的指

[①] 参见李安：《智能时代版权"避风港"规则的危机与变革》，载《华中科技大学学报（社会科学版）》2021年第3期。

[②] 参见李雪婷、戚梦颖：《推动算法审计是关键》，载《中国妇女报》2022年1月7日。

导意见》，要求要以算法安全可信、高质量、创新性发展为导向，建立健全算法安全治理机制，构建完善算法安全监管体系，推进算法自主创新，促进算法健康、有序、繁荣发展，为建设网络强国提供有力支撑。

如何让算法在法治的轨道上健康运行，成为当下数字治理中的重要议题。近年来，算法审计作为一种算法评估与监督的方式逐渐进入大众视野。2022年12月《中共中央 国务院关于构建数据基础制度更好发挥数据要素作用的意见》中首次提出了要有序培育安全审计的第三方服务机构。审计，原仅指一种独立性的经济监督活动，随着对于独立监督审查活动的需要的增长，其被广泛运用于其他各类领域，计算机审计（Information Technology audit）就是在20世纪70年代前后形成的新兴审计种类之一。早期的算法审计主要关注数据的收集和系统开发模型，重点考虑数据样本、系统的准确性与计算成本。在ML算法普及之后，数据和模型的交互关系较以往变得更复杂，算法审计相应从关注算法的性能、效率转为主要围绕偏见、可解释性和数据安全保护。[①]对信息系统开展审计，我国其实早已有之。我国有的大型金融机构会聘请专业机构定期对网络交易系统进行安全审计，这是对其自身风险管控的主动选择。而算法审计（Algorithm Auditing）作为计算机审计的分支之一，则是着眼于算法，对算法的技术和使用进行审查，以保证算法的合规性和可复审性。[②]算法审计旨在确保有关机器学习应用的运行环境和目的，并直接对其效用和公平性作出评价。[③]

相较于其他算法治理的规制，算法审计具有一定的优势。首先，算法审

[①] See Koshiyama A, Kazim E, Treleaven P: Towards algorithm auditing: A survey on managing legal, ethical and technological risks of AI, ML and associated algorithms, Software Engineering eJournal (2021).（参见艾默尔·卡兹姆等：《算法审计：AI、机器学习和算法的合法性、伦理性与技术性风险》，载《软件工程杂志》2021年。）

[②] See Karni Chagal-Feferkorn: The Reasonable Algorithm, Journal of Law, Technology and Policy, 2018 (1).（参见查克·费尔科恩：《合理的算法》，载《科技法与政策》2018年第1期。）

[③] See Sara Kassir, Algorithmic Auditing: The Key to Making Machine Learning in the Public Interest, The Business of Government Magazine Winter, 2019.（参见萨拉·卡西尔：《算法审计：使机器学习服务于公共利益的关键》，载《政府商务杂志》2019年冬季号。）

计具有灵活性。作为一种阶段性评估监督模式，相较于算法备案制而言，算法审计具有时效性，定期的算法审计能够监测算法在运行过程中所产生的问题并及时对其进行督促。其次，算法审计的范围涵盖面广泛，算法审计不仅可以评估企业的治理战略，也可以审查算法的系统设计和算法机制，实现从伦理审查上到实操监管上的全覆盖。最后，算法审计有利于保障相较于算法公开与算法透明原则的要求，通过对算法审计报告进行公开满足了公众知情权的要求的同时兼顾了商业秘密的保护。

算法审计制度业已成为全球算法治理实践中的基础工具，对于算法风险的识别、评估、预防和管理具有重要意义。[①] 目前，要求平台进行定期算法审计已经成为世界各国的通行做法。欧盟、美国、新加坡等国家都已构筑起算法审计相关的规则制度及实践模式。

我国虽已开始重视算法审计所发挥的监督治理作用，但对算法审计的中国模式的构建仍处在探索阶段。我国相继出台的《网络安全法》《数据安全法》《个人信息保护法》《互联网信息服务管理办法》《互联网信息服务算法推荐管理规定》《互联网信息服务深度合成管理规定》等已构筑起我国算法审计的基础规则。

本部分将聚焦"自愿审计和强制审计的衔接""政府审计类型的适用""依托用户的算法审计路径""算法审计的问责机理""算法审计报告的公开程度"五大算法审计核心议题，同时介绍域外算法审计的立法情况。

（二）核心争议点

1. 自愿审计和强制审计的衔接

根据审计的强制性，可将审计分为强制审计与自愿审计。所谓强制审计，是指企业在政府管制和法律法规的约束下，要求企业聘请审计第三方对其进行审计；而自愿审计是在没有政府管制和法律法规的约束下，公司出于自身

---

① 参见张欣、宋雨鑫：《算法审计的制度逻辑和本土化构建》，载《郑州大学学报（哲学社会科学版）》2022年第6期。

利益的考虑自愿聘请审计主体进行审计。

算法的强制审计多由法律法规进行强制性规定，它代表着来自国家方面对算法的监管。有观点指出，监管部门推动算法审计至少可以有四方面作用。一是评估某些算法是否合法合规；二是评估算法是否符合经济社会运行规律，是否能避免"劣币驱逐良币"现象；三是评估算法供应商和买家的风控能力，通过算法审计来评估相应企业面临的道德和声誉风险，以及在出现风险时的补救能力；四是为平台企业的利益相关方增加算法方面的信息透明度，帮助他们在投资、与平台打交道等方面做出知情选择。①

业前，我国法律法规中已规定互联网企业平台负有定期对算法进行强制安全审计的规定，如自2022年3月1日起施行的《互联网信息服务算法推荐管理规定》中第8条规定，算法推荐服务提供者应当定期审核、评估、验证算法机制机理、模型、数据和应用结果等，不得设置诱导用户沉迷、过度消费等违反法律法规或者违背伦理道德的算法模型；自2023年1月10日起施行的《互联网信息服务深度合成管理规定》中第15条也对深度合成服务提供者和技术支持者提出了定期审核、评估、验证生成合成类算法机制机理的要求。至于算法强制审计由谁监管，如何进行强制审计，未进行强制审计的违反后果又为何，有待进一步规定。

健全算法安全机制，不仅需要加强法律规范制度的完善，更需要强化行业组织自律与企业主体责任。因算法技术的复杂性和专有性，外部审查机制无法深入训练数据集、模型参数等内部信息，仅可通过观察"输入—输出"变量的方式开展审计工作，无法全面评估、准确探查算法系统的风险点。②因此，企业开展自愿算法审计将成为算法治理中的关键一环。企业开展自愿审计不仅能帮助企业树立良好品牌形象，从而促进企业经济增长，还能在开展自愿审计过程中实现算法产品的优化与完善，维护社会公共利益。可以说，

---

① 参见沈艳：《推行算法审计大有可为》，载中新经纬网，https://new.qq.com/rain/a/20220728A07WUK00，最后访问时间：2024年1月14日。

② 参见张欣、宋雨鑫：《算法审计的制度逻辑和本土化构建》，载《郑州大学学报（哲学社会科学版）》2022年第6期。

算法自愿审计将成为行业企业自我监管的必然趋势。

目前，全球互联网企业都在逐步开展算法审计工具研发以及第三方专业算法审计团队的筹备工作。在工具开发方面，多数超级互联网平台都推出了相应的算法审计系统。

2.政府审计类型的适用

政府审计是指由政府审计机构所实施的审计，它是一项独立、客观的保证和咨询活动，旨在增加价值和改善管理。它通过一套系统的、规范的方法评价和提高政府活动中的风险管理、控制及其治理过程的有效性，帮助实现政府目标。[①]在数字时代，大数据、人工智能等新兴数字技术的广泛应用推动经济社会的高效运行与改革创新，智能算法能够以更快的速度处理更多的数据，数字赋能政府治理能力，但同时也带来了一系列潜在风险和危机。

首先，由于算法的不透明性和不公开性，基于智能算法所作出的政府决策可能会损害公民的知情权。其次，算法本身或算法使用的数据集可能带有的某些偏见会导致政府作出歧视性决策。最后，随着数据的增加，算法所输出的结果具有不稳定性。综上，智能算法所参与的数字政府决策一定程度上会使政府权力滥用误用的风险增加，这也使社会产生了相应的监督需求。在数字时代，有必要定期对政府所使用的算法进行监督审查。

2021年1月，荷兰审计法院（NCA）发布了《理解算法》报告，在报告中，荷兰审计法院发现，荷兰政府目前用于做出影响公民和企业的决策的预测和规范算法相对简单。值得一提的是，在报告中荷兰审计法院尝试开发了针对政府算法的审计框架，该框架可以帮助有关审计部门以及私营企业评估它们的算法是否符合特定的质量标准，以及是否已正确识别和减轻随之而来的风险。为了开发该框架，荷兰审计法院还吸收了专家和其他审计框架的意见，其中包括欧盟的GDPR所提供的处理敏感个人数据的框架、治理和信息技术一般控制（IT general control，ITGC）框架等。最终，荷兰法院所开发的算法审计框架根据若干个指标来评估审查算法，包括治

---

① 参见秦荣生：《深化政府审计监督 完善政府治理机制》，载《审计研究》2007年第1期。

理和问责制、模型和数据、隐私、ITGC的质量，如访问权限和备份控制以及伦理部分。

2022年5月，荷兰审计法院发布《对算法进行审计》（An audit of Algorithms）报告，该报告运用上述算法审计框架对荷兰政府目前所使用的9种算法进行了全面的评估，其中包括司法安全部使用的犯罪预测系统（CAS），财政福利部门使用的帮助工作人员评估住房福利申请系统，以及社会保险银行（SVB）所使用的帮助工作人员评估国家养老金的申请的系统等。最终荷兰审计法院发现，这9种算法中只有3种满足所有基本要求，剩余的6种算法不符合要求，包括存在对算法性能和影响的控制不足、算法偏见、数据泄露和未经授权使用权等风险。

3.依托用户的算法审计路径

虽然在算法治理中，由企业与政府主导的正式审计能仰赖其技术以及数据收集的优势，排查出算法中的许多问题，但这种自上而下的审计仍存在其固有的盲点。算法的一些关键问题只有在系统部署后的日常使用中才会浮现出来。在算法系统运行的过程中，用户是与算法日常互动的重要角色。因此，除了自上而下的正式审计外，仍需要建立起自下而上的依托用户的审计路径。

实践证明，用户在与算法系统的日常交互中能够发现算法系统的有害行为，并促进算法系统的优化及完善。自下而上用户驱动型的审计方式是弥合学术界以及工业界的算法审计方法与在日常使用算法系统时出现的日常审计行为之间差距的第一步。[①]用户驱动型的算法审计可以为平台与政府提供算法在日常运行中更多不同视角的信息，使人们能够有意义地审计影响他们日常生活的算法系统。因此，下一步法律与互联网平台将如何指引与支持用户更积极有效地参与到算法审计的过程，真正实现算法治理中的多主体协同治理，是值得研究与探索的方向。

---

① See Hong Shen: Everyday Algorithm Auditing: Understanding the Power of Everyday Users in Surfacing Harmful Algorithmic Behaviors, Proceedings of the ACM on Human-Computer Interaction, Volume 5, (2021).（《日常算法审计：理解日常用户对有害算法行为的规制力》，载《ACM人机交互研究进展》2021年第5卷。）

4. 算法审计的问责机理

法学界的主流文献认为，算法透明可以使算法具有可问责性和可操控性。然而，随着数据要素逐渐深入社会生活各方面，出于对个人隐私数据以及知识产权的保护，算法绝对透明原则逐渐被证明，不可能也可能是不可取的。①

一般来说，法律将建立"问责制"（accountability），以确保身居要职者正确履行职责，并对公众负责，以限制权力的无节制使用。各国立法者也针对算法产生的权力提出了算法问责（algorithmic accountability），以确保算法权力的正确使用。算法问责就是为算法制定基本标准，通过算法效果评估（algorithmic impact assessment）和算法审计（algorithmic audit）等程序对其进行监督，并据此决定规范被违反时采取何种行动。②因此，学界、立法者都在逐步尝试构建符合自身国情的算法问责制度。目前，我国主要的算法问责制度为算法备案制。2022年3月1日，随着《互联网信息服务算法推荐管理规定》的生效，我国"互联网信息服务算法备案系统"正式上线运行，标志着算法备案正式成为我国算法治理体系中的重要支柱。2022年4月8日，国家网信办牵头开展"清朗·2022年算法综合治理"专项行动，专项行动的主要任务之一就是"督促算法备案……督促企业尽快完成算法应用情况梳理，并及时开展算法备案信息填报工作"。③

但是算法备案制作为一种事前登记制度，一方面难以预知算法在实际运用当中产生的效应，另一方面备案机关往往仅负有形式审查的义务，这使得备案制度的规制作用大打折扣。因此，算法审计在这些方面可弥补算法备案制度的缺陷，算法审计报告的公开更体现了算法需要对公众负责的

---

① ［美］约叔华·A.克鲁尔：《可问责的算法》，沈伟伟、薛迪译，载《地方立法研究》2019年第4期。

② 参见张永忠、张宝山：《算法规制的路径创新：论我国算法审计制度的构建》，载《电子政务》2022年第10期。

③ 《关于开展"清朗·2022年算法综合治理"专项行动的通知》，载中央网络安全和信息化委员会办公室、国家互联网信息办公室网站，https://www.cac.gov.cn/2022-04/08/c_1651028524542025.htm，最后访问时间：2024年6月3日。

态度。

算法治理的最终目标是建立"负责任"的数据和算法体系。①虽然算法问责可以在损害发生后追究平台主体的责任,但由于算法决策过程的黑箱性质以及行为主体和控制主体的不可见性,使得算法问责的实现困难重重。算法审计系统可以穿透"算法黑箱",通过对数据、算法和应用过程的评估,为算法问责提供详细、可信的事实依据。因此,算法审计系统应与算法问责制度有机衔接,在规则设计层面建立精准对接机制,实现算法合规性评估和风险管理的顺利推进,达到损害问责和有效救济的目的。②

5. 算法审计报告的公开程度

数据要素已快速融入生产、分配、流通、消费和社会服务管理等各个环节,深刻改变着生产方式、生活方式和社会治理方式。算法作为处理数据的一种方式,已经成为企业具有竞争力的重要产品。因此,有学者提出,算法属于商业秘密的一种,"算法由编程者设计,进而给网站带来巨大的商业价值,因此其本质上是具有商业秘密属性的智力财产"。③在算法治理中,要求算法公开透明是最为直接的监督方式,但这种监管方式显然与算法作为一种商业秘密的定位相冲突。

因此,学界对于算法是否需要公开存在不同的见解,然而普遍得到承认的观点是算法应当得到有限度的公开。具有垄断地位的算法,或国家财政资金提供支持的、目的是提供普遍公共服务的算法,人们应有权要求其公开。因为具有垄断地位的算法限制了人们的选择权,对个人施加的影响巨大,人们应有知情权。④对于算法审计报告的公开程度,有学者提出可借鉴上市公司强制信息披露制度,对于重大的信息进行披露,以保障相关

---

① 参见张凌寒:《算法评估制度如何在平台问责中发挥作用》,载《上海政法学院学报》2021年第3期。
② 参见张欣、宋雨鑫:《算法审计的制度逻辑和本土化构建》,载《郑州大学学报(哲学社会科学版)》2022年第6期。
③ 参见张凌寒:《风险防范下算法的监管路径研究》,载《交大法学》2018年第4期。
④ 参见徐凤:《人工智能算法黑箱的法律规制——以智能投顾为例展开》,载《东方法学》2019年第6期。

当事人和社会大众的知情权，避免恐慌，让社会大众保持一定程度的预测能力。①

诚然，对于互联网企业平台所拥有的具有商业性质的算法而言，其算法审计报告公开的程度为何，又如何在算法治理中维持算法公开和保障知识产权之间的平衡，是值得进行探究的重要议题。

（三）域外立法

1. 欧盟

欧盟GDPR第35条对数据保护影响评估制度（DPIA）进行了详细的规定，所谓数据保护影响评估制度是重要的风险管理工具之一，它是基于风险的保护路径（risk-based approach）评估数据处理活动的必要性和适当性的问责制工具。

除了在GDPR框架下的影响评估工具外，部分欧盟国家也对算法审计的制度进行了一定的探索。2020年11月24日，由挪威审计长办公室与芬兰、德国、荷兰和英国最高审计机构共同发布了《审计机器学习算法：公共审计师白皮书》（Auditingmachine learning algorithms: A white paper for public auditors），该白皮书旨在帮助审计机关更多地了解审计人工智能和机器学习算法，帮助审计师更好地应对挑战。在白皮书中提及了审计师在算法审计的过程中应当关注的要点，例如，算法数据训练集中数据的质量，简化的、有偏见的数据可能会导致意外的错误结果，再如，在模型开发部分，透明、记录良好的模型开发有助于再现性。2021年1月26日，荷兰审计法院（NCA）发布了《理解算法》报告（Understanding algorithms），该报告为关于政府使用算法的机会和风险的探讨作出了一定的贡献。该报告说明了荷兰政府了解并控制其部门内算法的使用的程度，并提出了可用于评估具体风险的审计框架。

2. 美国

2017年底，美国纽约市市政府组建了纽约市算法监管工作组。2018年，

---

① 参见邢会强：《人工智能时代的金融监管变革》，载《探索与争鸣》2018年第10期。

纽约市通过了《算法问责法》，创立自动化决策系统的影响评估制度。2019年4月10日，在参议员罗恩·怀登（Ron Wyden）提出了《2019年算法责任法案》（Algorithmic Accountability Act of 2019），该法案要求使用、存储或共享个人信息的企业进行自动决策系统影响评估和数据保护影响评估。法案中指出，被联邦贸易委员会（the Federal Trade Commission，FTC）认定为高风险自动决策系统以及高风险信息系统在合理可能的情况下，与外部第三方（包括独立审计师和独立技术专家）协商，并自主选择公开审计评估结果。虽然该法案尚未通过成为法律，但也为算法审计框架的构建提供了一定的模型。2021年，推特机器学习伦理、透明度与责任小组的主管拉曼·乔杜里（Rumman Chowdhury）指出，只有10家到20家信誉良好的公司提供算法审查。不少公司也有自己的内部审计团队，在向公众发布算法之前对其进行审查。①

3.英国

2021年5月21日，英国发布《在线安全法草案》（Draft Online Safety Bill），该草案进一步明确了互联网平台的法定责任，将注意义务转向更清晰具体的法定责任清单。针对政府公共机构使用人工智能算法系统，该草案推出了统一的算法透明度标准，同时在第49条要求平台服务的提供者就其提供的每一项服务准备年度的透明度报告，并且报告中提供的信息必须完整、准确。

4.新加坡

2020年1月21日，新加坡个人数据保护委员会（Personal Data Protection Commission，PDPC）发布了第二版《模型人工智能治理框架》，该框架在附录部分对人工智能算法提出了审计要求，规定如果存在发现（Discover）模型中包含算法的实际操作的必要，则进行算法审计。该框架要求算法审计必须在对该组织具有管辖权的监管机构（作为取证调查的一部分）的要求下进行，或者由人工智能技术提供商执行，以确保算法的透明度。2022年5月25日，新加坡发布了人工智能治理评估框架和工具包——A.I. VERIFY，该工具

---

① 参见沈艳：《推行算法审计大有可为》，载中新经纬网，https://new.qq.com/rain/a/20220728A07WUK00，最后访问时间：2024年1月14日。

包由信息通信媒体发展局（IMDA）和个人数据保护委员会（PDPC）开发，是全球第一个正式发布的人工智能检测框架和工具包。

5. 加拿大

2019年4月1日，加拿大公布了《自动化决策指令》（Directive on Automated Decision-Making）。该指令旨在确保加拿大政府部门依赖智能算法所作出的决策是负责任并符合程序公平和正当程序要求的。该指令要求在生成任何自动决策系统之前完成算法影响评估（Algorithmic Impact Assessment，AIA），并且该指令自生效之日起每6个月计划一次自动审查过程，由加拿大财政部秘书处首席信息官（the Chief Information Officer of Canada）负责，为政府范围内的自动决策系统的使用提供指导。

6. 澳大利亚

2019年7月26日，澳大利亚竞争与消费者委员会（ACCC）发布了《数字平台调查：最终报告》（Digital Platforms Inquiry: Final Report）。该报告中指出，算法和算法结果因缺乏审计所带来的不确定性和不可预测性会削弱人们对平台的信任。例如，在广告方面，澳大利亚国家广告商协会提及，"广告商要面对的一个至关重要的风险是测量和可看性方面缺乏透明度。虽然数字平台为广告商提供了更多的即时测量活动结果，但这些措施和结果没有得到独立的审计。由于使用的衡量标准不同，也没有机会在不同平台之间进行比较"。[1] 报告还指出，为了回应这种由于算法不透明带来的信任流失，大型互联网平台纷纷开始寻求与第三方进行合作，由第三方进行独立审计，以重新获取广告商的信任。

此外，在发布报告同时，澳大利亚竞争与消费者委员会还宣布设立专门分支机构，其重点工作是对数字平台运营的市场进行调查、监控和执法。同时可以"主动监视"平台算法运行，赋予其要求披露算法详细信息的权限。

---

[1] See Australian Association of National Advertisers: Submission to the ACCC Issues Paper, April 2018.（参见澳大利亚全国广告组织：《对竞争和消费者委员会提案的报告》2018年4月）

（四）评析

综上所述，算法有其独特优势。算法审计制度是算法治理当中不可或缺的重要监督机制，从实践层面来看，有许多国家早已构成算法评估和数据影响评估体系，但目前而言，多数国家还处于从算法评估向体系化的算法审计制度过渡的阶段。虽然各国都逐渐开始构建起算法审计的制度模型，但还处于初构阶段尚未形成系统成熟的体系。有关算法审计的许多关键问题都悬而未决，算法审计制度仍面临着"软化"与"泛化"风险。作为"有力规范和监督算法权力、防范数字风险、控制算法异化的制度工具"，①完善算法审计制度以加强算法监管，这既是顺应时代潮流之策，又是实现数字治理的必然之举。

六、重点观察之四：算法共谋的反垄断规制

（一）问题简述

共谋，即本应相互竞争的企业（经营者）以合意或默契协调的方式排除彼此竞争的风险，其一直都是各法域反垄断法共同的核心关注，甚至被称作威胁竞争的"最大罪恶"。②具体而言，算法合谋可以分为明示合谋与默示合谋，前者指通过书面或口头等明确的协议方式维持合谋的反竞争行为，后者则不通过明确协议，而是依据认可相互之间的依赖性来维持合谋，从而实现反竞争合作。"共谋"最初是美国反托拉斯法的术语，我国《反垄断法》称之为"垄断协议"（monopoly agreement），欧盟竞争法称之为"限制竞争协议"（restrictive agreement），德国法上的"卡特尔"（cartel）也有垄断协议的意思。③算法共谋是指利用算法实施合谋的行为，具体而言，主要是指利用

---

① 参见张永忠、张宝山：《算法规制的路径创新：论我国算法审计制度的构建》，载《电子政务》2022年第10期。

② 参见时建中：《共同市场支配地位制度拓展适用于算法默示共谋研究》，载《中国法学》2020年第2期。

③ 参见刘宁元、司平平：《国际反垄断法》，上海人民出版社2009年版，第27页。

人工智能算法技术，对市场竞争产生影响的协同行为，此处的影响包括促进竞争的积极影响，也包括排除、限制竞争的消极影响，具体取决于不同算法共谋行为的内在运行机理。①

2017年，世界经济合作与发展组织（OECD）开展了以"算法与共谋"为主题的研讨，并发布了题为《算法与共谋：数字时代的竞争政策》（*Algorithms and Collusion: Competition Policy in the Digital Age*）的报告，就算法在促进社会经济发展的同时，是否也为垄断提供了便利的问题进行了详细论述，报告将算法在共谋中的角色划分为监督算法、平行算法、信号算法、自主学习算法四种，并就反垄断法在应对默示共谋和垄断协议认定上的挑战，提出市场研究和行业调查、事前合并审查、承诺和其他可能救济措施。数字时代的算法共谋问题逐渐成为国内外学者关注的重点，相关司法案例也逐渐进入公众视野。

在理论上，国外（美国和欧盟）对算法共谋的研究较早。2015年牛津大学法学教授阿里尔·扎拉奇（Ariel Ezrachi）和美国田纳西大学法学教授莫里斯·E.斯图克（Maurice E. Stucke）提出了算法共谋的理念。②随后二人又在2016年出版的《算法驱动经济的前景和风险》③一书中详细介绍了计算机共谋的危险性：虽然传统的反垄断法律阻止企业固定价格，数据驱动下的算法能迅速监控竞争对手的价格，并统一地调整价格。日益透明的价格看似对消费者有利，却讽刺性地以伤害其而告终。尼古拉·佩蒂（Nicola Petit）指出，作为大数据运用基础的算法开始被某些市场主体用来破坏竞争，算法问题已经引起反垄断部门关注，应当对其实施反垄断规制。泰勒·摩尔（Tyler Moore）等提出基于数据过度集中等原因会导致算法破坏公平竞争、侵犯消

---

① 参见刘佳：《人工智能算法共谋的反垄断法规制》，载《河南大学学报（社会科学版）》2020年第4期。
② 李振利、李毅：《论算法共谋的反垄断规制路径》，载《学术交流》2018年第7期。
③ See Ariel Ezrachi & Maurice E. Stucke: The Promise and Perils of Algorithm-Driven Economy, Massachusetts: Harvard University Press, 2016.（参见艾瑞尔·伊兹拉齐等：《算法驱动经济的前景和风险》，哈佛大学出版社2016年版。）

费者权利等负外部性问题。

国内的相关研究就算法共谋自身、反垄断规制面临的问题，以及可能的出路做了探讨。韩伟（2017）以欧盟经济合作与发展组织2017年发布的《算法与合谋》报告为对象，梳理了算法定价给欧盟竞争执法带来的挑战，认为算法的反垄断问题目前仍然在起步阶段，反垄断法应当对此保持慎重，但仍然应当了解算法在市场中的实际运用情况及存在的问题，并重视相关理论研究。① 钟原（2018）提出可以通过类型化规制思路应对反垄断规制中的主体要件认定、主观要件认定和基本价值衡量。② 黄晓伟（2019）将算法共谋作为典型的"黑箱化"的智能算法，以其为样本解析算法共谋的技术因素，从而发现了更为隐蔽的新型共谋。③ 刘佳（2020）根据案例对算法共谋进行反垄断法意义上的分类，并提出，对人工智能算法共谋进行反垄断法规制的肇因在于"共谋"，而非"算法"本身；对算法共谋进行反垄断法规制时应以"合理规则"为主、"本身违法原则"为辅，对不同类型的算法共谋进行规制时侧重点有所不同。④ 施春风（2018）建议应当拓宽认定算法共谋达成的形式，明确禁止算法所采集的数据范围，尽量消除监管机关在此方面的信息不对称。⑤ 李婕（2019）批判了将财富最大化作为人工智能发展目标的观点，认为当算法垄断阻碍自由竞争时，法律应介入干涉，鼓励企业在算法开发早期公开源代码，以维护公共利益。⑥

综合来看，大数据算法的应用具有提高效率、促进创新等积极作用，但也蕴含算法共谋破坏竞争的巨大风险，因而探讨反垄断法对该问题的规制具

---

① 参见韩伟：《算法合谋反垄断初探——OECD算法与合谋报告介评（下）》，载《竞争政策研究》2017年第6期。
② 参见钟原：《大数据时代垄断协议规制的法律困境及其类型化解决思路》，载《天府新论》2018年第2期。
③ 参见黄晓伟：《互联网平台垄断问题的算法共谋根源及协同治理思路》，载《中国科技论坛》2019年第9期。
④ 参见刘佳：《人工智能算法共谋的反垄断法规制》，载《河南大学学报（社会科学版）》2020年第4期。
⑤ 参见施春风：《定价算法在网络交易中的反垄断法律规制》，载《河北法学》2018年第11期。
⑥ 参见李婕：《垄断抑或公开：算法规制的法经济学分析》，载《理论视野》2019年第1期。

有相当意义。本文主要关注反垄断法规制算法共谋中的四个核心争议点：算法共谋的主体归责；共谋竞争者之间的主观认定；共谋垄断协议的证明因素；定价算法解释的对象和范围。在此基础上，结合我国情况对该问题进行细致探讨。

（二）核心争议点

根据层次的不同，算法共谋可分为信使类共谋、轴辐类共谋、预测类共谋、自主类共谋。第一，信使类共谋指计算机被用来执行人类共谋限制竞争的意愿，其身份类似人类的信使，算法只是工具。在这类合谋中，证明存在反竞争协议的证据越充分，就越不需要证明存在合谋的意图，但行为人的意图在认定行为的违法性上也发挥重要作用，在特定的行为中，法律会考虑行为人的意图。第二，轴辐类共谋是指多家企业使用相同的计算机算法决定市场价格或对市场做出反应，同行业众多竞争者同时达成类似的纵向协议时，凭借算法（"轴"）的帮助就可能形成全行业的合谋。此时算法依然是工具，合谋决策依然是由参与合谋的人做出。在一个案例中，甲公司是轴辐共谋的中心，通过定价算法与甲公司司机达成一系列纵向共谋（"辐条"），从而促进司机间的横向协调（"车圈"），最终形成横向共谋。处理此类合谋需要考察算法及其反竞争意图，辅之以合理原则考察纵向协议。① 第三，预测类共谋类似于前文的"利用动态定价算法实现合谋"，这是通过算法促成默示共谋，缺乏"共谋协议"的证据，可能违反《联邦委员会》第5条和《欧盟运行条约》第201条。第四，自主类共谋与前文"人工智能算法自主实现合谋"基本一致，缺乏"共谋协议""共谋意图"的证据，其责任形式不明确。在这四种合谋当中，人在决策过程中的作用是依次递减，而算法的作用则依次增加，② 反垄断规制的难度也有所提升。

---

① 参见李振利、李毅：《论算法共谋的反垄断规制路径》，载《学术交流》2018年第7期。
② 参见肖冬梅：《"后真相"背后的算法权力及其公法规制路径》，载《行政法学研究》2020年第4期。

算法共谋的技术性、稳定性、智能化和隐蔽性特征使得算法共谋的反垄断规制面临诸多问题。在价值层面存在效率与公平、自由与秩序的权衡，在意思联络的认定上存在证明难问题，在识别共谋和收集证据上存在技术性障碍，在责任承担上存在归属和分配难题。①

1. 算法共谋的主体归责

传统共谋是由"人"主导的合谋，"人"是责任主体，传统反垄断法对垄断协议的规制是基于"人类中心主义"的视角，②而在算法共谋中"人类中心主义"的规制框架可能被突破。在信使类共谋、轴辐类共谋中，算法的工具性较强，仅仅是执行开发者或管理者的指示，因而开发者或管理者才是责任主体。但在预测类共谋和自主类共谋中，算法的参与度更高，算法通过收集数据自行学习，甚至能在不经过开发者控制的情况下与其他经营者的算法达成共谋。此时如要求经营者承担责任，则可能与传统垄断协议要求的"意思联络要件"不符，承担责任的形式和责任的分配问题也难以处理。③在持续性的算法共谋过程中，存在相互关联的多方主体和多种场景，主体的多元性和算法的自我学习能力，使得将算法默示共谋造成的负外部性归责于智能算法机器人、开发者、使用者变得困难。④

处理算法导致的反垄断责任有三种路径：归咎于机器本身、归咎于操作机器的人以及不归咎于任何人。⑤涉及算法共谋的主体包括三个：算法、算法设计者、算法的使用者或受益人。首先，需要探讨算法或人工智能是否能成为法律主体并承担责任。随着经济社会和人工智能技术的发展，算

---

① 参见殷继国、沈鸿艺、岳子祺：《人工智能时代算法共谋的规制困境及其破解路径》，载《华南理工大学学报（社会科学版）》2020年第4期。

② 参见周围：《算法共谋的反垄断法规制》，载《法学》2020年第1期。

③ 参见殷继国、沈鸿艺、岳子祺：《人工智能时代算法共谋的规制困境及其破解路径》，载《华南理工大学学报（社会科学版）》2020年第4期。

④ 参见吴太轩、谭娜娜：《算法默示合谋反垄断规制困境及其对策》，载《竞争政策研究》2020年第6期。

⑤ See Salil K. Mehra, Antitrust and the Robo-Seller: Competition in the Time of Algorithms, Minnesota Law Review, 2016 (100).（参见萨利尔·梅赫拉：《反垄断与机器人卖家：算法时代的竞争》，载《明尼苏达法律评论》2016年总第100期。）

法、人工智能、机器人的学习能力逐步提升，与人类的差别也可能逐渐缩小，其法律主体资格一直是学界的争议问题。据科技专家研究，人造机器没有自身的目的，其生成的目的行为与人类有目的有意识的行为性质完全不同；且机器人没有自身积累的知识，其知识库是由人类输入的特定领域知识。①基于此，吴汉东（2017）认为，模拟和扩展"人类智能"机器人虽具有相当智性，但不具备人之心性和灵性，与具有"人类智慧"的自然人和自然人集合体是不能简单等同的，故民事主体控制的机器人尚不足以取得独立的主体地位。②赵万一（2018）也主张，无论从哲学角度还是法学角度，都不应赋予人工智能与人相同的法律主体地位。其原因在于人工智能并无与自然人类似的基于内心观察（认识）、判断、选择等一系列复杂行为所构成的意思能力，而且人工智能也没有作为责任承担主体所必备的道德、良知、伦理和习惯。③虽然在实践中可能存在机器人被赋予公民身份的事件，但目前的共识基本还是倾向于，在法律领域，机器人/算法/大数据不能承担责任。在人类主宰的世界里，"算法中心主义"永远无法取代"人类中心主义"。"算法目前本质上仍然是人类的工具，只是带来了新的共谋应用手段，而不是新的法律责任主体。"④由算法承担共谋责任不仅与当前主流观念相悖，还可能导致最终无人承担法律责任的风险。因此归责还需回到开发者、管理者、经营者。

其次，在责任归属问题上，应当由算法背后的实际参与者，如开发者、管理者、受益者承担法律责任。算法的开发者可能以两种身份存在：独立的程序员或企业内部的程序员。对于独立程序员而言，其仅与企业是合同相对方关系，对于算法之后的使用领域和使用效果不存在主观恶意和实际行为，

---

① 参见钟义信：《人工智能："热闹"背后的"门道"》，载《科技导报》2016年第34期。
② 参见吴汉东：《人工智能时代的制度安排与法律规制》，载《法律科学（西北政法大学学报）》2017年第5期。
③ 参见赵万一：《机器人的法律主体地位辨析——兼谈对机器人进行法律规制的基本要求》，载《贵州民族大学学报（哲学社会科学版）》2018年第3期。
④ 参见施春风：《定价算法在网络交易中的反垄断法规制》，载《河北法学》2018年第11期。

因而难以要求其承担反垄断法责任。而作为企业内部程序员，则根据侵权责任法的相关理论，用人单位应承担替代责任。基于责任自负的原则，违法行为者应承担否定性法律后果，因此有学者提出，随着公司运营越来越自动化，算法将取代雇员成为公司伤害的主要原因，可以将自学习算法视为经营者的员工，经营者应当代替员工承担法律责任，而不应利用算法逃避责任，该观点被称为"算法雇员理论"。由于算法本身及其设计者从事相关行为都是为了企业利益，实际使用算法和从算法中获取直接经济利益并损害市场竞争秩序的有且只有算法的使用者——企业自身，①因此有学者主张，算法的使用者和受益人才是真正意义上的责任主体，企业有责任对他们发明或使用的算法负责，且有义务接受反垄断法规制。

最后，在责任分配问题上，当算法开发者、管理者和受益者合一时，不存在算法共谋责任的分配问题。当算法开发者、管理者和受益者分属于不同经营者时，可以综合运用阿里尔·扎拉奇（Ariel Ezrachi）和莫里斯·E.斯图克（Maurice E. Stucke）提出的获益原则和有效控制原则来分配相应的法律责任。②获益原则是指反垄断机构或法院先行评估算法共谋的获益结构，再根据实际参与主体获益大小等结构因素确定责任的分配。有效控制原则是指可以从实际参与主体对算法的控制程度来判断。若算法开发者、管理者和受益者均从算法共谋中获益或能对算法施加一定的控制，则可根据获益份额和控制程度来确定责任份额，否则由获益的一方或控制的一方承担责任；若获益比例或控制程度难以区分，则由算法实际参与主体承担连带责任。③

2. 共谋竞争者之间的主观认定

李振利、李毅（2018）指出，算法共谋的反垄断规制最大难题，在于如

---

① 参见李丹：《算法共谋：边界的确定及其反垄断法规制》，载《广东财经大学学报》2020年第2期。

② See Ariel Ezrachi & Maurice E: Stucke, Sustainable and Unchallenged Algorithmic Tacit Collusion, 17 Northwestern Journal of Technology and Intellectual Property (2020).（参见艾瑞尔·伊兹拉齐等：《持续和不可挑战的算法默契》，载《西北科技和知识产权杂志》2020年第17期。）

③ 参见殷继国、沈鸿艺、岳子祺：《人工智能时代算法共谋的规制困境及其破解路径》，载《华南理工大学学报（社会科学版）》2020年第4期。

何发现和认定缺乏主观意图下的算法共谋。① 在传统反垄断法框架中，垄断协议的构成要件包括经营者有限制竞争的合意、经营者进行了意思联络、达成一致行为，并产生了排除、限制竞争的效果。殷继国等（2020）提出，由于共谋各方进行意思联络的方式具有隐蔽性和复杂性，甚至通过算法有些时候不需要各方经营者有意思联络，因而在反垄断规制的实践中存在意思联络认定的困境。② 尤其在自主类共谋中，由于缺少意思联络的证明，经营者的算法共谋很难被认定为垄断协议，从而难以对其规制，最终导致危害消费者福利和市场竞争秩序的后果。

对于算法共谋主观意图的认定问题，李丹（2020）提出可以采取类型化方案，对四类算法共谋适用差异化的认定标准。③ 在信使共谋中，算法的工具性较强，本质仍然是企业通过垄断协议瓜分市场份额、获取超额垄断利润的主观故意，因而仍存在违法的主观故意。在轴辐共谋中，企业通过达成纵向协议的表面形式掩盖横向垄断协议的实质内容，通过类似的算法模糊了传统纵向横向垄断协议的二分，但执法机构可通过表面的纵向协议加上一定的间接证据推导和证明横向垄断协议的客观存在。在预测共谋中，虽然自动预测机制缺乏与其他企业的协商，难以认定共谋意图，但惩罚机制会使得没有企业敢背叛共谋，因而则可以通过分析惩罚机制进行反向论证，查证同谋者破坏市场竞争秩序、谋取超额垄断利润的主观意图。在自主共谋中，共谋几乎可以被视为算法自主学习促成价格一致的结果，缺乏主观故意要件的企业不应承担反垄断法责任，此处可能存在的问题是举证责任的分配。

在明示共谋中，主观意图体现在协议或决定文本中，而协议或决定本身就是意思联络的结果。算法共谋主观认定的困难之处主要在于默示共谋。波斯纳（2003）提出默示共谋理论，主张限制竞争行为并非任一市场结构所固

---

① 参见李振利、李毅：《论算法共谋的反垄断规制路径》，载《学术交流》2018年第7期。
② 参见殷继国、沈鸿艺、岳子祺：《人工智能时代算法共谋的规制困境及其破解路径》，载《华南理工大学学报（社会科学版）》2020年第4期。
③ 参见李丹：《算法共谋：边界的确定及其反垄断法规制》，载《广东财经大学学报》2020年第2期。

有的，应当抛开主观方面，而依赖客观的有利于共谋的各种条件和经济证据来证明共谋的存在。①在执法过程中，由于主观意图可以通过客观行为来表现，执法者可以通过市场的异常变化推断经营者可能达成合谋，从而对涉案经营者进行反垄断调查。蒋力（2018）关注到一些可以作为推断合谋意图的辅助证据：①经营者同时或几乎同时宣布提价；②经营者频繁地交换信息；③经营者同时发生商业策略的重大变化；④经营者出现与个人利益不一致的统一行为；⑤经营者没有明显的经济压力而发生异常变化；⑥经营者保持长期的一致高价；⑦行业领导企业存在领导价格的历史；等等。②

另一种可能解决主观认定难问题的进路将视线投向"意思联络"的认定标准。意思联络包括两个要点：限制排除竞争的主观意图、和经营者进行联络并取得一致。在算法共谋尤其是默示共谋的情形中，算法之间在事实上有信息交流，这种信息交流会产生类似于合同法中要约和承诺的效果。因此，或许可以适当扩展意思联络的认定标准，将算法间的信息交流视为意思联络的一种形式，进而认定算法开发者或管理者有排除、限制竞争的意图并实施了联络行为。③

3. 共谋垄断协议的证明因素

我国《反垄断法》第16条将垄断协议界定为"排除、限制竞争的协议、决定或者其他协同行为"。根据相关法律法规，垄断协议具有四大构成要件，包括经营者有限制竞争的合意、经营者进行了意思联络、达成一致行为，并产生了排除、限制竞争的效果；协同行为则要求"一致行为""意思联络或信息交流""缺乏合理解释"以及"相关市场的情况"，其中"合理解释"由经营者举证，余下三要件由反垄断执法机构举证。算法共谋的技术性、隐蔽性等特征会使得反垄断执法机构难以收集算法共谋证据：一方面算法逐步成为垄断协议达成和实施的参与者，另一方面市场透明度提升导致默示合谋增

---

① 参见［美］理查德·A.波斯纳：《反托拉斯法》，孙秋宁译，中国政法大学出版社2003年版。
② 参见蒋力：《算法合谋的反垄断法分析》，武汉大学2018年硕士学位论文。
③ 参见殷继国、沈鸿艺、岳子祺：《人工智能时代算法共谋的规制困境及其破解路径》，载《华南理工大学学报（社会科学版）》2020年第4期。

加,算法主导的默示合谋进一步增加证明难度。

合意要件与意思联络行为要件在前文"共谋竞争者的主观认定"部分已有相当论述,学者提出"类型化考察主观标准"和"扩展意思联络的认定标准"等方案。在此仅重申补充关键性困难——默示合谋的主观要件证明。

默示合谋的证明存在这样一种悖论:对合谋的证明,必须有存在协议的证据,但是从界定上讲,它又意味着并不存在此类证据。① 在算法高度智能化的默示合谋中,可能存在三大证明难题:其一,从垄断协议参与者的角度来看,算法本身是理性的,它不存在任何法律意义上的主观意图,因而难以证明意思联络;其二,默示合谋的证明实质上仍然是围绕有无协议而展开,只是更多体现在有意识的协调行为,但算法凭借可获得的数据资源实施决策时可能根本不存在意思联络,因而难以取证;其三,当我们从客观分析的角度认为不同企业的算法之间形成了某种垄断协议时,有可能这只是算法在寻求一种最优的市场竞争策略(这也正是算法设计者的初衷)。②

国家市场监督管理总局《禁止垄断协议规定》第6条规定:"认定其他协同行为,应当考虑下列因素……(二)经营者之间是否进行过意思联络或者信息交流……"由此可见,我国目前仍然要求证明意思联络/信息交流。波斯纳(2003)曾提出直接以经济学证据作为合谋的判定方式:第一,对市场条件是否有利于产生合谋进行识别;第二,判断是否确实存在合谋行为。③ 因而无论如何,对行为证据、经济证据等间接证据的关注是有必要的,通过经营者行为(算法设计者、改进者或者使用者的行为)、市场结构(市场经济条件)等要素推定出行为证据和经济证据,可以助力垄断协议主观要件的认定。

---

① [美]基斯·N.希尔顿:《反垄断法——经济学原理和普通法演进》,赵玲译,北京大学出版社2009年版,第61~62页。

② 参见钟原:《大数据时代垄断协议规制的法律困境及其类型化解决思路》,载《天府新论》2018年第2期。

③ 参见[美]理查德·A.波斯纳:《反托拉斯法》,孙秋宁译,中国政法大学出版社2003年版,第80~81页。

达成一致行为包括同时提价、同时保持高价等情形，其证明难度相对较小。产生限制排除竞争的效果这一要件需要考察损害的认定。由于算法共谋可能同时具有积极和消极双重效果，故通常需要进行成本收益分析，综合考虑对竞争秩序、消费者福利、企业创新效率的影响。通常认定共谋需要具备三项主要因素：一是共谋必须拥有提高价格的能力；二是共谋所带来的预期收益要高于预期惩罚；三是达成及执行共谋的成本低于其预期收益。①

整体而言，为了处理算法共谋，应该重新考虑反垄断法中协议的定义。② 有必要将定价算法扩大解释为达成垄断协议的一种法定典型手段，但在具体算法共谋案件的认定中，各类算法共谋类型中协议的认定方式有所不同：信号类共谋企业的涨价行为明确证明了协议的存在，无须反垄断机构寻找双方具体磋商的书面证据来证明实体共谋协议的存在；轴辐共谋突破纵向协议的框架而归属于适用本身违法的横向垄断协议，也应视为垄断协议；预测类共谋则可以从其对竞争机制的限制效果进行倒推，重点审查预测类共谋是否限制了市场竞争，在得到肯定的结论之后，再寻找竞争者是否有相应的程序或手段防止这种损害竞争后果的发生，有采取措施防止损害则不属于垄断协议，反之则认定为垄断协议；自主类算法中通常不宜认定垄断协议，但可以通过提醒或告知企业其算法已经产生了限制竞争的效果，敦促其在一定期限内采取措施恢复正常的竞争性价格，弥补相关竞争者和消费者的利润损失。③

4.定价算法解释的对象与范围

2016年欧盟议会通过了《通用数据保护条例》(GDPR)，提出当自动化决策对数据主体产生显著影响时，算法相对人可以请求算法决策主体对具体的决策逻辑、过程进行解释。近年来，各国的立法者与学界达成共识，即算法的自动化决策应当具备可解释性，用户有权知晓决策的原因。2017

---

① 参见[美]丹尼斯·W.卡尔顿、杰弗里·M.佩洛夫：《现代产业组织》，胡汉辉等译，中国人民大学出版社2009年版，第120—140页。
② 参见曾雄：《人工智能时代下算法共谋的反垄断法规制》，载《网络法律评论》2016年第2期。
③ 参见李丹：《算法共谋：边界的确定及其反垄断法规制》，载《广东财经大学学报》2020年第2期。

年《关于算法透明度和责任制的声明》(Statement on Algorithmic Transparency and Accountability)提出了七项算法透明度和问责制的原则：①意识（awareness）。算法拥有者、设计者、使用者和其他持有者应意识到其在设计使用过程中可能存在的偏见及其损害。②获取和补救（access and redress）。监管机构应当采取一些机制，使受到算法决策不利影响的人能够提出质疑并得到补救。③问责（accountability）。机构应对其算法所做的决定负责。④解释（explanation）。鼓励用算法决策的机构对算法所遵循的程序和所做的具体决定进行解释。⑤数据来源（data provenance）。算法的开发者应对训练数据的收集方式进行描述，对算法引起的潜在偏见进行探讨。⑥可审计性（auditability）。⑦验证和测试（validation and testing）。机构应该使用严格的方法来验证他们的模型，记录这些方法和结果，并鼓励公开测试结果。在上述七大原则中，"解释"与"算法的可解释性""算法解释权"等概念息息相关。国内外诸多学者将条例赋予的算法相对人要求算法设计者、使用者提供自动化决策的运行逻辑以及可能产生的重大影响等信息的权利定义为算法解释权，[①]这实际上是实现算法透明的一项事后问责的策略安排，是对算法价格歧视的一条规制思路。

通常，解释的内容包括算法的输入、输出以及从中间过程的逻辑，必须是对该算法与决策的相关性进行解释；解释的标准应当以正常人能够理解的方式予以解释，不需要阐明算法模型工作的确切过程。[②]算法解释可以分为内部解释和外部解释，其对象、标准、内容存在差别：内部解释以内部技术人员（程序员或科学家）为对象，标准是"可判断性"（interpretable），内容主要为技术解释，如自动化决策系统如何运行，以实现技术故障诊断与修复的功能；而外部解释以用户和监管部门为对象，标准是"可理解的"

---

① 参见韩世鹏：《算法价格歧视的规制困境与治理新解——基于算法解释权的视角》，载《科技与法律（中英文）》2022年第6期。

② 参见郑智航、徐昭曦：《大数据时代算法歧视的法律规制与司法审查——以美国法律实践为例》，载《比较法研究》2019年第4期。

（comprehensible），内容是使外部可知晓自动化决策如何做出（理由），①从而建立公众对算法决策的信任，验证其遵守法规与政策的要求。因此，作为外部解释的决策算法解释权不要求用户理解源代码即可实现制度功能，也即不需要调取源代码，从而使得定价算法的解释通常不会损害企业的商业秘密。②

由于定价算法本身受到"算法黑箱"的质疑，不当使用算法有可能产生算法共谋、价格歧视等问题，因此企业的解释有助于提高自动化决策的透明度，促进决策公正。在增强公众信任的视角下，定价算法的解释主要为外部解释。有学者提出，至少应当要求平台或企业在定价结果反常时对定价算法进行解释：定价算法的解释对象包括监督机构和受到定价算法歧视性决策影响的相对人；解释主体为平台或企业进行定价决策和算法设计的有关部门；解释内容主要包括定价算法的价值判断、定价算法落实定价决策的运行机制，以及产生歧视性定价后果时说明算法的可验证性；解释方式应遵循"可理解"标准。③

在算法自动化决策透明度提高的同时，也不应忽视定价算法解释存在的"解释义务特别是公开解释与商业秘密冲突"以及监督机构滥权的风险。算法决策的准确性与算法的可解释性之间存在张力，"强制要求算法具有可解释性会削弱算法的潜在优势"。④因此，在是否公开解释的问题上，应当进行比例原则指导下的利益衡量。比例原则着眼于利益衡量，包含适当性、必要性、相称性三个子原则：从适当性原则看，以合理自然语言表述的定价算法决策解释，相比公开源代码的技术解释更具可理解性；从必要性原则看，不公开

---

① See David C. Vladeck, *Machines without principals: Liability rules and artificial intelligence*, Washington Law Review, 2014, 89 (1).（参见大卫·C·弗拉德克：《没有原则的机器：责任规则与人工智能》，载《华盛顿法律评论》2014年89卷1期。）

② 参见张凌寒：《商业自动化决策算法解释权的功能定位与实现路径》，载《苏州大学学报（哲学社会科学版）》2020年第2期。

③ 参见张怡静：《个性化定价的政府规制研究——基于算法的分析视角》，载《网络信息法学研究》2020年第2期。

④ 参见金梦：《立法伦理与算法正义——算法主体行为的法律规制》，载《政法论坛》2021年第1期。

定价算法的源代码解释对商业秘密的损害最小；从相称性原则看，算法决策解释义务要求定价者向公众解释算法决策作出的理由和依据。①因此一般情况下，公开解释的范围不应包含源代码在内。

（三）域外立法

对于合谋问题，美国《谢尔曼法》第1条规定了任何限制交易的合同、联合、共谋行为都是非法的，该条规定将所有可能限制竞争的合谋行为都纳入违法范围，显得过于严苛。在反垄断司法实践中，美国逐渐形成本身违法原则和合理原则两种分析模式来解决合谋问题。《欧盟运行条约》第101条第1款规定禁止任何可能影响交易、限制竞争的协议、决定或协同行为，《关于横向合作协议适用〈欧盟运行条约〉第101条指南》具体阐述了横向合作协议的适用规则。算法在商业中的使用给合谋的规制带来了新的挑战。②

1. 欧盟

欧盟在数字领域的反垄断规制趋向于严苛，更加注重保护中小企业及市场竞争者的利益。《欧盟运行条约》等多部法律法规明确中小企业对欧盟经济发展的重要作用。实践中，欧盟对超大型平台采取严格的规制策略，积极运用反垄断手段，审查经营者集中案件，查处滥用支配地位行为（特别是将垄断地位进行跨界传导），频频开出巨额罚单。

欧盟反垄断法适用的分析模式包括基于形式的方法和基于效果的方法。《欧盟运行条约》第101条规范了限制竞争协议，具体包括固定价格、限制生产、划分市场、区别对待，以及其他可能影响限制竞争的协议、决定或协同行为；而在满足"合谋行为有助于改善商品生产或销售，或有助于推动技术或经济进步，且消费者能够公平地分享合谋所带来的收益；施加限制是为了达到上述目的所必不可少的；不会实质上消除竞争"情形时可以豁免。在

---

① 参见何新新、徐澜波：《个人信息处理者的自动化决策解释义务研究》，载《学习与实践》2022年第8期。

② 参见蒋力：《算法合谋的反垄断法分析》，武汉大学2018年硕士学位论文，第2页。

欧盟竞争法中界定协同行为,需要满足以下条件:存在某种形式的协调或实践上的合作;这种合作是通过直接或间接的联络达成的;企业之间的联络与合作具有因果关系。欧盟竞争法中的协议与协同行为之间没有明确边界,两者"都是某种形式的共谋,拥有同样的性质,仅在强度和表现形式上有所区别"。①

2017年欧盟经济合作与发展组织发布的《算法与合谋》报告,对算法合谋带来的挑战和应对方法、管制思路作出探讨。针对算法合谋,报告提出可以通过市场研究与市场调查、事前合并控制、承诺可能的救济等措施应对算法合谋。②虽然对特定反竞争协议进行反垄断干预的前提条件是,存在竞争者之间合谋对竞争造成负面影响、可能损害消费者利益的特定证据,但在信号显示市场运行不畅而又找不到市场主体之间存在合谋的证据时,执法部门可能会通过市场研究、行业调查、市场调查的方式探寻市场失灵的原因以及解决方案。在存在算法行为的市场中进行事前合并反垄断审查,可以预防默示合谋。要求当事企业对可能的救济措施作出"承诺"可能可以阻止寡头企业实施共谋机制,但该思路尚未被实际检验,且其可行性仍存争议。

2.美国

在大型数字平台的反垄断规制理念上,美国整体上偏向于审慎、包容,高度重视保护创新和消费者利益。在法律层面,《算法问责法案》和《加州消费者隐私保护法案》分别于2019年和2020年正式生效实施;在政策方面,美国出台《美国白宫大数据白皮书》;在行业技术层面,2017年美国计算机协会发布《关于算法透明性与可责性的声明》。

美国反垄断法主要适用两大原则:本身违法原则和合理原则。前者指从事特定行为即可认为违反反垄断法,后者则要求综合分析经营者行为的限制竞争效果和其他积极影响,得出是否违法的结论。大多数价格卡特尔案件都

---

① 参见剌森:《算法共谋中经营者责任的认定:基于意思联络的解读与分析》,载《现代财经(天津财经大学学报)》2022年第3期。

② 韩伟:《算法合谋反垄断初探——OECD算法与合谋报告介评(下)》,载《竞争政策研究》2017年第6期。

适用本身违法原则，只有在极少数情况下，合谋行为的积极影响远大于其对竞争的限制，才适用合理原则。①

在算法的透明化原则和追责问题上，美国的联邦贸易委员消费者保护局建立了新的技术研究和调查的办公室，负责在数个主题中进行独立的研究和提供指导意见；美国计算机协会对算法的透明化和责任推荐了一套原则，在前文已有涉及。美国司法部在算法共谋反垄断案件中也明确表示，无论串通固定价格的行为是通过线下会议还是借助虚拟的通信工具，司法部都将严厉查处任何共谋的情形。②

对于算法共谋案件，需要注意的是，并非所有涉案算法都会被直接归为间接证据。在剧场公司诉P公司分销案中③，陪审团认为现有证据不能证明被告存在共谋行为，因此对此案做出了一般性判决。美国最高法院的判决中传达了一种认识：存在相同行为或者相似行为并不是认定经营者存在共谋的充分条件。④

（四）评析

随着算法深度介入市场与"互联网+"发生混合联动效应，市场中出现越来越多的算法定价行为。"互联网+"本应带给消费者品质与价格福利，但其高度透明等特性却催生出企业利用算法达成共谋的可能性。通过算法达成的垄断协议，企业攫取了本应归属于消费者的福利，获取了高额垄断利润，导致社会效益逆向转移的非常态。⑤对算法共谋的反垄断规制应当得到重视。大数据已经从互联网领域的商业技术核心进阶到我国经济发展新布局和新战

---

① 参见蒋力：《算法合谋的反垄断法分析》，武汉大学2018年硕士学位论文，第35页。
② 参见李丹：《算法共谋：边界的确定及其反垄断法规制》，载《广东财经大学学报》2020年第2期。
③ 转引自赵莉：《美国反托拉斯法的历史演变以及对我国的启示》，载《法学杂志》2013年第7期。
④ 参见曾益：《类型化视角下算法共谋的责任认定与分配》，载《海南开放大学学报》2022年第4期。
⑤ 参见李丹：《算法共谋：边界的确定及其反垄断法规制》，载《广东财经大学学报》2020年第2期。

略的顶层设计。①明确大数据算法领域的反垄断规制思路、清除反垄断规制障碍，对保障我国数字经济发展、保护消费者福利起到关键作用。

我国《反垄断法》将合谋行为表述为垄断协议，第17条规定了横向协议，第18条规定了纵向协议，第20条规定了豁免事由。从法条设计中可以看出，我国《反垄断法》对合谋行为的规制更加类似于欧盟的制度设计。2021年2月国务院反垄断委员会《关于平台经济领域的反垄断指南》第6条规定，"利用技术手段进行意思联络"和"利用数据、算法、平台规则等实现协调一致行为"均能构成横向垄断协议，但算法共谋构成要件的细化解释尚未明确。尚正茂从主体要件、行为要件、效果要件三方面对算法共谋的要件考察做出归纳：在算法共谋中适格主体的判断标准问题上，应回归"形式标准"判断算法共谋的适格主体，在技术中立的视角下将算法设计者和使用者纳入共谋主体的判断标准；在行为要件上，"行为一致"是算法是否达成共谋的基础判断，"意思一致"是将算法共谋区隔于合法平行行为的核心要件，"信息交流"是执法机构推定共谋合意的核心环节；在效果要件上，应结合《反垄断法》规定的垄断协议豁免条件，进行基于消费者福利标准的算法共谋竞争效果评估。②

由于算法共谋中具体情形的复杂性与差异性，采取类型化方式对不同种类的共谋适用不同标准是更合理，也是更清晰明确的。除此以外，面对算法共谋引发的基本价值权衡、意思联络认定、反垄断执法机构规制技术、经营者责任归属和分配，还可以做以下方面的努力。

第一，在价值层面兼顾效率与公平、自由与秩序价值。在实践中，反垄断法的自由、秩序、效率、公平等价值呈并存、竞争和融合的矛盾运动之势。在规制算法共谋时，应当兼顾考虑不同价值观念，一方面坚持包容审慎规制和谦抑性规制原则，另一方面综合考量本身违法原则与合理原则，建立技术规制、

---

① 参见陈兵：《大数据的竞争法属性及规制意义》，载《法学》2018年第8期。
② 参见尚正茂：《算法共谋行为的反垄断法规制》，载《学习与实践》2022年第3期。

伦理规制与法律规制相结合的规制方法框架，对算法共谋进行有效规制。①

第二，建立内部与外部监管相结合的监管体制，建设以技术和法律为主导的风险控制机制。其中，建立内部击破机制应当合理适用反垄断宽恕政策和承诺制度，建立行业内部技术规范，使得行业组织能够更早地从内部发现并消解算法达成默示合谋的风险，从而达到对算法默示合谋的事前抑制。在外部监管制度方面需要关注举报人奖励制度和市场调查机制，促进公民监督权的行使，增强反垄断规制的专业性。②

第三，完善大数据获取和利用的规则体系，重视算法共谋规制成本效益分析法的适用。算法共谋的实现依赖于算法，而算法的基础是大数据，规制算法共谋就需要厘清大数据法律属性的有关问题。大数据、平台经济、互联网企业、算法共谋是相互关联的数字经济时代的问题，对算法共谋的处理需要大数据领域整体性地考察。成本收益分析符合反垄断法保障竞争秩序、提高消费者福利的价值目标，可以通过比较运用不规制算法的经济效益（UA）和规制算法垄断效益（UB）的大小，决定是否对其规制以及采取何种程度的规制。③

此外，加快算法共谋相关立法进程、建立算法监管机构、明确主体追责及责任分配机制、完善垄断协议的认定等可能都有所裨益。

七、小结与展望

随着数字化的深入发展，智能算法已然嵌入经济社会的多行业，成为基础性、通用性的技术。通过综上分析，世界各国在包括网络服务、市场竞争、劳务派单等算法技术应用场景中，仍无法完全规避算法的失范、失序、失当的发生。此现状下不但个人权益与社会公共利益遭到损害，社会公众对于算

---

① 参见殷继国、沈鸿艺、岳子祺：《人工智能时代算法共谋的规制困境及其破解路径》，载《华南理工大学学报（社会科学版）》2020年第4期。
② 参见吴太轩、谭娜娜：《算法默示合谋反垄断规制困境及其对策》，载《竞争政策研究》2020年第6期。
③ 参见丁国峰：《大数据时代下算法共谋行为的法律规制》，载《社会科学辑刊》2021年第3期。

法信任也岌岌可危。因此，如何在秩序、平等、权利与正义价值下最大化推动算法的创新与应用已成为全球完善算法治理的重大议题。

通过文献及比较分析，我国目前在立法、司法与行政监管中已经初步建立一套以安全为核心的算法规制模式。我国对于算法规制实践总体上可被归纳为算法公开、算法解释、增强个人相关数据自主权与控制权以及技术治理四大路径，但在具体展开时，安全与发展、顶层设计、算法解释、技术治理机制、技术人员参与等有待进一步完善的问题，其分别在立法、司法与监管中表现为：

立法上，近年来我国连续发布了多部法律文件，逐步组成由法律法规、标准指南与行业自律公约所共同组成的规范体系。但上述文件主要源自于市场监管部门、网信部门等部委机关商榷草拟的文件。顶层设计的立法有待制订。

司法上，我国目前涉算法案件的常见类型有：（1）以数据抓取为典型的算法代码著作权案件；（2）以算法排名为典型的算法不正当竞争案件；（3）算法歧视所导致的网络服务违约案件；（4）以自动驾驶汽车、人肉搜索为代表的算法侵权案件；（5）以劳务派单为代表的由算法引发的劳动争议案件。通过对相关案件的总结与归纳，常见的审理难点主要表现在：（1）证据偏向，算法解释难以执行；（2）损害后果、赔偿数额难以认定；（3）短视频推荐侵权案件平台责任认定中复杂的场景区分。此外，在现阶段的平台问责中，由于近年来连续发布的多项规范文件与社会舆论可能会给予算法平台过多的义务与责任，加之固有的平台责任边界的难以厘定，如何在司法判决中有效规制算法与引导中小企业发展之间实现平衡也是值得进一步思考的课题。

监管上，根据目前已出台的算法规范来看，我国算法规制的对象更多侧重于市场中的私营主体，而若干由政府对算法不当利用所产生的问题仍未得到有效消解。此外，鉴于算法平台在政府的监管中既是辅助者、参与者，也是被监管者，且实践中算法的实际控制者与监管主体之间对于算法运行数据和逻辑存在严重的信息不对称，因此仅依靠算法的法律监管可能无法满足治理的需要。面向算法的技术治理必不可少，且应当与法律治理处于同步并行的地位。

除去本文所聚焦的重点主题外，我国算法治理实践中仍存在其他争议。但算法并非洪水猛兽，算法治理的目标也并非遏制迈向算法社会的进程。我国在完善算法治理机制、完善规制体系、规范算法生态、探索中国算法治理范式的现阶段下，既要置于数字时代背景下讨论，也要及时回应社会关切，更应立足于本土国情、权衡利弊、锚定立场，以实现算法公平、算法安全与算法向善。

第二部分

数据要素市场化配置：理论与实践

一、引言

数据，在当前瞬息万变的数字经济时代，已经成为最为重要且独特的生产要素之一，是数字经济发展的压舱石。大力推进数据要素的市场化配置，推动数字经济与实体经济相融合，充分释放数据要素价值，是重要战略规划之一。作为我国建设全国统一大市场的重要内容，数据市场化配置能够推动数据广泛而深入地参与社会化大生产，必将成为我国数字经济新发展的必由之路。

目前，我国从中央到地方都在进行配套政策部署，加速数据要素市场化配置的理论和实践研究。党的二十大报告明确指出，要深化要素市场化改革，建设高标准市场体系，完善按要素分配政策制度，着力提高要素生产率。2022年12月2日，中共中央、国务院印发《关于构建数据基础制度更好发挥数据要素作用的意见》（以下简称"数据二十条"），为数字经济建设发展提供政策指引，指出要加快构建数据基础制度，充分发挥我国海量数据规模和丰富应用场景优势，激活数据要素潜能，做强做优做大数字经济，增强经济发展新动能，构筑国家竞争新优势。此后，各地联动响应，纷纷出台一系列数据要素市场建设规划，尝试探索标准体系，着力打造数据要素市场化配置环境，并探索构建数据交易所平台等实践。

尽管数字经济的宏观政策态势向好，但目前我国数据要素市场仍处于初期探索阶段，实践过程中遇到许多新题难题亟待解决，主要体现在数据交易、数据跨境、数据开放和数据安全等四大方面。其中数据交易作为数据要素市场化配置的根骨，交易质量高低决定了整体经济的发展水平，当前数据进入市场配置中主要面临的产权确权、数据资产估值定价、市场运营方面的问题。而如何有效利用数据以使其尽可能地发挥潜能，离不开数据开放。目前公共数据、企业数据、个人数据边界有待进一步明晰,一旦投入开放可能造成极大的安全风险。此外,就数据开放的程度、方式和原则,目前仍缺乏足够的理论探析和实践检验,各地政府就数据开放的配套监管力度、数据管理意识、管理平台、个人信息保护、针对侵害进行维权等方面都有待加强。

数据跨境流动在当前全球数字经济发展势头迅猛的背景下彰显出更为独特的战略意义,各国对数据跨境重视程度不一,导致数据流动存在壁垒和安全风险,尽管目前实践在安全评估方面初有探索,但尚未制定统一规范化识别标准,而合同条款尚未标准化、个人信息保护认证不明确以及国家之间安全审查水平不一则更进一步限缩数据跨境的可能。最后数据安全作为数据要素市场化配置的前提,如果安全屏障不到位,一切数据交易都将沦为空谈,甚至危害公共秩序。

明晰理论、革新实践,通过对上述四个数据要素市场各领域环节发展现状和核心争议点进行数理分析,本报告尝试厘清制约数据要素市场潜力发挥的短板,有针对性地就各类问题给出回应方案,结合数据权利"三权分置"的现阶段研究成果探讨促进数据交易的实操性举措;加快建立有话语权的统一标准助推数据跨境;直面数据安全发展的痛点,构建完善的数据治理监管体系,增强各数据主体参与市场活动的信心和活力等措施路径,为各主体共同推进数据要素市场化配置目标添砖加瓦,真正盘活数据生产要素,推动经济高质量发展。

二、整体观察

数字经济是以数字化的知识和信息作为关键生产要素,以数字技术为核心驱动力量,以现代信息网络为重要载体,通过数字技术与实体经济深度融合,不断提高经济社会的数字化、网络化、智能化水平,加速重构经济发展与治理模式的新型经济形态。[①]数据是数字经济发展的压舱石,纵观我国数

---

① 参见《中国数字经济发展报告(2022年)》,载中国信息通信研究院网,http://www.caict.ac.cn/kxyj/qwfb/bps/202207/t20220708_405627.htm,最后访问时间:2024年6月14日。

据治理发展沿革，我国针对数据的改革重点已经从培育大数据产业扩展至全面构建数据要素市场。

（一）中央层面

1. 铺垫：大数据产业战略布局

（1）政策布局

1980年美国著名的未来学家阿尔文·托夫勒（Alvin Toffler）在《第三次浪潮》提出了"大数据"这个概念，只是在信息技术发展到一定程度以后，大数据从规模、类型等方面才得到真正实现。大数据是指类型复杂且海量的数据，其特点是流量大、种类多、价值高等。随着大数据的兴起，大数据产业成为经济增长新的制高点。大数据产业是指建立在互联网、物联网等渠道广泛、大量数据资源收集基础上的数据存储、价值提炼、智能处理和分发的信息服务业。[①]

数字经济的发展离不开政策的布局和推动。2014年，"大数据"第一次写入政府工作报告，[②]标志着我国大数据产业顶层设计的开始。2017年，中共中央政治局就实施国家大数据战略进行第二次集体学习，强调要推动大数据技术产业创新发展。[③]

《国务院关于印发促进大数据发展行动纲要的通知》提出，发掘和释放数据资源的潜在价值，有利于更好发挥数据资源的战略作用，并明确推动公共数据资源开放以及数据资源权益相关立法工作。此后，2021年3月《中华人民共和国国民经济和社会发展第十四个五年规划和2035年远景目标纲要》中多次提到，数字资源的利用和保护等问题，涉及公共数据开放共享、建立健全数据要素市场规则、加强网络安全保护等方面。同时各地方政府也纷纷

[①] 参见迪莉娅：《我国大数据产业发展研究》，载《科技进步与对策》2014年第47期。
[②] 《2014年政府工作报告》，载中国政府网，http://www.gov.cn/guowuyuan/2014zfgzbg.htm，最后访问时间：2024年6月11日。
[③] 《习近平主持中共中央政治局第二次集体学习》，载中国政府网，https://www.gov.cn/guowuyuan/2017-12/09/content_5245520.htm，最后访问时间：2024年8月5日。

推出加快公共数据资源开放利用实施方案等文件。[①]

（2）立法跟进

在数据立法方面，2020年以来，《民法典》《数据安全法》《个人信息保护法》等先后出台，与《网络安全法》共同构成了数据合规领域的基础性"法律堡垒"，《关键信息基础设施安全保护条例》《网络安全审查办法》《数据出境安全评估办法》《个人信息出境标准合同办法》等密集发布，使我国网络安全、数据安全法律法规体系框架日益完善，为数据要素市场化发展、数据安全保障、个人权益保护等奠定了坚实的法律基础。例如，《民法典》首次将数据确认为一种民事权益；《数据安全法》围绕保障数据安全和促进数据开发利用两大核心，从数据安全与发展、数据安全制度、数据安全保护义务、政务数据安全与开放的角度进行了详细的规定；《个人信息保护法》立足于数据产业发展和个人信息保护的迫切需求，建立了一整套个人信息处理的规则。

2. 兴起：数据要素市场化战略布局

数据要素市场化是我国对数据的创新治理模式，体现了数据在创造价值或创造财富方面的重要性，也标志着我国数字经济发展进入新阶段，即从重点发展大数据产业到聚焦数据要素市场化配置改革。

"数据要素"一词是面向数字经济，在讨论生产力和生产关系的语境中对"数据"的指代，是对数据促进生产价值的强调，即数据要素指的是根据特定生产需求汇聚、整理、加工而成的计算机数据及其衍生形态，投入于生产的原始数据集、标准化数据集、各类数据产品及以数据为基础产生的系统、信息和知识均可纳入数据要素讨论的范畴。

在国家层面，党中央、国务院高度重视数据要素及其市场化配置改革，陆续出台了多项关注数据要素的相关政策。

2019年，党的十九届四中全会首次将数据与土地、劳动力、资本、技术

[①] 参见姚佳：《数据要素市场化的法律制度配置》，载《郑州大学学报（哲学社会科学版）》2022年第6期。

并列作为重要的生产要素。2020年,《中共中央、国务院关于构建更加完善的要素市场化配置体制机制的意见》,正式确立数据作为除土地要素、劳动力要素、资本要素、技术要素之外的一种新型生产要素。该文件提出了要加快培育数据要素市场,推进政府数据开放共享、提升社会数据资源价值、加强数据资源整合和安全保护,并从加快要素价格市场化改革以及健全要素市场运行机制等多角度探讨数据要素的机制体制配置。至此,从生产要素角度探讨数据的开发、利用、流转等具有了相应政策依据。同年,《中共中央、国务院关于新时代加快完善社会主义市场经济体制的意见》也强调要培育和发展数据要素市场。

2021年1月31日,中共中央办公厅、国务院办公厅发布了《建设高标准市场体系行动方案》,这是党中央、国务院持续推进市场化改革的又一重要部署,对推动高质量发展、构建新发展格局起到重要的支撑作用,奠定了经济高质量发展的制度基础。2021年3月,《中华人民共和国国民经济和社会发展第十四个五年规划和2035年远景目标纲要》中再次提出,加快建立数据资源产权、交易流通等基础制度和标准规范,明确要建立数据资源产权、交易流通、跨境传输和安全保护等基础制度和标准规范,推动数据资源开发利用。2021年12月国务院办公厅发布《要素市场化配置综合改革试点总体方案》,明确"探索建立数据要素流通规则"。2022年3月,《中共中央、国务院关于加快建设全国统一大市场的意见》再次强调要加快培育统一的数据市场,科学认识、统筹谋划、有序推进数据要素统一市场建设、促进数据要素市场高质量发展势在必行。2022年10月,党的二十大报告指出,要深化要素市场化改革,建设高标准市场体系,完善按要素分配政策制度,着力提高全要素生产率。

3. 发展:"1+N"数据要素基础制度体系构建

"1+N"制度体系中的"1"是指"数据二十条","N"是指围绕"数据二十条"出台的多个的配套规定。①

---

① 参见王春晖:《数据要素制度的基本要旨与合规启示》,载《南京邮电大学学报(社会科学版)》2023年第2期。

"数据二十条"强调统筹推进数据产权、流通交易、收益分配、安全治理,加快构建数据基础制度体系,为深化数据要素市场化配置改革,释放数据要素价值,推动数字经济高质量发展提供了政策引导和方向指引。①

(1) 数据产权

在数据产权方面,"数据二十条"创造性地提出了数据产权"三权分置"思路。"数据二十条"基于数据资源上的权利结构性分置思路,提出分别确认数据要素各参与方在数据权利主体中可以各自主张的合法权益。"数据二十条"在重申《民法典》和《个人信息保护法》关于个人信息权益优先保护之精神的同时,明确提出了数据处理主体的数据资源持有权、数据加工使用权和数据产品经营权等多种数据财产权利,并确认了因此取得收益的权利;此外,"数据二十条"还在区分公共数据、企业数据、个人信息数据的基础上对这些数据财产权的具体形态作了进一步阐释,有助于充分保障数据活动各参与方的正当权益,调动各方当事人的参与积极性,激活数据要素价值创造,推进建立数据"共同使用、共享收益"的新模式,从而培育壮大健康有序的数据要素市场。②

(2) 数据流通和交易

在数据流通和交易方面,数据要素的流通形式具有多样性,包括许可使用、多方安全计算、数据内容整体复制等多种实践做法。与传统生产要素的流通相比,数据要素的流通和交易不仅需要关于数据整合、数据分析、数据传输和数据安全的技术支撑,具有较高技术门槛,而且还面临实质性的权属核验成本,需要一套新的可信流通环境。为此,"数据二十条"在要求规范场外交易的同时,特别强调培育壮大场内交易,旨在建立数据来源可确认、使

---

① 参见付宏伟:《推动数据高效流通促进数据要素市场高质量发展》,载国家发展和改革委员会网站,https://www.ndrc.gov.cn/xxgk/jd/jd/202212/t20221219_1343662.html?code=&state=123,最后访问时间:2024年6月13日。

② 参见王轶:《加快构建数据基础制度,助推数字经济和数字文明建设》,载国家发展和改革委员会网站,https://www.ndrc.gov.cn/xxgk/jd/jd/202212/t20221219_1343657_ext.html,最后访问时间:2024年6月13日。

用范围可界定、流通过程可追溯、安全风险可防范的数据可信流通体系。为此，"数据二十条"一方面鼓励培育多类型多层次的数据交易场所，为潜在数据交易需求方提供便捷的信息发布、交易撮合和技术支持等基础服务；另一方面强调国家顶层设计和统筹布局，通过出台数据交易场所管理办法，搭建区域性和国家性的数据交易场所互联互通平台，构建规范、高效、有序的数据交易市场体系。此外，"数据二十条"强调数据流通服务生态建设，要求加强数据服务商在信息发布、合规认证、资产评估、数据托管等方面的制度建设，规范我国正在兴起的数据经纪人和数据经济业务，促进数据要素的高效、有序流通。

（3）数据要素收益分配

在数据要素收益分配方面，"数据二十条"坚持在市场化资源配置机制的指导下，按照"谁投入、谁贡献、谁受益"的原则依法依规保护各参与方的投入产出收益，确保在开发挖掘数据要素价值各环节的投入有相应回报，强化基于数据价值创造和价值实现的激励导向。

"数据二十条"确立按贡献决定报酬的分配机制，符合"人人得其所应得"的公平原则的基本要义，在维护各方利益的合理预期的同时，鼓励各方积极参与数据要素的生产和流通，在激活数据要素的价值方面发挥着重要作用。"数据二十条"也特别强调数据分配的区域公平性与群体公平性，一方面，"数据二十条"提出要充分发挥政府主导和监管作用，充分利用数据生产要素能力，克服地理空间限制，消除不同区域、不同群体之间的数字鸿沟；另一方面，"数据二十条"提出推动在数字经济活动中占优势地位的大型数据企业承担社会责任，防止数据垄断和数据孤岛现象，帮助中小微企业提升数字化产能。对于公共数据，要研究如何建立公共数据分级分类管理机制和可持续的开放机制，允许和鼓励各类企业依法提供基于公共数据资源发展的公益服务。

（4）数据要素安全治理

在数据要素安全治理方面，"数据二十条"强调建立安全可控、弹性包容的多元协同共治的数据要素治理体系，充分发挥政府的引导和规范作用，强化各参与方在数据要素生产、使用和流通环节中的责任和义务，通过系统完备的制度建设促进数据市场的健康有序发展。"数据二十条"要求牢固树立企业数据治理责任意识，防止资本与数据要素结合而产生的无序扩张和市场垄断问题，强化大型数字平台的数据安全意识和社会责任。

为实现前述目标，"数据二十条"强调在治理手段上一方面要加强制度建设，建立数据要素合规认证、安全审查、交易负面清单等制度规范，加强重点领域执法司法，维护数据要素市场良好秩序；另一方面要鼓励和支持相关技术的研发和服务，提升政府和企业在数据生产和流通全过程中及时发现、预警和化解风险的能力。①

2023年2月27日，中共中央、国务院印发《数字中国建设整体布局规划》，提出数字中国建设要按照"2522"的整体框架进行布局，夯实数字基础设施和数据资源体系"两大基础"。这是继"数据二十条"之后，又一具有顶层设计意义的重要文件，将数据要素放到一个更为宏大的"数字中国"图景中，从推动中国式现代化的高度，重新阐明了数据要素新赛道的意义。②

2023年3月10日，十四届全国人大一次会议表决通过了《关于国务院机构改革方案的决定》，新增的国家数据局获得通过，正式开始组建。国家数据局将对数据要素市场化配置改革的推进起到统筹协调的作用。③

（二）地方层面

在地方层面，各省份均已将数据要素市场建设列入省级"十四五"规

---

① 参见王轶：《加快构建数据基础制度，助推数字经济和数字文明建设》，载国家发展和改革委员会网站，https://www.ndrc.gov.cn/xxgk/jd/jd/202212/t20221219_1343657_ext.html，最后访问时间：2024年6月13日。

② 参见上海数据交易所：《两会热议 | 数据要素市场建设乘风而上，上海数交所率先探路数据资产化》，载"上海数据交易所"微信公众号，https://mp.weixin.qq.com/s/hX_13DCofU3unX8mNlqm6Q，最后访问时间：2024年6月11日。

③ 参见王春晖：《数据要素制度的基本要旨与合规启示》，载《南京邮电大学学报（社会科学版）》2023年第2期。

划，北京、上海、广东、贵州等省份制定了数字经济发展规划或数字经济行动计划，对数字经济发展、数据要素制度建立、数据要素配置流通等进行了一系列的规划，其中数据交易、数据开放和数据安全是普遍关注的重点。

同时，遵从国家数据立法框架下，充分发挥地方试点的优势，不断探索数据确权、数据定价、数据流通等关键问题的解决思路。贵州、天津、海南、山西等省份出台了数据相关条例，面向公共数据或政务数据领域，围绕数据采集共享、开发应用及安全管理三大方面，从地方立法层面促进数据有序流通、利用。其中贵州、天津、海南、山西、吉林、安徽、山东、福建、黑龙江和辽宁出台了大数据条例，上海、深圳、重庆和浙江出台了数据条例。此外，四川、广西、江西、河南等省公布了数据相关条例的草案。在公共数据领域，上海、北京、天津、吉林等地区出台了专门面向公共数据领域的政策文件，如公共数据管理办法，山西、贵州、福建等地区出台了政务数据管理办法，以促进政务数据等公共数据的开放共享应用。

1. 北京市

2021年7月30日，北京市委、市政府出台了《关于加快建设全球数字经济标杆城市的实施方案》，为将北京市建设成为全球数字经济标杆城市进行了布局。

2022年5月30日，北京市经济和信息化局发布《北京市数字经济全产业链开放发展行动方案》，其中提出北京将利用2年至3年时间，制定一批数据要素团体标准和地方标准，开放一批数据创新应用的特色示范场景，推动一批数字经济国家试点任务率先落地，出台一批数字经济产业政策和制度规范，加快孵化一批高成长性的数据服务企业，形成一批可复制可推广的经验做法，在全国率先建成活跃有序的数据要素市场体系，数据要素赋能经济高质量发展作用显著发挥，将北京打造成为数字经济全产业链开放发展和创新高地。

2022年11月25日北京市人大常委会通过了《北京市数字经济促进条例》，条例对数据汇集、利用、开放、交易和数据要素收益分配等方面内容进行了规定。一是强化高质量数据资源供给。建立统一的公共数据资源目录，公共机构向市级大数据平台汇聚数据；建立全市公共数据共享机制，推动公共数据和相关业务系统互联互通；采取多种方式向社会开放公共数据，鼓励单位和个人依法开放非公共数据，促进数据融合创新。二是创新数据要素开发利用机制。设立公共数据专区，探索设立公共数据特定区域，建设公共数据开放创新基地等，促进数据应用。三是加快数据要素市场化流通。单位和个人对其合法正当收集的数据，所形成的数据产品和数据服务的相关权益受法律保护；探索数据资产定价机制；支持在依法设立的数据交易机构开展数据交易活动。①

2. 上海市

2019年12月，上海颁布了《上海市公共数据开放暂行办法》。这是国内首部针对公共数据开放的地方政府规章，为公共数据的开放提供法律规范与保障。

2021年8月12日，上海市经信委发布《推进上海经济数字化转型赋能高质量发展行动方案（2021—2023年）》（以下简称《上海方案》），提出开展数据新要素专项行动。

《上海方案》指出要更好激活数据"流量"。探索建立数据要素市场体系，深化数据资源市场化配置、资产化管理、场景化开放、便利化流通的新格局。全方位增强城市数据要素禀赋优势，打造要素流通、设施互通、产业融通、机制畅通的国际数据港。

《上海方案》就数据要素市场化配置提出了四方面的具体要求，包括：（1）推进数据要素流通加速。聚焦重点领域，加快培育数据经纪、数据信托、数据审计等新业态、新模式、新职业。加强行业自律，培育规范的数据交易平台和市场主体，发展数据资产评估、登记结算、交易撮合、合规咨询、争议仲裁等市场运营体系。（2）推进公共数据开放提质。开展公共数据治理，

---

① 参见《〈北京市数字经济促进条例〉解读》，载北京市人民政府网站，http://www.beijing.gov.cn/zhengce/zcjd/202212/t20221214_2878618.html，最后访问时间：2024年6月11日。

建设100个高质量、安全态、大规模的开放数据集，建立以效果为导向的开放数据质量评估评价体系。坚持市场主体，围绕公共数据开放的全生命周期服务，培育10+第三方运营机构。（3）推进数据创新应用。围绕普惠金融、企业征信、便捷出行、生命健康、产业链供应链等领域建设一批数据融合应用场景。（4）推进国际数据港建设。推进数据产业"一、十、百、千"布局，启动建设1个核心承载区——临港"信息飞鱼"，推动10个标志性企业试点开展跨境数据流通实践，汇聚100+数据智能头部企业，产业规模突破1000亿元。

2022年3月，上海市政府办公厅印发《上海城市数字化转型标准化建设实施方案》，将研制、实施数据流通交易全流程的相关标准作为城市数字化转型标准化建设的重点任务之一。

3.江苏省

《江苏省"十四五"数字经济发展规划》提出，到2025年，数据要素市场化步伐加快。公共数据资源汇聚、管理、流通、开放的体系基本形成，开展一批有影响力的数据开发利用试点，各类主体数据治理能力显著增强，数据确权、定价、交易、资本化有序展开，数据清洗、标注、评估等数据交易服务新业态不断涌现，数据要素市场体系基本形成，数据价值得到进一步释放。

《2021年全省大数据工作要点》，提出"深化数据共享开放。强化数据共享协同机制，优先发布高频数据资源和共享接口，确保全省同步使用。结合高质量发展考核，优化数据共享评价指标体系，定期开展通报。利用区块链等新技术，探索数据溯源和数据产权保护。建立公共数据开发利用试点跟踪评价机制，推动未申报试点设区市和省级部门发掘新应用项目，高质量完成国家公共数据资源开发利用试点工作。建设完善省市公共数据开放平台，推动制定公共数据开放清单，鼓励社会数据共享共用。推动数据流通体系建设，探索构建数据要素市场化配置体制机制"。

4.安徽省

《安徽省大数据发展条例》明确，实施长三角一体化战略，推动数字基础设施互联互通、工业互联网共建共用、大数据协同应用，共建高质量数字长三角。为了有效整合数据资源，提高数据资源使用效率，该条例强调政府投资的政务信息系统依法应当实现互联互通；要求构建江淮大数据中心平台，并以此为依托筹建区域公共数据共享交换平台和开放平台；要求公共数据按照规定向江淮大数据中心平台归集，鼓励非公共数据向江淮大数据中心平台汇聚；支持非公共数据依法开放共享。

5. 重庆市

《重庆市数据治理"十四五"规划（2021—2025年）》提出，"十四五"期间，重庆将继续完善数据治理体系，提升数据共享开放质量，增强数据治理与利用能力，提升数据"聚通用"发展水平，全面建成一体化数据协同治理与安全防护体系。数据要素市场规范有序发展，西部数据交易中心全面建成。

《重庆市数据条例》，第32条明确"市人民政府统筹规划培育数据要素市场，建立市场运营体系，推进数据要素市场化配置改革，促进数据要素依法有序流动。市数据主管部门应当支持、引导自然人、法人和非法人组织参与数据要素市场建设，鼓励市场主体研发数字技术、推进数据应用，发挥数据资源效益"。

6. 贵州省

2022年1月，国务院印发的《关于支持贵州在新时代西部大开发上闯新路的意见》明确提出"支持贵阳大数据交易所建设，促进数据要素流通"。

针对数据交易规则，贵州省政府主管部门出台了多部贵阳大数据交易所数据交易相关规则、指南、办法等，从丰富数据资源供给、打造场景应用、探索数据资产化和资本化、打造数据流通基础、打造数据流通交易生态等方面，为数据交易保驾护航。其中包括《数据要素流通交易规则（试行）》《数据产品成本评估指引1.0》《数据交易合规性审查指南》《贵州省数据流通平台运营管理办法》等，进一步规范交易所的运行管理。

7. 广东省[①]

（1）数据要素市场化配置环境

广东省以创新发展推动经济转型升级，着力营造良好营商环境，为数据要素市场化配置改革奠定雄厚的产业基础。同时以数字政府改革建设为引领，形成"12345+N"工作业务体系，[②]为数据要素市场化配置改革提供体制机制保障。此外，粤港澳大湾区和深圳中国特色社会主义先行示范区"双区"驱动效应不断增强，互为支撑、互促互进，为数据要素市场化配置改革提供广阔空间。

（2）数据要素市场化配置改革总体思路

根据广东省政务服务数据管理局组织编制并发布的《广东省数据要素市场化配置白皮书》，广东省数据要素市场化配置改革总体框架，可概括为"1+2+3+X"。

"1"是建立健全"全省一盘棋"数据要素法规制度；"2"是构建两级数据要素市场体系；"3"是打造省数据运营管理机构、数据交易场所、数据要素市场一体化基础运营体系等三大枢纽；"X"是数据要素赋能全面高质量发展。

（3）数据要素法规制度

第一，法规保障。2021年7月5日，《广东省数据要素市场化配置改革行动方案》发布，明确了广东省数据要素市场化配置改革的五大类主要任务，其中将"促进数据交易流通"作为主要任务之一并明确"支持深圳建设粤港

[①] 本部分内容参见《广东省数据要素市场化配置改革白皮书（2022）》，载广东省政务服务和数据管理局网站，https://zfsg.gd.gov.cn/attachment/0/509/509982/4072288.pdf，最后访问时间：2024年6月14日。

[②] "1"是指牵头一个要素市场。扎实推进数据要素市场化配置改革，构建数据流通交易体系。"2"是指健全两个法规体系。加快出台并落实《广东省数据条例》《广东省政务服务条例》，配套编制专项制度规则、细则，营造良好的数字政府改革建设法规政策环境。"3"是指构建三大基础支撑。构建体制机制支撑、一体化基础设施支撑和整体安全防护支撑。"4"是指瞄准四个主攻方向。优化政务服务"一网通办"；推进省域治理"一网统管"；强化政府运行"一网协同"；实现数据资源"一网共享"。"5"是指突出五大产研带动。培育形成信创产业联盟、数字政府建设产业联盟、数据发展联盟、数字政府网络安全产业联盟和省电子政务协会，繁荣数字政府产业生态，增强行业自律能力。"N"是指推出系列标志性成果。

澳大湾区数据平台，设立数据交易市场或依托现有交易场所开展数据交易"。其主要思路即可以归纳为上述的"1+2+3+X"框架。

2021年7月30日，广东省第十三届人民代表大会常务委员会第三十三次会议通过《广东省数字经济促进条例》，聚焦"数字产业化、产业数字化"两大核心，突出制造业数字化转型，要求做好数据资源开发利用保护和技术创新，加强粤港澳大湾区数字经济规则衔接、机制对接。同年10月，省政府印发《广东省公共数据管理办法》，从采集、流通、开发利用和安全保障等方面规范公共数据管理，促进公共数据资源开发利用。同年6月，深圳市第七届人民代表大会常务委员会第二次会议通过《深圳经济特区数据条例》，这是国内第一次以地方立法形式，系统性探索数据权益、个人数据保护和公共数据管理等数据要素市场相关基础制度。目前正在编制《广东省数据条例》，明确政府与市场边界、数据主体权利义务，促进数据资源开发利用和流通交易，加强数据跨域流动和监管执法，为数据要素市场化配置改革保驾护航。

第二，政策供给。2021年6月，广东省委、省政府印发《关于构建更加完善的要素市场化配置体制机制的若干措施》，提出要推进数据要素高效配置，加快培育数据要素市场。同年5月，省政府印发《关于加快数字化发展的意见》，提出要把广东建设成为全球领先的数字化发展高地。同年7月，省政府印发全国首份省级数据要素市场化配置改革文件《广东省数据要素市场化配置改革行动方案》，随后广州、珠海、河源、惠州、中山和江门等地市结合实际制定市级数据要素市场化配置改革政策文件，广州市海珠区发布全国首份区县级数据要素市场化配置改革行动方案。2022年1月，广东省政府工作报告提出，要深化创造型引领型改革，打造数据要素市场化配置改革先行区。同年7月，省工业和信息化厅印发全国首份推动数字经济发展的指引性文件《广东省数字经济发展指引1.0》，鼓励探索实用性强、特色鲜明的数字经济发展模式和路径，引导社会各界共同参与数字经济建设，并对推动数据资源开发利用保护提出指导性意见。

（4）培育一级数据要素市场，推进数据资源转变资产

国内首创首席数据官制度，加快数据资源"一网共享"体系建设，促进公共数据与社会数据汇聚融合、授权运营、加工处理、合规登记，实现数据资源向数据资产转化。国内首创公共数据资产凭证、个人和法人数字空间，为数据资产进入二级数据要素市场流通提供可信载体和授权用数新途径。

（5）规范二级数据要素市场，促进数据要素高效流通

促进数据交易所健康发展，打造数据交易枢纽。坚持"无场景不登记、无登记不交易、不合规不挂牌"原则，统筹推进广州数据交易所、深圳数据交易所优势互补、协同发展，打造二级数据要素市场的核心枢纽，与兄弟省市数据交易机构开展务实合作，培育具有湾区特色、面向全国的数据交易生态。

国内首创"数据经纪人"，规范培育市场服务生态。推进数据经纪人试点，在保障数据安全合规的前提下，利用自身数据、技术优势及行业整合能力，以开放、共享、增值服务、撮合等多种方式整合利用各方数据，探索建设本行业数据空间。

2022年8月，广东省工业和信息化厅出台《广东省企业首席数据官建设指南》，全面推广企业首席数据官制度和数据管理能力成熟度评估（DCMM），提升市场主体数据治理与利用能力，有效带动经济领域数据共享和开发利用。探索数据要素统计核算，推动数据资产入表。

2020年10月，《深圳建设中国特色社会主义先行示范区综合改革试点实施方案（2020—2025年）》由中共中央办公厅、国务院办公厅印发，该方案授权深圳开展数据生产要素统计核算试点，力求科学、充分反映深圳新经济发展全貌，掌握深圳数据要素市场发展情况，加快推动数据要素市场建设，为全国开展数据生产要素统计核算工作提供有益探索与实践。2021年2月，深圳市政府办公厅印发《深圳市开展数据生产要素统计核算试点工作实施方案》，明确在南山区开展数据生产要素统计核算试点。同时，国家统计局授权广州市在海珠区开展数据生产要素统计核算试点，推动区域数据资产试算成果在国家统一核算框架内体现，探索建立数据生产要素统计核算制度，打通数据资产入表"最后一公里"，将数据生产要素纳入国民经济核算体系。

（三）地方数据交易所设立运行情况概览

经过多年实践探索，我国明确了数据要素市场的基本形态，即以政府支持建设的数据交易机构为枢纽，促进数据流通交易。①

本报告在此选取贵阳大数据交易所、上海数据交易所、北京国际大数据交易所、广州数据交易所以及深圳数据交易所这5家主要的数据交易所进行简要介绍。

1.贵阳大数据交易所

贵阳大数据交易所是全国第一家数据流通交易场所，2015年4月14日正式挂牌运营，②在全国率先探索数据流通交易价值和交易模式。

近年来，贵阳大数据交易所实现了多个特色行业场景应用。贵阳大数据交易所已覆盖金融服务、工业农业、交通运输、科技创新等21个行业领域。据统计，截至2022年12月30日，贵阳大数据交易所平台已入驻数据商402家，其中，省内数据商202家，占总体比例50.25%，省外数据商200家，占总体比例49.75%；累计完成交易137笔，完成交易金额约为3.61亿元，上架产品607个，其中数据产品438个，占比72.1%；算法工具125个，占比20.5%；算力资源44个，占比为7.2%。③

2023年4月26日，贵阳大数据交易所发布了全国首个以"百万激励星星之火，数据交易可以燎原"为主题的"交易激励计划"。根据总体安排，贵阳大数据交易所设立专项资金池，激励符合相应条件的市场主体：在2023年1月1日至12月31日期间，参与数据交易的供需双方、促成交易的数据中介等市场主体、法人单位。激励类型包括：交易主体入场注册费用激励、数据

---

① 参见上海数据交易所：《两会热议｜数据要素市场建设乘风而上，上海数交所率先探路数据资产化》，载"上海数据交易所"微信公众号，https://mp.weixin.qq.com/s/hX_13DCofU3unX8mNlqm6Q，最后访问时间：2024年6月11日。
② 参见贵阳大数据交易所网站公司介绍，载贵阳大数据交易所网站，https://www.gzdex.com.cn/about，最后访问时间：2024年6月17日。
③ 参见贵阳广播电视台：《贯彻二十大 推动"强省会"｜贵阳大数据交易所2022年度交易额突破3.61亿元贵阳广播电视台》，载"知知贵阳"微信公众号，https://mp.weixin.qq.com/s/4gi7tien0i9l_mvQiqG9VQ，最后访问时间：2024年6月17日。

产品及服务交易激励、数据中介专项激励、算法工具交易激励、算力资源交易激励五大类。①

2. 上海数据交易所②

上海数据交易所（以下简称上海数交所）于2021年11月25日在上海市浦东新区成立，是为贯彻落实《中共中央、国务院关于支持浦东新区高水平改革开放打造社会主义现代化建设引领区的意见》中的重要任务，由上海市人民政府的相关部门和机构推动组建，旨在推动数据要素流通、释放数字红利、促进数字经济发展的重要功能性机构。

作为上海市落实国家战略的重要功能性平台，上海数交所发布了若干项交易规范和交易指导，扩大数据交易的市场规模，优化数据交易服务，打造国家数据交易所。成立以来，上海数交所场内交易持续活跃，预计2023年场内数据产品交易额有望突破10亿元。上海数交所目前已推动编制完成并发布《信息技术 数据交易服务平台 通用功能要求》《信息技术 数据交易服务平台 交易数据描述》《信息安全技术 数据交易服务安全要求》三项国家标准。

2022年，上海数交所在上海市国资委的支持下，推动四家极具代表性的国企开展了数据资产化试点工作，分别是上汽集团、上海久事（集团）有限公司、浦发银行和东方国际（集团）有限公司。基于数据要素流通价值链，创造性地提出了"三步蒸馏法"，即数据资源—数据产品—可交易数据产品—数据资产。

在数商生态培育方面，上海数交所在全国首发数商体系，推动构建数据要素行业生态体系，最大限度地激发了市场主体的活力，大批数商③应运而

---

① 参见贵阳大数据交易所：《重磅新闻！贵阳大数据交易所正式发布全国首个交易激励计划》，载"贵阳大数据交易所"微信公众号，https://mp.weixin.qq.com/s/dS-QMglT1rDnDUpr7l1pGg，最后访问时间：2024年6月17日。
② 相关内容参见上海数据交易所网站：https://www.chinadep.com，最后访问时间：2024年6月17日。
③ 数商指的是数据要素流通各环节的资源类、技术驱动类和第三方服务类企业。参见上海数据交易所：《两会热议｜数据要素市场建设乘风而上，上海数交所率先探路数据资产化》，载"上海数据交易所"微信公众号，https://mp.weixin.qq.com/s/hX_13DCofU3unX8mNlqm6Q，最后访问时间：2024年6月17日。

生,行业共识加快形成,市场不断繁荣。上海数交所正重点打造合规评估、质量评估、资产评估等类型数商,截至目前,签约数商超500家。同时,上海数交所发起成立上海市数商协会,目前已有200余家单位及机构加入。①

3. 北京国际大数据交易所②

北京国际大数据交易所是贯彻北京市"国家服务业扩大开放综合示范区"和"中国(北京)自由贸易试验区"建设的标杆性重点项目。北京国际大数据交易所探索建立集数据登记、评估、共享、交易、应用、服务于一体的数据流通机制,推动建立数据资源产权、交易流通、跨境传输和安全保护等基础制度和标准规范,引导数据资源要素汇聚和融合利用,促进数据资源要素规范化整合、合理化配置、市场化交易、长效化发展,打造国内领先的数据交易基础设施和国际重要的数据跨境交易枢纽,加快培育数字经济新产业、新业态和新模式,助力北京市在数据流通、数字贸易、数据跨境等领域发挥创新引领作用,成为全球数字经济的标杆城市。

北京数交所的数据产品类型包括:(1)数据服务,提供数据增值、交易保障、数据中介等多元服务;(2)数据API(应用程序编程接口),提供数据API产品发布、展示和撮合交易;(3)数据包,提供标准化、结构化数据包交易,覆盖多领域、多维度数据品类;(4)数据报告,提供基于统计、建模、分析等处理后的数据报告产品,提升和完善数据价值。

4. 广州数据交易所③

2022年9月,广州数据交易所作为省级数据交易机构在广州市南沙区挂牌成立,按照"立足广东,面向粤港澳大湾区,服务全国"功能定位,采用"一所多基地多平台"体系架构,建设具备数据安全保护、流通交易、生态

---

① 参见上海数据交易所:《两会热议丨数据要素市场建设乘风而上,上海数交所率先探路数据资产化》,载"上海数据交易所"微信公众号,https://mp.weixin.qq.com/s/hX_13DCofU3unX8mNlqm6Q,最后访问时间:2024年6月17日。

② 相关内容参见北京国际大数据交易所网站,http://www.bjidex.com,最后访问时间:2024年6月17日。

③ 相关内容参见广州数据交易所网站,https://www.cantonde.com,最后访问时间:2024年6月17日。

培育、价值赋能和跨境传输等功能的数据交易新型基础设施，提供社会数据登记、交易清结算、信息披露、数据保险、数据托管和人才培训等服务，首日交易额达1.55亿元。①

作为省级数据交易场所，广州数据交易所坚持"无场景不登记、无登记不交易、不合规不挂牌"的原则，以"引领市场、做大规模、强化运营、繁荣生态"为理念，积极培育一级数据要素市场，推进数据资源向资产转变，同时规范二级数据要素市场，促进数据要素高效流通。

广州数据交易所围绕数据产品、数据服务、数据能力和数字资产四大类交易标的，为市场主体提供数据资产登记、信息披露、交易组织、交易结算、数据交付、数据托管、数据保险、人才培训等服务，构建标准规范的市场化运营服务体系，营造全链条数据交易生态网络，探索具有广东特色的数据交易新模式，树立行业新标杆。②

2022年9月30日挂牌运营以来，截至2023年1月，广州数据交易所的注册会员现已突破220家，已有超640项数据产品、数据服务和数据能力等交易标的申请进场交易，涉及人工智能、智慧交通、智能制造、智慧金融、商贸服务、数据治理等18个大行业领域，累计交易金额突破5.07亿元。2023年1月18日，全国首个数据交易领域的行业数据指数发布平台在广州数据交易所上线，9家数据商联合发布80余项行业数据指数，涵盖公共资源交易、财经金融、能源电力、交通旅游、智慧城市、船运船舶、医药健康、知识产权、农业水产、人力管理等10个行业集中发布，将帮助市场了解行业运行情况和发展态势，洞悉未来市场发展趋势。③

---

① 参见《广东省数据要素市场化配置改革白皮书（2022）》，载广东省政务服务数据管理局网站，https://zfsg.gd.gov.cn/attachment/0/509/509982/4072288.pdf，最后访问时间：2024年6月17日。
② 参见广州交易集团：《国企要闻|广州数据交易所正式运营，助力广东数据要素市场化配置改革》，载"广州国资"微信公众号，https://mp.weixin.qq.com/s/ICiB432QAA2njaOWdPdSng，最后访问时间：2024年6月12日。
③ 参见广州交易集团：《国企要闻|广州数据交易所上线全国首个行业数据指数发布平台，广州交易集团公共资源企业信用指数发布》，载"广州国资"微信公众号，https://mp.weixin.qq.com/s/yMNV8DPob_OL0JLVtJBSYw，最后访问时间：2024年6月12日。

5. 深圳数据交易所①

2022年11月，深圳数据交易所揭牌，以"建设国家级数据交易所"为目标，围绕合规保障、供需衔接、流通支撑、生态发展四方面，打造覆盖数据交易全链条的服务能力，构建数据要素跨域、跨境流通的全国性交易平台。②

在数据跨境交易业务以及数据资产证券化等领域，率先开展对接资本市场业务。截至2023年1月31日，深圳数据交易所已完成登记备案的数据交易总计505笔，累计交易金额超过14亿元。数据提供方、数据商、数据需求方等参与主体共计605家，主要集中在深圳、北京、上海三地，交易登记备案集中涉及73类应用场景。跨境交易共14笔，累计交易金额1115万元。③

目前，我国自上而下已经形成发展数字经济、推动数据要素市场化改革的共识，党和国家高度重视数字经济发展，国家顶层战略持续完善布局，各地方加快推动数字要素市场化配置改革落地。数据交易是数据要素市场化配置的核心环节；数据跨境是数字要素市场化配置改革中监管的热点问题；数据开放关系到数据要素的有效利用；数据安全是数据要素市场可持续发展的基石，这四个方面是数据要素市场化配置改革中的核心关切，本报告将在下文就每个方面进行展开讨论。

三、重点观察之一：数据交易

（一）问题简述

数据交易是数据要素市场化配置中的核心环节，近年来国家大力发展数据交易市场，实践中也遇到了新问题。首先就是数据权问题，学界对于数据

---

① 相关内容参见深圳数据交易所网站，https://www.szdex.com，最后访问时间：2024年6月17日。
② 参见《广东省数据要素市场化配置改革白皮书（2022）》，载广东省政务服务数据管理局网站，https://zfsg.gd.gov.cn/attachment/0/509/509982/4072288.pdf，最后访问时间：2024年6月17日。
③ 参见《媒体聚焦丨全国首创！深圳数据交易所推进"动态合规体系"建设》，载"深圳数据交易所"微信公众号，https://mp.weixin.qq.com/s/Fu2t-HVGedI-KfUceb_jug，最后访问时间：2024年6月17日。

是一种什么权利、数据确权与否存在争议，一方面人格权、财产权、知识产权等都在某一法律关系上具有合理性，但又无法涵盖数据的所有属性；另一方面确权与否似乎直接影响到数据的交易使用。2022年底出台的"数据二十条"围绕数据产权问题也提出一定的政策导向。面对这一新兴生产要素，传统"价值决定价格"论断并不完全适用，其难以衡量投入劳动成本的同时也很难预估数据可能带来的价值。且与传统有形物财产属性不同，数据即使多次利用也未必贬损价值，反而同一组数据经过不同的利用其价值进一步凸显。上述特性都将加剧定价困难。最后，当前数据交易平台发挥作用有限，各地数据交易所效果未达预期，登记结算、基础设施、合规监管等方面的保障、相关法律法规制度建设有待进一步完善。

（二）核心争议点

1. 数据产权

在数据交易过程中，原始数据并无利用价值，只有通过一定程序性地开发、加工、利用转化成生产要素，才能投入市场。而数据确权是数据进入市场的前提。数据有什么样的权利？是否有经济利益赋权供交易？哪些主体享有权利？现有法律可否解释，还是应当设立新的部门法单独规定权利？种种问题萦绕在数据之上，引发学界探讨，一方面数据要素市场化配置是大势所趋，另一方面数据权属直接影响数据交易的实现。

数据有什么样的权利？学界对数据权的内涵和外延有新型人格权说、财产权说、商业秘密说等，但都有缺陷。有学者认为必须首先确定信息来源主体享有所有权，在此基础上才能进一步讨论数据处理者的相关用益权，即数据权利二分，用户享有所有权，平台拥有用益权，作为一种生产要素必有其所属者。①数据权利侧重于人格权。对于信息来源主体考虑其个人信息权益

---

① 参见申卫星：《平台用户数据所有权归用户，平台享用益权》，载新社网，https://finance.sina.cn/2021-10-15/detail-iktzscyx9833779.d.html?oid=4071157638217007&vt=4&cid=76674&node_id=76674，最后访问时间：2024年7月30日。

保护和相关人格权益，尤其涉及个人隐私、姓名权、名誉权、肖像权等相关内容，必须予以法律保护。然而数据生产要素的价值稀缺性决定了单个人信息或单条数据无法创造数据利益，其往往离不开带有某种目的属性的海量数据资源池，通过一定的整合加工，从而产生预判态势并进行决策的功能，过分强调个人信息权益保护可能会阻碍数据的合理流通和使用，阻碍数据交易市场发展。并且能否弄清"个人数据"和"非个人数据"存在技术困境，数据的生产过程决定了多元主体共同参与和作用，不仅是过程上共同参与的多个主体创造的共同结果在结果上各大主体都有需求和主张，简单归某一单一主体所有的数据本质上是"空心"的所有权，不可能存在某个主体拥有完整的数据。①

随着数据交易市场的蓬勃崛起，学者们将目光转向财产权，然而数据这一"无形物"又区别于传统有形财产的物权、债权属性，具有非排他性、非稀缺性②、非竞争性等特征，同样因其收集加工开发利用等过程中参与主体复杂多元，无法确定各方主体享有的财产权益边界。传统"财产权"概念不能周延数据属性，但数据的经济利益需要有权利保护，"构建数据财产权规则是匹配中国数据要素市场发展的必然要求，只有确立明确的数据产权分配才能确保数据在公平、透明的规则下可持续的发展"。③必须探索针对数据的新型财产权。明确财产权之余，需要进一步思考的问题是哪些主体对数据享有

---

① 参见熊丙万：《数据产权制度的理论挑战与现代回应》，载国家发展和改革委员会网站，https://www.ndrc.gov.cn/xxgk/jd/jd/202212/t20221219_1343666.sshtml，最后访问时间：2024年6月17日；刘露瑶、田杰棠等人认为，数据生产链条的参与者难以进行明确的区分，使得对权利的主体归属是困难的。参见田杰棠、刘露瑶：《交易模式、权利界定与数据要素市场培育》，载《改革》2020年第7期。

② 数据并不是消耗的，不会因为使用和流通而折损，而是源源不断生成的；同样的数据根据不同的算法可能得出完全不一样的价值，换言之，数据的价值非均质；区别于传统有形物所有权，数据不具有明显的排他性，其可以在多个主体中同时使用。丁晓东认为，数据具有"非竞争性"，未必会在被他人占有后就丧失价值，参见丁晓东：《数据交易如何破局——数据要素市场中的阿罗信息悖论与法律应对》，载《东方法学》2022年第2期。

③ 申卫星：《以分类管理的路径构建数据确权授权的指导规则》，载国家发展和改革委员会网站，https://www.ndrc.gov.cn/xxgk/jd/jd/202212/t20221220_1343697_ext.html，最后访问时间：2024年6月17日。

经济利益？当前普遍认为参与市场的数据处理者可以参与数据的财产性权益分配，但对于政府或公共管理部门的公开数据、个人数据是否可以作为财产仍存在争议。个人将自身数据进行商业化交易是否可行？公共数据开放共享可否收取边际费用？部分学者就认为，相关财产权确立可能造成数据被大企业垄断、阻碍数据自由流动、个人数据控制权被削弱、个人为短期利益滥售自己的数据等问题。①人格和财产的双重属性导致数据权属界定存在根本性难题。

又有学者将数据与商业秘密相类比，借用著作权、专利权等知识产权机制加以保护，认为"知识产权创造了一套双方在谈判开始时就知道的明确的法律权利，所有者可以披露受合法垄断范围保护的此类信息"，"数据交易双方难以通过合同进行交易，唯有信息产权制度可以有效运作"。②问题在于一方面，数据生产要素并不能完全满足商业秘密三要件"非公知性、不容易获得、价值性"，单就"秘密性"而言就存在争论，数据如果不公开，其价值非常有限，算法研发缺少很多基本的支撑，不利于数据流通交易；当前很多平台数据也面向不特定个人公开，持有者担心的不是公开与否，而是不想被爬取收集进一步利用，那似乎不太能用商业秘密来保护。另一方面，商业秘密一旦被公开便不再成为"秘密"，其对所有者而言价值会受到极大贬损，但数据即使被公开，也未必影响对原始持有人权益的强势保护。

由此可见，单一权利已经无法满足数据这一新型生产要素的需要，不同主体对数据的权利归属在不同环节的利益占比也并不相同，"数据二十条"探索数据产权结构性分置方案，建立数据资源持有权、数据加工使用权、数

---

① 申卫星：《以分类管理的路径构建数据确权授权的指导规则》，载国家发展和改革委员会网站，https://www.ndrc.gov.cn/xxgk/jd/jd/202212/t20221220_1343697_ext.html，最后访问时间：2024年6月17日。

② See R. H. Coase: The Problem of Social Cost, 3 Journal of Law and Economics 1, (1960). Robert P. Merges, A Transactional View of Property Rights, 20 Berkeley Technology Law Journal (2005).（参见 R. H. 科斯：《社会成本问题》，载《法律与经济杂志》1960年第1期。罗伯特·梅格斯：《产权的交易观》，载《伯克利科技法杂志》2005年。）

据产品经营权等"三权分置"的产权运行机制，建立公共数据、企业数据、个人数据的分类分级确权授权制度加以应对。换言之，不再以"数据是某权"的单一方式定义数据权，而是结合数据特性探索各类型权利共同存在于数据上的"权利束"新模式。但也有学者指出"三权分置"存有不足，其仅仅聚焦在财产属性上，对公共利益和个人属性关注不够，认为"权利束"可能会引发"财产权效力竞合与冲突"，进而在"权利束"基础上进一步发展"权利块"理论，[1]明晰不同权利主体所享有的具体权利。无论如何，当前越来越多法学家倾向于将数据产权视作与知识产权、物权、债权（传统财产权）等并列的一种新型产权，而非物权项下的所有权，即数据权利归属探讨"归谁所有"无意义，应当聚焦各项具体数据权利归属。[2]对于数据权利的主体，不同主体关注的数据权利重点不同，公共数据倾向于"各级政府部门、企事业单位在依法行政履行或提供公共服务过程中产生的数据"，以开放共享为原则；企业数据为"不涉及个人信息和公共利益的业务数据，是企业在生产、经营、管理过程中生成并控制的数据"；个人数据指"与已识别或者可识别的自然人有关的各种信息，这些信息可以指向个人或者直接关联到个人，其余信息本身不具有识别个人信息属性，但是通过结合分析或者关联分析也可以使信息或数据指向某特定自然人的数据"。[3]

上述分置方案和分级分类制度为数据生产要素市场化配置提供了宏观视角宝贵的政策方向和引导，不过落实到微观层面仍有问题需要思考。以"公共数据、企业数据、个人数据"的分类为例，首先，该分类主要以数据生成来源主体为标准，但是部分公共数据本身也含有个人信息，企业在市场化运营中很多时候只是提供算法技术，数据的生成来源于大量的个人行为信息

---

[1] 参见许可：《从权利束迈向权利块：数据三权分置的反思与重构》，载《中国法律评论》2023年第2期。

[2] 参见王建冬：《完善数据资产新蓝图释放数据要素新价值》，载国家发展和改革委员会网站，https://www.ndrc.gov.cn/xxgk/jd/jd/202212/t20221219_1343661.html?code=&state=123，最后访问时间：2024年6月17日。

[3] 参见高富平：《构建数据分类分级确权授权机制》，载国家发展和改革委员会网站，https://www.ndrc.gov.cn/xxgk/jd/jd/202212/t20221219_1343664_ext.html，最后访问时间：2024年6月17日。

等，三类数据是否能明确划分？其次，公共数据尽管以开放共享为原则，但是开放的边界存在争议，尤其是公共数据的数据安全问题，一旦泄露，个人隐私、社会公共安全都可能受到损害。人格权和财产权冲突如何应对？最后，是否只要带有公共性质的数据都算公共数据，政府部门下属的事业单位获得的数据能否算作公共数据？通过政府公共协调或者公共报送等方式汇集而来的数据是否属于公共数据？另外，公共数据如何运营？授权给单一主体运营还是多个主体同步运营更为合适？针对企业数据，过往实践多由市场主体通过合同自治的方式处理，但是司法中时常出现诸如以"不正当竞争"为由的数据纠纷。围绕个人数据主要以人格权益和个人信息保护为落脚点，对于个人数据的经济效益，"数据二十条"探索"由受托者代表个人利益、监督市场主体对个人信息数据进行采集、加工和使用的机制"的数据经纪人方式，不过面对个人数据是否可以进行商业化交易？个人信息权利能否委托他人代为行使、个人信息流通利用合规标准有哪些等问题仍有待进一步的制度设计。

2. 数据定价

数据交易的另一个核心争议点是数据定价。根据马克思的经济学理论，价格围绕商品价值上下浮动，生产领域中凝结的价值是价格的基础，价值的形成优先于价格，价格是价值的货币表现。但是数据作为一种"虚拟"物，并没有一个明确的价值，其与价值的关系"严重依赖于使用价值对需求的契合度。在不同应用场景中，消费者对于同一数据使用价值的效用认可度存在较大差异，支付意愿的敏感性较强。以个性化需求为导向，供给者以价值量为基准，综合历史价格、成本加成、第三方价值评估和竞争程度等因素，形成合理的保留价格；在需求者最高支付意愿与供给者最低保留价格区间内，以数据商品效用对需求的匹配度为标尺，竞争程度和谈判力量是价格形成的关键因素"。[①]如果没有一个统一的价格共识，乃至为市场所接受的价格区间，

---

① 参见孔艳芳、刘建旭、赵忠秀：《数据要素市场化配置研究：内涵结构、运行机理与实践路径》，载《经济学家》2021年第11期。

交易应当如何进行？

当前广州、上海等地均探索数据定价模型，以其应对数据交易市场需求。然而由于数据的量级、形态、变化过于丰富，标准制定往往赶不上变化，并且数据在不同阶段、不同对象之间的流通其价值较难评估，因此往往在某个行业内以"团体标准"的形式出现。例如金融领域的数据流通和治理，目前仅有标准化文件和相关指引文件，尚未有相关法律法规出台。

当前数据资产定价模式可划分为数据评价与价值评估两个环节，其中数据评价环节包括质量要素、成本要素、应用要素三部分的技术评价；价值评估环节采用成本法、收益法以及市场法对数据资产价值进行评估。尤其针对数据价值评估，金融市场探索搭建多层次结构框架，区分数据资源阶段、数据资产阶段和数据资本阶段，不同阶段估值依据不同。数据资源阶段的主要评估价值是指将混乱无序无法利用的数据开发为有序、可供使用的有价值的数据，此时尚未出现具体的场景，对于数据的价值衡量更像是未投入市场前的产品根据其劳动成本付出来进行定价，因此在此阶段定价主要依赖成本法，即从"数据开发、加工及维护过程中所耗费的必要劳动时间及所花费的其他软、硬件设备的成本为计量基础"[①]。在此阶段成本法相较于其他模型的方式而言更具有可行性，原因即在于原始数据开发利用的过程是可控的、较为封闭的。即便如此，成本法在实际操作过程中仍然面临诸多问题，例如，数据资产开发成本能否被完整覆盖？为保障数据本身的质量、安全利用、即时效应、可访问以及唯一性（不重复性）而付出的隐性质量系数成本应当如何计算？这些都是成本法需要面对的难题。

当数据经过一定的整合开发后便面向特定场景或商业目的进行使用加工，进而提供给有需求的企业部门或交易的数据产品，成为一种数据资产。从预期产生经济利益角度进行价值衡量，主要有收益法，模型包括增量效益折现、非核心资产/因素剥离折现、实物期权法则等。但是由于收益法使用

[①] 参见贵州省数据流通交易服务中心：《数据资产价值与数据产品定价新思考》，载清华大学互联网产业研究院网站，https://www.iii.tsinghua.edu.cn/info/1121/3056.htm，最后访问时间：2024年8月5日。

前提是对未来预期的经济收益进行可靠计量，现阶段数据资产更多处于卖方开发阶段，缺少卖方使用效益评价，并且数据资产在不同场景下可贡献的超额收益无法全面合理衡量，因此收益法目前使用还为时尚早。另有观点提出可以采用市场法，但是当前数据交易市场尚不活跃，在数据资产化阶段初期同样也受到限制。在此阶段企业为了盈利必然考虑数据所能带来的利益回报，卖方市场成为当前经济效益计算的主导者，由于市场当前对数据交易/二次交易价值贬损还是增加、一次性买断是否导致数据资产的稀缺/垄断等诸多问题的实例较少，这也使得复杂场景下买卖双方对数据交易本身充满了不信任，难以全面或合理量化估计买方应用数据资产后形成的超额收益。数据交易科学定价亟待买方场景应用反馈。

此外，标准化和定制化的数据产品定价策略也存在差别。标准化的数据产品，由于并非针对特定用户进行开发，适用范围广，容易达成统一标准；但定制化数据产品需要满足特定需求和应用场景。数据要素定价之所以困难，正是因为估值本身并不独立，其必须放在一个完整的数据资产生态圈中，而且在各式各样的具体应用场景和商业模式当中，同批数据的不同价值体现将进一步加剧数据定价的难度，也导致数据交易困难重重，买方信心不足。

3.数据交易市场运营

参与数据交易的主体之所以认为交易成本过高，本质上是因为可获得的收益有较大不确定性，这一方面与上文提及的数据定价难相关，另一方面也受到整个数据交易市场平台搭建不充分的影响，具体问题如下：

数据交易主体对自身数据价值本身开发程度和市场需求程度有限，不同企业及机构针对不同的业务，对数据的加工、运营、持有的需求程度和可能性不尽相同，这导致不同数据资产可探索的外部交易场景、潜在受众和需求方以及需要考虑的加密层级等各方面均不尽相同。当前企业作为数据出售方对市场需求的理解、数据产品潜在需求方的数量和其对数据产品拟使用方式等信息的获取程度存在较大限制，不少企业并不完全明确自身持有数据可能存在的外部市场空间和数据购买方购买产品后的具体应用场景，对于并非以数据产品开发为主业的企业来说，数据的下游应用场景的厘清和挖掘需要建立在对企业自身业务完整梳理的基础上，然而对自身企业数据的定位不明导致数据难以被有效盘活。①

缺乏良好的数据要素流通生态服务体系支持，数据交易模式不明晰。除去买卖双方，很多时候数据流通并不是原始数据的整体转让，而可能是许可使用，同时许可使用的未必是原始数据，有可能是经过数据企业加工后的定制化数据。此时针对数据更多的是一种许可使用而非持有转移，当前市场针对许可、投资、入股、融资、担保等诸多领域的交易制度有待完善。

数据要素市场流通率低，不同主体、用途、场景等多维区域之间桥梁不足，数据受困于有限的交流空间。有的头部数据企业平台借由尚不完善的市场打造行业壁垒，凭借自身在数据、技术、资金、市场等各方面的优势形成垄断体系，阻挠与其他中小型企业平台之间数据共享，滥用市场支配地位，违背构建统一数据要素市场的内在要求。

市场运营数据交易所场内和场外面对的问题并不一致。当前数据交易以场外分散进行为主，规则和标准都缺乏公式；场内交易尽管需求丰富，但是供给不足，针对不同场景开发不同数据产品能力有限，专业人员配备不到位，这就导致对数据先发优势的细分领域对更大范围市场的牵引协调积极性不高，优质数据资源未能得到有效开发利用。②《数据安全法》明确提出要尽快完善数据交易管理制度，健全数据要素市场规制。

有学者指出，交易风险贯穿数据交易全过程，③尤其在隐私泄露及数据转卖两方面。首先，虽然当前各数据交易所、数据处理平台都在探索数据匿名化处理，包括针对公共数据开放共享的前提也是对数据进行清洗加工除去个性化信息，在保护人格权益的基础之上进行数据交易，但是有研究指出通过反向识别

---

① 参见上海数据交易所：《数据要素视角下的数据资产化研究报告》，载清华大学互联网产业研究院网站，https://www.iii.tsinghua.edu.cn/info/1121/3056.htm，最后访问时间：2024年8月5日。

② 参见翁翕：《统筹构建规范高效的交易场所，为数据流通保驾护航》，载国家发展和改革委员会网站，https://www.ndrc.gov.cn/xxgk/jd/jd/202212/t20221219_1343670.html，最后访问时间：2024年6月17日。

③ 参见王卫、张梦君：《基于WBS-RBS的数据交易侵权风险识别》，载《情报理论与实践》2021年第1期。

技术个体隐私可能被恢复，数据匿名化处理存在技术漏洞。①其次，尽管数据可以被复制，多场景多领域多技术的使用有利于激发数据本身潜在价值，然而对于特定买卖方而言，数据转卖风险仍然成为抑制买方意愿的主要因素，尤其对于"独家许可"型数据交易，这一无形财产带来的风险更甚。

（三）评析

数据交易的核心争议点，无非是要解决谁有什么权利进行交易，交易规则如何以及交易平台在哪，这刚好对应上述数据产权、数据定价和数据交易市场运营等三个主要问题。本报告认为，数据作为一种新型的生产要素进入市场，必须厘清与其他要素（有形物）的共性和特性，对于可以求同的方面运用已有规则经验，针对个性层面则应跳出固有思维。"数据二十条"对于数据产权"三权分置"制度的探索正是对传统产权的突破，除去"物归谁所有"的所有权定义，直面数据生产要素上体现的人格权、财产权等各方面属性，以"数据在什么场景下提供什么服务？"的场景化具象化需求为导向，探寻不同数据主体的关系，从而具体分析数据所拥有的产权。

数据产权"三权分置"采用的"持有权""使用权""经营权"，呈现出一定的产权属性，也表明了政策制定者的态度，即面对是人格权还是财产权的问题，必须坚持在保护个人信息权益的基础上才能研究经济利益。换言之，当前探讨数据要素财产权说的并非信息来源主体（个人）权益的问题，而是强调在《个人信息保护法》得到有效实施的基础上，数据处理主体享有的财产权益。针对数据作为一种生产要素如何投入市场流通的问题，应当避免将个人信息保护与数据要素市场建构问题混为一谈。

另外，针对数据各方主体，本报告认为数据产权应当厘清信息来源主体、数据处理主体、第三方之间的关系。信息来源主体在数据层面上主要享有的是人格权相关权益，相比较而言，数据处理主体所享有的经济价值

---

① 参见何培育、王潇睿：《我国大数据交易平台的现实困境及对策研究》，载《现代情报》2017年第8期。

财产权更为突出，其可以将数据进行经济性的利用、分析、汇总并用于改进自己的商业经营活动。对于数据资源的"持有"而非"占有"，一方面体现数据"虚拟无形"特性，另一方面也突出一个数据处理主体动态地、稳定地控制管理数据、排除他人干涉的状态，同时点明数据这种资源并非不能公开，以公共数据为例，可以探索有序开放共享的路径。对于数据处理主体和第三方之间关系，数据产权也可以针对保护数据处理主体在采集加工开发数据等方面的权利，其他不特定当事人不能随便获取数据。"数据加工使用权"则进一步强调对数据的匿名化去个人化的过程，原始数据、类数据同样也具有使用权，但突出"加工"程序表明对于个人信息的保护是具有优先性的，在推进数据要素进入市场的进程中，无论是公共数据还是企业数据，都要注意对于个人数据的加工处理。选择"经营权"而非传统所有权概念中的"处分权"，更加凸显对于数据产品的利用，以及涉及"数据"是否可被删除遗忘等问题。综上，对于数据产权问题的探讨已经逐渐从人格权利层面的探讨过渡到结合数据交易进行经济效益的分析，"所有权"观念逐渐淡出争论范围，对数据产权分权分置、分级分类设立和保护呈现出"具体问题具体分析"的价值观，下一步政策落实和配套法律法规制定需要进一步研究。

  与数据产权相似，针对数据要素定价问题，结合交易市场对数据的多元需求，本报告认为可以探索动态定价模型，充分考虑数据要素价值的波动性和潜在待开发性。"在宏观层面，数据资产估值需要完善的数据治理和要素市场、数据确权和交易规则机制，并需加强制度供给，平衡好开发与保护的关系；在微观层面，企业需为数据治理开发前瞻布局，以业务为导向建立数据资产管理体系，从源数据、业务域到算法层和场景应用层均建立完善的成本核算管理机制和价值管理机制，为实现数据资产价值培育良好土壤。"[①] 尽管成本法、收益法、市场法在数据交易市场发展各阶段发挥

[①] 参见贵州省数据流通交易服务中心：《数据资产价值与数据产品定价新思考》，载清华大学互联网产业研究院网站，https://www.iii.tsinghua.edu.cn/info/1121/3056.htm，最后访问时间：2024年8月5日。

的作用和局限性各不相同，但是现阶段仍然需要各数据企业积极探索，在充分实践中去检验定价方法的合理性和可行性。此外，本报告认为必须加快建立数据交易指导定价机制，搭建多层次、多场景定价规则。实践证明，场景开发使用率越高，数据的价值反而会越高，更多的数据库投身于市场，有利于进一步激发对数据开发使用的潜能，而这也极大增强数据要素的活力。因此涉及各生产环节，要逐一确定与价格相关的影响因子和质量因子，例如，针对数据开发成本就可能包括外部获取和内部采集，如采购价格及税费、采集人员成本、采购人员成本、采购终端设备成本、采购系统成本、劣质数据淘汰成本等；加工成本包括人员、系统和其他加工成本；存储成本包括存储设备成本等；安全、维护成本包括数据维护人员成本、数据维护系统成本、更新升级人员成本、更新升级系统成本、安全维护成本、数据管理成本等。而针对数据质量问题，可以评估是否满足准确性、完整性、时效性、唯一性、可访问性等五大标准。[①]各类数据要素影响因子按照在市场交易中双方重视程度和需求程度进行计算，从而给出可预测的较为稳定的数据定价，减少交易不信任感。

针对数据市场交易运营，本报告认为针对各个环节出现的问题，必须形成一个稳定科学的交易规则降低交易成本，应当探索交易场所与权利主体、中介机构、第三方服务组织和技术研发团队通力合作，探索分层分级数据交易所协同发展，国家级数据交易所重视合规监管和公共服务，省级数据交易所整合区域数据资源，促进当地数据要素流通和地区产业发展等路径，[②]搭建良好数据交易平台。此外数据交易服务机构应当充分发挥沟通数据交易市场供需方的中介作用，为市场信息对称贡献力量。尽快制定配套的合规监管机制，明确监管对象和范围，对数据生成、使用、交易、流动等各环节制定不

---

① 参见贵州省数据流通交易服务中心：《数据资产价值与数据产品定价新思考》，载清华大学互联网产业研究院网站，https://www.iii.tsinghua.edu.cn/info/1121/3056.htm，最后访问时间：2024年8月5日。

② 参见翁翕：《统筹构建规范高效的交易场所，为数据流通保驾护航》，载国家发展和改革委员会网站，https://www.ndrc.gov.cn/xxgk/jd/jd/202212/t20221219_1343670.html，最后访问时间：2024年6月17日。

同的监管标准和目标，事前事中事后监管体系多管齐下，各监管部门之间增加信息交流共享，提升监管强度和效率；破除市场壁垒，一方面需要制定统一的市场管理框架，另一方面协调各部门之间数据要素管理权限，设立数据要素清单，提升数据共享水平。①

综上，本段就数据交易的三个重点难点进行梳理，指出各环节亟待解决的问题。诸如"数据二十条"等中央政策文件的颁布无疑为数据交易市场稳步构建增添信心，数据权利应当摆脱单一确权思维，探索多权共存、服务为先的发展可能；数据定价精确落实到各要素各环节，针对资源、资产、资本设立不同估价方式；数据交易市场运营需要外部监管，也需要企业内部活力，同时产权和定价机制成熟也将进一步助推数据交易市场平稳运营。

四、重点观察之二：数据跨境

（一）问题简述

近些年来，全球数字经济开放合作正进入数字技术和国际贸易深度融合、以数据"大进大出"为内核的数字贸易阶段，数据跨境流动也随之成为近年来全球各法域的监管热点问题，全球跨境数据流动监管体系正处于关键形成期，各国围绕数据跨境流动的合作与竞争成为全球治理领域的焦点议题。由于国家间数据保护水平和市场环境的差异，各国对跨境数据流动治理尚缺乏共识。一方面，随着数据跨境流动成为常态，为充分释放数据红利，凝聚数字经济优势，各国积极参与探索、构建全球数据跨境流动规则；另一方面，针对数据跨境流动规则主导权之争、数据跨境流动引发的数据安全、国家安全问题探讨使得各方博弈激烈，难以达成共识。②

2020年9月8日，我国时任国务委员兼外长王毅在"抓住数字机遇，共

---

① 参见王蒙燕：《我国数据要素统一大市场构建的问题与对策》，载《经济》2022年第7期。
② 参见刘文杰：《美欧数据跨境流动的规则博弈及走向》，载《国际问题研究》2022年第6期。

谋合作发展"国际研讨会高级别会议上发表题为《坚守多边主义 倡导公平正义 携手合作共赢》的主旨讲话，提出"全球数据安全倡议";①2021年11月，我国正式提出申请加入《数字经济伙伴关系协定》(DEPA),②表明我国政府加快推动数据跨境合作、实现数据要素高水平开放的决心。2022年12月2日"数据二十条"正式出台，落实2022年3月《中共中央、国务院关于加快建设全国统一大市场的意见》中"建立健全数据安全、权利保护、跨境传输管理、交易流通、开放共享、安全认证等基础制度和标准规范"。"数据二十条"提出，"构建数据安全合规有序跨境流通机制"是推动数字经济双循环、形成数据要素全球定价机制的重要抓手，将起到统领要素联通枢纽建设、保障要素畅通有序流动的作用。③

数据出境不仅包括向境外传输、存储境内数据（如邮件发送、上传至境外服务器），也包括未转移数据但为境外主体提供访问或调用权限等方式。自2012年全国人大常委会通过《关于加强网络信息保护的决定》，我国个人信息和数据保护相关的立法与实践已历经十余年，在此期间陆续出台《网络安全法》《数据安全法》《个人信息保护法》《数据出境安全评估办法》等法律法规，中国数据出境监管机制初步搭建成形。从我国目前实施的跨境数据流动规则来看，重点管理个人信息、重要数据的跨境流动符合我国对数据、个人隐私和维护国家安全的必然需求，个人信息与重要数据同时也构成各国数据流动管理的主要对象。

---

① 《坚守多边主义 倡导公平正义 携手合作共赢——在全球数字治理研讨会上的主旨讲话》，载人民网，http://world.people.com.cn/n1/2020/0908/c1002-31853720.html，最后访问时间：2024年6月17日。

② 《数字经济伙伴关系协定》(DEPA)是全球首份数字经济区域协定，参见《我国全面推进加入〈数字经济伙伴关系协定〉谈判》，载中国政府网，https://www.gov.cn/xinwen/2022-08/23/content_5706448.htm，最后访问时间：2024年6月17日。

③ 参见《畅通数据要素"双循环" 完善全球数据"定价链"》，载国家发展和改革委员会网站，https://gbdy.ndrc.gov.cn/gbdyzcjd/202212/t20221220_1343734.html，最后访问时间：2024年6月17日。

（二）核心争议点

世界各国高度关注数据要素跨境流动的战略意义，我国应加快推动数据要素市场化，坚持国内大循环为主体、国内国际双循环相互促进的新发展格局，在国内统一市场的基础上，加强数据安全评估，推动数据跨境安全有序流动。

数据出境是指数据处理者向境外提供在中华人民共和国境内运营中收集和产生的重要数据和个人信息。国家网信办就《数据出境安全评估办法》答记者问中进一步明确，《数据出境安全评估办法》所称数据出境活动主要包括：一是数据处理者将在境内运营中收集和产生的数据传输、存储至境外；二是数据处理者收集和产生的数据存储在境内，境外的机构、组织或者个人可以访问或者调用。①

《网络安全法》首次从立法层面对个人信息出境作了限制，但其规制主体仅适用于关键信息基础设施运营者（以下简称CIIO），即要求CIIO若因业务需要向境外提供个人信息则须先经过安全评估审查。2021年11月1日，《个人信息保护法》生效实施并对个人信息出境作了全面的限制，要求所有个人信息出境必须通过安全评估、标准合同或认证。

在数据安全主权是数据跨境流动基础的背景下，②2022年7月发布的《数据出境安全评估办法》就我国个人信息和重要数据出境安全审查评估提出全面系统的要求以及具体的法律解决方案，是我国破题数据跨境流动管理规则的重要实践。③

1.安全评估

《数据出境安全评估办法》的出台以及《个人信息出境标准合同办法》

---

① 参见《国家互联网信息办公室公布〈数据出境安全评估办法〉》，载中国网信网，http://politics.people.com.cn/n1/2022/0707/c1001-32469306.html，最后访问时间：2024年1月4日。
② 参见丁晓东：《数据跨境流动的法理反思与制度重构——兼评〈数据出境安全评估办法〉》，载《行政法学研究》2023年第1期。
③ 参见赵高华、姜伟、王普：《数据跨境流动治理与对策研究》，载《网络安全与数据治理》2022年第9期。

的公布意味着我国数据出境安全制度的初步形成。

安全评估包括企业风险自评估（需在申报数据出境安全评估前开展）和网信部门安全评估两类，其中网信部门安全评估属强制申报义务，此种安全评估对象涵盖重要数据、CIIO和达到一定数量的个人信息，在出境必须向网信部门提交申报。根据《关键信息基础设施安全保护条例》，CIIO是指公共通信和信息服务、能源、交通、水利、金融、公共服务、电子政务、国防科技工业等重要行业和领域的，以及其他一旦遭到破坏、丧失功能或者数据泄露，可能严重危害国家安全、国计民生、公共利益的重要网络设施、信息系统等；处理个人信息达到国家网信部门规定数量具体包括三类：（1）处理100万人以上个人信息的数据处理者向境外提供个人信息；（2）自上年1月1日起累计向境外提供10万人个人信息的数据处理者向境外提供个人信息；（3）自上年1月1日起累计向境外提供1万人敏感个人信息的数据处理者向境外提供个人信息。重要数据是在数据分类分级保护制度下的产物，然而《数据安全法》仅对"重要数据"从概念层面进行了阐述，但未明确在各类数据中如何认定和识别重要数据，即对于如何分类数据、具体的分级层级和分级标准未详细规定。虽在重要数据的界定和识别层面，相关部门、行业单位具备一定共识，认为其与国家安全、经济发展和社会公共利益密切相关，但就其具体涵盖的范围尚未达成共识。在实践中，各行各业主要以国务院各部门所出的数据分类分级规范和标准为依据，并结合具体行业部门的实际运作流程对其所收集的各类数据进行分类。①

根据《数据出境安全评估办法》，数据处理者在向网信部门申报安全评估前应由企业自行开展数据出境风险自评估。其包括"自评估工作简述""出境活动整体情况""拟出境活动的风险评估情况""出境活动风险自评估结论"四个部分，每一部分都逐项列明了具体内容要求。另外，该模板明确，此类自评估活动必须在申报前3个月内完成。

---

① 参见袁康、鄢浩宇：《数据分类分级保护的逻辑厘定与制度构建——以重要数据识别和管控为中心》，载《中国科技论坛》2022年第7期。

表 1　各类评估内容具体对比

个人信息保护影响评论（PIA）[①]	企业风险自评估	网信部安全评估
1.个人信息处理者和境外接收方处理个人信息的目的、范围、方式等的合法性、正当性、必要性； 2.出境个人信息的规模、范围、种类、敏感程度，个人信息出境可能对个人信息权益带来的风险； 3.境外接收方承诺承担的义务，以及履行义务的管理和技术措施、能力等能否保障出境个人信息的安全； 4.个人信息出境后遭到篡改、破坏、泄露、丢失、非法利用等的风险，个人信息权益维护的渠道是否通畅等； 5.境外接收方所在国家或者地区的个人信息保护政策和法规对标准合同履行的影响； 6.其他可能影响个人信息出境安全的事项。	1.数据出境和境外接收方处理数据的目的、范围、方式等的合法性、正当性、必要性； 2.出境数据的规模、范围、种类、敏感程度，数据出境可能对国家安全、公共利益、个人或者组织合法权益带来的风险； 3.境外接收方承诺承担的责任义务，以及履行责任义务的管理和技术措施、能力等能否保障出境数据的安全； 4.数据出境中和出境后遭到篡改、破坏、泄露、丢失、转移或者被非法获取、非法利用等的风险，个人信息权益维护的渠道是否通畅等； 5.与境外接收方拟订立的数据出境相关合同或者其他具有法律效力的文件等（以下统称法律文件）是否充分约定了数据安全保护责任义务； 6.其他可能影响数据出境安全的事项。	1.个人信息处理者和境外接收方处理个人信息的目的、范围、方式等的合法性、正当性、必要性； 2.境外接收方所在国家或者地区的个人信息保护政策法规对标准合同履行的影响； 3.境外接收方承诺承担的责任义务，以及履行责任义务的管理和技术措施、能力等能否保障出境个人信息的安全； 4.出境个人信息的数量、范围、类型、敏感程度，个人信息出境可能对个人信息权益带来的风险； 5.个人信息出境后泄露、损毁、篡改、滥用等的风险； 6.个人维护个人信息权益的渠道是否通畅等； 7.其他可能影响个人信息出境安全的事项。

就评估标准来看，《数据出境安全评估办法》第5条规定的数据出境风险自评估与《个人信息保护法》第55条规定的个人信息处理者向境外提供个人信息应当事前进行的个人信息保护影响评估并不相同。包括网信部安全评估

---

① 参见《个人信息出境标准合同办法》第5条规定。

在内，自评估与PIA的目标和方法基本一致，即通过对数据处理活动的梳理，发现潜在风险点，并判断所采取的管理措施和技术措施是否充分，但几种评估程序所重点关注的风险因素有明显的区别。

2. 标准合同及个人信息保护认证

根据《个人信息保护法》第38条规定，目前我国个人信息出境必须通过安全评估、标准合同或认证三条路径之一，方可合法进行。《数据出境安全评估办法》对于适用安全评估的个人信息出境情形予以明确，其适用范围外的个人信息出境情形则可以通过个人信息保护认证或者签订国家网信部门制定的标准合同来满足个人信息跨境提供条件，便利个人信息处理者依法开展数据出境活动。

在监管数据的跨境传输中，合同条款标准化发挥着重要作用。以欧盟GDPR为例，其在跨境数据流动的全过程均设置了标准化合同条款。标准化合同的制度通过构建一种数据跨境传输的可信任状态来平衡数据安全与数据流动的价值冲突。原因在于该项机制既能实现监管者对于数据跨境传输重要事项的直接审核，又能从违约责任角度督促数据处理者积极履行数据安全保护义务。就目前而言，《数据出境安全评估办法》第8条规定了我国数据出境安全评估的重点事项，即在跨境数据传输时，要求数据处理者与境外接收方就订立合同是否充分约定了数据安全保护义务进行说明；第9条细化了"充分约定"的判断标准，对合同应当约定的必要事项进行列举。针对标准合同的进一步细化问题，国家互联网信息办公室发布相关《个人信息出境标准合同办法》。

3. 认证

数据安全认证，是指由认证机构证明网络服务、数据产品、管理体系等符合相关法律规范、技术标准、行业准则的评定活动，也称为信息安全认证。相比于企业的自我规制和政府的行政规制而言，数据安全认证属于第三方规制，与数字经济产业的发展紧密相连，即通过第三方机构客观评定互联网企业数据处理行为的安全性，以提升互联网企业的数据安全保障水平。数据安全认证方式在监管数据跨境流动过程中因为可以有效克服市场与政府的

"双重失灵"而被各国广泛采用，① 例如，欧盟的GDPR第42条和第43条确立了对数据控制者和处理者的数据处理操作进行合规性认证的制度。GDPR第42条第1款规定，成员国、监管机构、欧盟数据保护委员会和欧盟委员会应鼓励建立数据保护认证机制，设立数据保护印章、标识，特别是欧盟级别的印章和标识，以便证明数据控制者和处理者的数据处理操作符合本条例要求，应考虑中小微型企业的特定需求；第43条第1款规定，在不减损第57条、第58条所述监管机构的任务和权力的情况下，在数据保护方面具有相应专业水平的认证组织可在告知有权限的监管机构后（以便其根据第58条第2款第h项行使自身权力）签发和续期认证。

从我国的立法实践和发展来看：《网络安全法》第17条明确要求"开展网络安全认证、检测和风险评估等安全服务"；《数据安全法》第18条第1款原则性的规定了数据安全认证："国家促进数据安全检测评估、认证等服务的发展，支持数据安全检测评估、认证等专业机构依法开展服务活动"；《个人信息保护法》第38条将个人信息保护认证作为向境外提供个人信息的合法性条件之一，第62条要求"推进个人信息保护社会化服务体系建设，支持有关机构开展个人信息保护评估、认证服务"。2022年11月4日，国家市场监督管理总局、国家互联网信息办公室发布《关于实施个人信息保护认证的公告》，同时公布了附件《个人信息保护认证实施规则》，鼓励个人信息处理者通过认证方式提升个人信息保护能力，并要求从事个人信息保护认证工作的认证机构应当经批准后开展有关认证活动。该规则依据《认证认可条例》制定，规定了对个人信息处理者开展个人信息收集、存储、使用、加工、传输、提供、公开、删除以及跨境等处理活动进行认证的基本原则和要求，明确对于开展跨境处理活动的个人信息处理者应当符合TC260-PG-20222A《网络安全标准实践指南——个人信息跨境处理活动安全认证规范V 2.0》，为我国跨境场景下的个人信息保护认证工作开展提供依据。

---

① 参见刘权：《数据安全认证：个人信息保护的第三方规制》，载《法学评论》2022年第4期。

总体而言，数据安全认证作为一种第三方规制方式，能有效引导、激励数据处理者不断提高数据安全保障水平，增强用户对中小微互联网企业和新兴数字产业的信任感从而增加中小微互联网企业的交易机会。①此外，从避免监管失灵的角度出发，还能防止政府过度保障数据安全从而限制数据流通的市场正当需求或阻碍创新。②应当明确的是，目前我国针对数据安全认证的具体措施仅限于个人信息范围，更为广泛的数据类型有待未来进一步发展和明确。

4.安全审查

在数字经济全球化持续发展的背景下，数据安全与国家安全的关系日益紧密并在全球范围内引起各国高度重视。从数据出境安全审查、数字经济发展和国家安全的关系来说，数据出境审查的宽严程度与数字经济发展的效率呈负相关，而与国家安全的保障程度呈正相关。③目前，我国通过《网络安全法》《数据安全法》初步建立起对个人数据和重要数据出境的安全评估基本要求，但数据安全与国家安全审查之间的关系界定、重要数据概念、评估要求标准和程序等有待进一步细化并完善。具体而言，数据出境安全审查的法律依据散见于不同领域主管部门所出具的规范性文件之中。④

（三）评析

数字经济已成为把握新一轮科技革命和产业变革机遇的战略选择，数据生产要素价值的充分释放取决于流通和共享。在数字经济时代产品和服务全球化的背景下，数据跨境流动是贸易活动与国际交流的必然组成部分。⑤作为连接全球经济的纽带和新秩序博弈的焦点，跨境数据流动在极大

---

① 参见刘亚平、游海疆：《"第三方规制"：现在与未来》，载《宏观质量研究》2017年第4期。
② 参见刘权：《数据安全认证：个人信息保护的第三方规制》，载《法学评论》2022年第4期。
③ 参见李晓楠：《国家安全视域下数据出境审查规则研究》，载《情报杂志》2021年第10期。
④ 参见马其家、李晓楠：《论我国数据跨境流动监管规则的构建》，载《法治研究》2021年第1期。
⑤ 参见张凌寒：《论数据出境安全评估的法律性质与救济路径》，载《行政法学研究》2023年第1期。

提升跨国协作效率的同时，也面临着数据主权、国家安全、利益冲突、隐私保护、数据监管等问题。各国政府出于保护本国数据安全乃至国家安全等考虑，纷纷出台了数据相关的监管措施，并大多在跨境数据流动方面设置壁垒。另外，数据跨境制度的构建还体现出各国对数据跨境流动规则的主导权之争。

欧盟致力于更高水平的个人数据保护和更严格的数据跨境流动监管。2016年欧盟通过《一般数据保护条例》，该条例以维持与欧盟境内相等的数据保护水平为目标确立了数据跨境流动的规则框架。根据该条例规定，欧盟应评估数据传输目标国对个人数据保护水平是否充分，除了评估目标国的数据保护相关法律制度，还会考量公权力机关对个人数据查访的可行性。欧洲数据保护委员会在2021年6月通过了《对数据跨境转移工具补充措施的建议2.0》，其规定补充措施的实施可以分为四步：第一步，了解数据传输的情况。如数据的去向，转移的数据必须是充分的、相关的且仅限于与目的有关的必要数据。第二步，验证所适用的数据跨境流动工具。第三步，评估第三国的法律或实践中是否有任何因素可能会影响所依赖的数据跨境流动工具的有效性，其中第三国的监控立法是重要的评估对象。第四步，确定并采取必要的补充措施，使得数据在第三国得到与其在欧盟同等的保护水平。这里的补充措施主要包括技术措施，如数据的匿名化处理；额外的合同措施，如使用特定技术的义务；组织措施，如数据治理的内部政策。①总体而言，欧盟对数据和个人信息采取高标准保护态度，并以其通过其相关政策法规传输影响他国对数据和个人信息的保护理念，从而成为数据保护领域的规则主导者。

目前，我国已形成了一套以《网络安全法》《数据安全法》《个人信息保护法》为主，《数据出境安全评估办法》为辅的跨境数据流动监管体系，但还应进一步构建制度与技术并重的跨境数据流动解决方案。

---

① 参见杨帆：《后"Schrems Ⅱ案"时期欧盟数据跨境流动法律监管的演进及我国的因应》，载《环球法律评论》2022年第1期。

在制度构建层面，应在维护国家安全和数据主权的基础上加强双边、多边国际合作，以促进我国与主要国家在数据跨境流动领域达成互信共识。对现有涉及数据跨境流动的政策与法律应实施自查、清理、填补和细化，明确监管体系、部门职责和数据主体的权利和义务，从而建立起贴近实践具有可操作性的跨境数据安全治理机制。

在兼顾数据开放与国家安全之间，应积极采用分类分级的差别化监管思路，根据数据的重要程度及数据泄露产生的风险等级对数据进行分类分级，实施不同的出境监管标准。在落实分类分级监管数据跨境流动的过程中，一方面应明确重要数据的概念和范围，另一方面应接轨国际数据流动标准和机制。通过在数据分类分级的基础上建立跨境数据流动的安全检查和评估体系，及时有效地识别和防范我国跨境数据流动的潜在风险。

另外，我国还应在国际法层面探讨国内数据跨境传输监管制度的对外效力，以及我国如何在国际数据跨境传输规则制定过程中争夺话语权，具体落实为我国应当如何充分衔接国内法与国际法规则，避免外国指责和干涉我国数据安全监管活动。

跨境数据流动规则的全球博弈日益明显，美国、欧盟、日本等发达国家和地区纷纷提出符合自身利益的规则主张并建立起双边、多边或区域性协定。在这场争夺跨境数据流动国际治理规则主导权的竞赛中，中国在数字经济发展浪潮里不再只是追随者，中国在诸多领域里发挥着引领作用。因此如何科学制定数据跨境相关法律法规，出台针对性政策以推动跨境数据安全有序流动、引领数字经济全球化发展，是做大、做强、做优我国数字经济亟待研究的重要议题。[1] 我国应在保障国家安全的前提下，加快推动跨境数据流动，充分发挥数据要素对于高质量发展的重要推动作用，建立数据治理新格局，引领数字经济全球化发展。

---

[1] 参见洪永森、张明、刘颖：《推动跨境数据安全有序流动 引领数字经济全球化发展》，载《中国科学院院刊》2022年第10期。

五、重点观察之三：数据开放

（一）问题简述

公共数据具有巨大的经济价值与社会价值，对公共数据进行开放不仅有利于数据的流动与数据孤岛之破除，并且有利于政府治理能力的提升。近年来，公共数据开放已成为全球大势所趋，我国数据开放也进入了发展的快车道。《促进大数据发展行动纲要》提出，要在依法加强安全保障和隐私保护的前提下，稳步推动公共数据资源开放，《数据安全法》第41条规定"国家机关应当遵循公正、公平、便民的原则，按照规定及时、准确地公开政务数据"，公共数据开放已经成为行政主体履行职权过程中必须面对的重要课题，然而，我国的数据开放还处于初级阶段，开放体系仍未完全形成，公共数据开放治理中还存在问题。只有准确划定公共数据的范畴，理解公共数据开放的定义，梳理其与相关概念的区别，才能推动实现真正的公共数据开放。

本报告通过国内外相关文献资料的梳理和分析，结合实践中产生的误区，对公共数据的范畴进行界定、公共数据开放与相近概念的异同进行了辨析。基本原则是对数据开放的立法和实践具有普遍指导意义的基础性准则。对于公共数据开放应当遵循的各项要求，哪些应上升到基本原则的高度，以及如何认识各项基本原则及其相互之间的关系，需要统筹考虑、系统把握。在厘清概念的基础上本报告结合最新出台的"数据二十条"对于现行数据开放立法原则、开放范围与开放方式进行讨论。最后，公共数据开放与安全隐私保护之间存在天然张力，探索最佳的信息保护与利用机制是公共数据开放制度的重要命题。

（二）核心争议点

1. 概念厘清

（1）公共数据的界定

我国关于数据开放的文件中多次使用"公共数据"这一词汇，"数据二十条"将数据依据生成来源分为公共数据、企业数据与个人数据进行管理。有学者认为企业数据是数据经营者首先通过收集、汇集或交易所得的原始数据经过去标识化和匿名化等脱敏加工后形成的商业数据集合，①也有观点认为企业数据指企业在生产、经营、管理等环节中生成的可控制数据，这类数据一般支撑企业的决策及创新发展，通常为公开内容，故不是商业秘密。②我国对个人信息的概念进行了界定，《个人信息保护法》第4条第1款规定：个人信息是以电子或者其他方式记录的与已识别或者可识别的自然人有关的各种信息，不包括匿名化处理后的信息。个人信息数据为包含个人信息的数据集，强调的是数据的可利用价值，个人信息进入商业流通领域才会成为个人信息数据。③但是立法对于公共数据具体的内涵和外延始终没有明确的界定，导致在数据开放的过程中，何种数据属于应当被开放的数据范畴始终没有明确的法律规范进行厘清。对于究竟何谓公共数据，实践中由各地方政府进行边界的探索。基于地方公共数据开放进程有异，"公共数据"被赋予了不同的规范内涵。

现学界及实务界主要通过主体要素来界定公共数据的范围，地方政府出台的政策文件也主要通过数源主体确定公共数据的范围，④各地政府的现行政策中主要有四种界定类型。最早使用"公共数据"这一概念的地方政府是浙江，其于2017年出台的《浙江省公共数据和电子政务管理办法》（已失效）第2条将公共数据的数源主体界定为"各级行政机关以及具有公共管理和服务职能的事业单位"，后于2022年出台的《浙江省公共数据条例》第3条规定"本条例所称公共数据，是指本省国家机关、法律法规规章授权的具有管理公共事务职能的组织以及供水、供电、供气、公共交通等公共服务运营单位（以下统称公共管理和服务机构），在依法履行职责或者提供公共服务过程中收集、产生的数据"；与之持相同立场的还有《上海市公共数据开放实

---

① 参见吴桂德：《商业数据作为知识产权客体的考察与保护》，载《知识产权》2022年第7期。
② 参见高富平：《构建数据分类分级确权授权机制》，载国家发展和改革委员会，https://www.ndrc.gov.cn/xxgk/jd/jd/202212/t20221219_1343664_ext.html，最后访问时间：2024年6月17日。
③ 参见赵磊：《数据产权类型化的法律意义》，载《中国政法大学学报》2021年第3期。
④ 参见齐英程：《作为公物的公共数据资源之使用规则构建》，载《行政法学研究》2021年第5期。

施细则》第3条定义"本细则所称公共数据，是指本市国家机关、事业单位、经依法授权具有管理公共事务职能的组织，以及供水、供电、供气、公共交通等提供公共服务的组织（以下统称公共管理和服务机构），在履行公共管理和服务职责过程中收集和产生的数据"；《贵州省大数据发展应用促进条例》第38条将公共数据界定为"公共机构、公共服务企业为履行职责收集、制作、使用的数据"，其对于公共数据的数源主体立场是：全部或者部分使用财政性资金的国家机构、事业单位和团体组织和具有公共服务职能的企事业单位。

需要注意的是，数据包含的信息和价值是不断流动的，实践中个人、企业、国家与公共数据之间并非非此即彼，存在绝对界限，也并非所有履行公共职能的部门掌握的数据都属于是应当开放的公共数据资源——将与公共利益不密切相关的数据盲目地一股脑纳入应当开放的公共数据范围会增加不必要的管理成本和风险。选用"公共数据"这一概念并不是为了界定数据权利，而是为了促进数据流动，从而发挥数据的价值，提升社会治理能力。

（2）公共数据开放与政府信息公开

从总体的演变趋势上看，地方政府对于数据开放对象的探索经历了从政务信息到政务数据，再到公共数据三个阶段。最早数据开放依托于政府信息公开，以信息公开制度为法律基础，随着数字经济的不断发展，数据的价值逐渐超过信息的价值，数据开放才摆脱信息的概念依托，"数据"本身转为开放的主概念。政府信息公开与公共数据开放是具有本质区别的两种独立的制度，在进行数据开放的过程中应当选择独立的立法进路，混淆概念或者将公共数据开放生硬糅入政府信息公开的法律制度之中容易引发数据开放效率低下等问题，所以两者的概念界定尤为重要。

第一，两者的制度基础不同。包括我国在内的大部分国家都以知情权作为政府信息公开的权利基础，政府信息公开满足公众的基本知情权，可以起到行政监督的作用，具有行政性意义，公众知晓即满足了政府信息公开的提高行政透明度的目的。而公共数据开放并不存在权利基础，公共数据开放源于数据技术驱动，动力是数据有巨大的价值有待挖掘。公共数据开放的目的是"用",即对公共数据进行进一步的开发利用,目的具有经济性和社会性意义——开放数据是挖掘数据价值的最好路径,即数据开放时,数据的社会经济等价值能得到最大限度的发挥利用。① 故有学者认为,数据开放本质上并非义务,而是一项公共服务。②

第二,两者的客体不同,分别位于信息层和数据层。③ 二者的概念相似,表现形式相似,都是政府的公开行为,仅有"信息""数据"的区别,因此第一个区别的着眼点即数据和信息的区别。政府信息公开的是将第一手数据进行统计与加工后的信息,具有结论性特征和意义,获取后可以直接阅读识别内容,表现形式通常为不可机读的文本信息的文件、材料;而公共数据开放的客体是未经加工的第一手数据,具有原始性特征,在未经加工前不具有明确意义,表现形式通常为可机读、电子化的数据集,提供CSV、XLS、XLM等多种格式满足需求。

第三,两者产生的责任不同,政府信息公开是行政部门的法定义务,根植于政府合法性理论,责任重心在于政府,政府单方面公开信息后即履行义务;而公共数据开放具有服务性性质,根植于政府有效性理论,需要政府和数据的利用者双方着力,不仅要推动公共数据开放,还要推动数据的有效利用和价值创造。④

(3) 数据开放与数据共享

数据共享是指打通组织各部门间的数据壁垒,建立统一的数据共享机制,加速数据资源在组织内部流动。数据开放是指向社会公众提供易于获取和理解的数据,对于政府而言,数据开放主要是指公共数据资源开放;对于企业而言,数据开放主要是指披露企业运行情况、推动政企数据融合等。

---

① See Joel Gurin: Big Data and Open Data: How Open Will the Future Be, (2015). [参见Joel Gurin:《大数据与开放数据:未来将如何开放》,2015年]
② 参见郑磊:《开放不等于公开、共享和交易:政府数据开放与相近概念的界定与辨析》,载《南京社会科学》2018年第9期。
③ 参见何渊主编:《数据法学》,北京大学出版社2020年版,第308页。
④ 参见郑磊:《开放不等于公开、共享和交易:政府数据开放与相近概念的界定与辨析》,载《南京社会科学》2018年第9期。

获取成本上，大部分数据共享的数据提供方都需要对方支付一定的费用。即使是公共数据共享，也并不是都免费的，如最新的国家人口普查数据通常需要付费才能获得，而大部分开放的公共数据都可以免费获得。

技术限制上，共享的数据不要求可机读性，如政府机关的数据多放置于Word或PDF格式的文档里，对其提取有一定的困难性。开放的数据是可机读的，且数据必须被提供在CSV等开放格式下，而不能以PDF、HTML等格式存在。

公共数据共享可以减少公共数据的重复采集，改进公共数据的一致性、真实性和完整性，以提升公共行政管理能力、精准决策能力和公共服务效率。公共数据开放的目的是为社会主体提供可机读、可重用的数据，为智能决策提供基础性公共数据资源。数据共享和数据开放的目的、范围和要求不完全一致，但也有共同的治理原则与要求，需要统筹公共数据治理活动，有组织地实施共享和开放，确保数据共享和开放利用得安全有序。[1]

2. 数据开放原则、方式与范围

数据开放原则之一默认开放原则体现了数据开放的范围。公共数据的自由获取以及后续使用对社会和经济具有重要价值，因此除了能够提供明确的理由说明某些数据需要封闭，应确保所有公共数据默认公开。有关国家安全、个人隐私、商业秘密、知识产权等不能公开的数据应当遵守国内法律和国际公认的标准，并且如果相关法律或法规不存在或已过时，应及时开放封闭数据。根据隐私立法和标准，在数据发布之前对其进行匿名化处理，确保删除敏感的个人身份数据。

目前我国各省市关于公共数据默认开放原则的规定涉及三种模式。第一种是以贵阳为代表的完全默认开放模式，2017年，《贵阳市政府数据共享开放条例》第18条将数据开放范围表述为"行政机关应当向社会开放下列情形以外的政府数据：（一）涉及国家秘密的；（二）涉及商业秘密的；（三）涉及个人隐私的；（四）法律法规规定不得开放的其他政府数据。前款第一项至

---

[1] 参见高富平：《构建数据分类分级确权授权机制》，载国家发展和改革委员会网站，https://www.ndrc.gov.cn/xxgk/jd/jd/202212/t20221219_1343664_ext.html，最后访问时间：2024年6月17日。

第三项规定的政府数据，依法已经解密或者经过脱敏、脱密等技术处理符合开放条件的，应当向社会开放"。第二种是以黑龙江省为代表的限缩默认开放模式，2022年，《黑龙江省促进大数据发展应用条例》第24条规定，"确定为有条件开放和不予开放数据的，应当有法律、法规或者国家有关规定作为依据。相关权利人同意开放或者有条件开放的，可以依法列入无条件开放或者有条件开放数据"。这种表述形式虽然对开放有所限缩，但是由于我国对于公共数据开放的立法处于刚刚起步阶段，极少有法条对于不可开放的数据进行明确列举，故开放范围仍然宽泛。第三种是以浙江省为代表的附条件的默认开放模式，《浙江省公共数据条例》第30条规定，"……前款第三项规定的公共数据有下列情形之一的，可以列入受限开放或者无条件开放数据……"可见条例中明确禁止开放的数据类型也可以通过匿名化处理、脱敏、脱密处理等有条件地进行开放。[1] 另外我国目前已有城市对正面清单模式进行探索，如《上海市公共数据开放暂行办法》列明了可以向公众开放的数据类型，不在清单上的类型即推定不可公开。这种开放模式优势是优先将最有价值的数据进行开放，但同时将数据开放限缩到一个较为狭窄的范围，上海市的解决策略是将群众意见纳入到数据开放范围的参考，提高清单的民主性科学性，并不断对于未列入清单的数据类型进行评估，坚持动态更新开放清单。[2]

无差别开放原则涉及数据开放的方式，即社会上任何人都具备获取公共数据的资格。公众面对数据的需求不同，行政部门对其的后续监管也不同，实践中难以以单一路径无差别应对所有需求和监管。如对于某些行业的高价值高敏感的数据（公共交通数据、企业纳税数据等），应当对数据利用主体的技术水平、管理能力都有相应要求。此时如果向社会公众平等开放，存在较大的数据失控风险。

因此对数据分类分级进行开放极为重要，"数据二十条"提出要建立公

---

[1] 参见常江：《公共数据开放立法原则反思和开放路径构建》，载《华东理工大学学报（社会科学版）》2022年第5期。

[2] 参见何渊主编：《数据法学》，北京大学出版社2020年版，第317页。

共数据的分类分级确权授权制度，各地公共数据管理部门也制定了相应的数据分级分类规则。目前贵州、上海、青岛、浙江等均出台了相关标准或文件指南，对本地区的公共数据分类分级提出建议或要求。2016年，贵州省质量技术监督局发布《政府数据分类 数据分级指南》（DB52/T 1123—2016），作为贵州省公共数据进行数据分类和分级顶层标准，用于指导政府部门对于数据价值的开发利用以及数据开放和共享的策略制定。此外，浙江省发布《数字化改革 公共数据分类分级指南》（DB33/T 2351—2021）。这些先行地区的做法值得全国各地政府借鉴，明确分级分类原则，制定并落实分级分类指南，对不同类型数据可能带来的潜在法律风险进行评估并采取相应的行动。

免费开放原则明确了公共数据开放的成本负担，公共服务机构应当免费向公众开放公共数据。数据开放的最大障碍之一是公众获取的成本，任何访问费用都会极大地限制信息的可用性。在我国，公共管理和服务过程中形成的数据要开放必须进行清洗、分类、归集等治理工作，需要巨量的成本投入。免费开放原则有其本身价值，但是实践中有必要和收费开放原则相结合，二者的关系并非矛盾而是可以并存，各自有着不同的适用场景。因此，"数据二十条"依据公共数据使用目的，采取不同开放模式：用于公共管理、公益事业的公共数据，采取有条件无偿开放；而用于产业发展、行业发展的公共数据则采取有条件有偿开放。两种开放方式实质上是采取受益者负担公共数据治理成本的原则，在满足公共利益本身需要的同时，促进公共数据转化为生产要素，让需求者可以获得可用且好用的公共数据资源。[①]

3.数据开放中的难点与风险

公共数据开放与数据安全保护之间存在天然张力：一方面促进数据开放可以改善社会治理能力，发挥数据作用，创造经济社会价值；另一方面数据开放也伴随着个人隐私泄露等风险隐患。公共数据开放涉及数据的产生到销

---

① 参见高富平：《构建数据分类分级确权授权机制》，载国家发展和改革委员会网站，https://www.ndrc.gov.cn/xxgk/jd/jd/202212/t20221219_1343664_ext.html，最后访问时间：2024年6月18日。

毁或消亡整个过程，涉及各类不同的主体和责任单位、不同的系统和平台，[①]统筹开发、隐私、安全对于公共数据开放的良性发展极为重要。

（1）法律问题

法规政策上，"数据二十条"专设数据安全章节进一步强化安全保障制度并提出了若干具体举措：推行面向数据商及第三方专业服务机构的数据流通声明和承诺制，建立健全数据流通平台监管制度，建立数据要素流通使用全过程的合规公证、安全审查、算法审查、监测预警等。公共数据安全保障需要强化相关职能部门统筹协调和督导监管机制，高标准建立健全制度规范和平台体系，常态化开展安全监管，实现数据资源全生命周期安全治理。[②]我国在发展战略层面提出了促进公共数据开放的规划和要求，但在具体推进过程中的司法层面，个人隐私的界定、个人隐私的应用范围、应用数据的权属有待进一步细化。

（2）政府监管

政府监管上，政府应当在数据开放平台协议中规定数据使用要求，并对使用主体进行监督。其中，针对有条件获取的数据应当进行随时跟踪，对使用行为合法与否作出及时评估，如发现使用主体以非法手段获取或者超出协议场景使用应及时限制或者直接关闭其数据使用权限，在平台上对于违法违规行为进行公示。对于一些敏感度较高的数据，要采取数据沙箱、隐私计算等数据可用不可见的方式来开放数据。同时，对这些复杂的数据需求，政府还需要承担后续监管义务，并对隐私、安全异议进行处理。[③]

数据化后的信息经济价值巨大，且极易被复制、传输和查找，开放后的数据会被如何利用，将产生何种风险都难以预测和估量，一旦发生泄露和滥

[①] 参见丁红发、孟秋晴等：《面向数据生命周期的政府数据开放的数据安全与隐私保护对策分析》，载《情报杂志》2019年第7期。

[②] 参见冯海红：《健全数据基础制度激发公共数据价值》，载国家发展和改革委员会网站，https://www.ndrc.gov.cn/xxgk/jd/202212/t20221219_1343671_ext.html，最后访问时间：2024年6月17日。

[③] 参见常江：《公共数据开放立法原则反思和开放路径构建》，载《华东理工大学学报（社会科学版）》2022年第5期。

用，则影响和损失巨大。①

（三）评析

目前各级政府部门对公共数据内涵和外延的理解不一，时常难以将其与政府信息公开、政府数据共享等相近概念区分开来。而准确理解公共数据开放的含义对其未来的发展研究尤为重要。各地政府应在推进公共数据开放的进程中提升各部门对于公共数据开放的定义、原则和标准的理解力，厘清相关概念之间的联系和区别，从而提高开放数据意识和能力，推动真正的公共数据开放。学术界在对数据开放进行研究时，也应掌握这些基本概念之间的区别，找准研究对象和问题。②

首先，"数据二十条"将数据分为公共数据、企业数据和个人信息数据，其中，企业数据和个人信息数据在学界和立法上都有定义，而公共数据则是由地方政府进行边界探索，各地方应当立足于实践，公共数据治理经验，以主体要素为核心，从目的出发结合行为要素探索公共数据的范畴及边界，明晰公共数据在数据体系中的位置，为数据开放提供基础。其次，公共数据开放承继于政府信息公开，但是随着数据价值的不断提升，公共数据开放已经摆脱了政府信息公开这一"巨人的肩膀"而有自己独特的立法进路。公共数据开放与政府信息公开在制度基础、客体、侧重价值、责任等诸多方面都有所区别，为了两种制度都能健康良性发展，必须将公共数据开放从政府信息公开的概念中剥离出来。最后，数据共享与数据开放的区别在于：数据共享是指打通组织各部门间的数据壁垒，建立统一的数据共享机制，加速数据资源在组织内部流动；数据开放面向的则是更为广泛的社会公众。

对于如何推进实施公共数据开放，目前各国普遍接受三个开放原则：默认开放原则、无差别开放原则以及免费开放原则。其中，默认开放原则体现

---

① 参见陈晓勤：《政府数据开放：实践挑战与法律框架建构》，载《福建行政学院学报》2019年第6期。

② 参见郑磊：《开放不等于公开、共享和交易：政府数据开放与相近概念的界定与辨析》，载《南京社会科学》2018年第9期。

了数据开放范围；无差别开放原则涉及数据开放方式；免费开放原则明确了公共数据开放的成本负担。我国各地方政府在结合自身实践的基础上对于三种原则有所参照和调整。

在数据开放范围上，我国以正面清单开放为原则，以清单外开放为例外，为了弥补正面清单范围狭窄的问题，可以引入公众参与机制，允许公众对数据清单的开放范围提出评议意见，公共部门根据社会需求及时扩大清单范围。公共部门对清单范围不断进行动态调整更新以适应社会变化。在数据开放方式上，不同场景对数据范围、颗粒度、时效性的要求不一样，向公众实行无差别的开放，存在较大的数据失控风险，我国选择以基于场景的分类开放原则替代无差别开放原则。在数据开放的成本负担上，免费开放原则与收费开放原则两者并非矛盾的，而是可以并存的，各自有着不同的适用场景。因此，"数据二十条"依据公共数据使用目的，采取不同开放模式。

公共数据种类多、价值大，有很多数据涉及国家安全、公共安全和个人隐私，数据开放需要在数据安全的前提下进行，确保数据的安全使用、保护数据主体的合法权益，是公共数据开放必须特别关注的问题。对此，开放的进程中应逐步建立起更加完善的细分领域的数据安全法律法规，应当建立数据监管制度和异议处理制度，形成数据防泄露、安全审计、安全事件溯源、等管理制度，以加强对数据安全的保护。

针对数据安全保障与风险规避，应当建立数据开放中的责任机制。如参照个人信息保护层面的知情同意规则，数据汇聚适用知情同意原则成本过高，在保护到公民的知情权的同时成为实现数据开放经济价值的阻碍，[①] 所以与其将重心放置于数据来源者，不如将重心放置于数据开放者和数据使用者，数据的利用主体需在使用公共数据的过程中采取安全保障措施，并接受监督。此外，作为开发者的行政部门还应当通过推行新技术方式促进隐私权的保护，如对于数据进行模糊化处理，促使公共数据开放平台的查询不能显示精确的结果，而只有相近的结果，使得特定个人与特定数据点的联系变得

---

① 参见宋烁：《论政府数据开放中个人信息保护的制度构建》，载《行政法学研究》2021年第6期。

难以实现，隐私权自然得到保护。

同时，解决数据安全保护问题，需要利用去标识化等技术，构建起有效的数据安全解决方案。匿名化是化解数据开放过程中隐私权问题的最理想方式，但是通过匿名化保护隐私权的同时也使得开放数据的可利用价值大大受损。在此基础上，一些国家提出了去标识化的处理机制，如欧盟《通用数据保护条例》和美国《加利福尼亚州消费者隐私法案》(The California Consumer Privacy Act) 等都规定了去标识化，用以指代一种使个人信息在不借助额外信息的情况下无法识别特定信息主体的个人信息处理方式。相比于匿名化，去标识化更好地平衡了个人信息的安全性和价值性，是实现保障个人信息安全和促进个人信息流通利用双重目的的更优选择。

最后，尽管各地在推进公共数据开放的进程中难免遇到困境与瓶颈，数据开放也存在很多安全隐患与风险，但是开放工作不宜因噎废食，而是应当正确处理好更大范围、更多领域、更高层次数据开放，安全保障体系建设与更高价值数据实现之间的关系，平衡数据开放与安全保护，推动改善开放数据生态，在风险视域下制定可行的政策，保护涉及国家秘密、商业秘密、个人隐私以及法律法规明确不能开放的数据资源，确保数据开放工作的安全有序进行。同时，在实践中应探索通过更多元的手段、方式推动公共数据开放；也应引导和鼓励各类社会主体对开放数据进行增值、加工和利用，切实推进开放之树成林，数据之林常青。

六、重点观察之四：数据安全

（一）问题简述

随着数字化建设的不断演进，数据的动态流通为我国的数据安全建设提出了更高的要求，当前数据安全治理建设难点也体现在规章制度、数据的识别与分级、共享互通的权属等多个层面。首先，数据安全法、个人信息保护法、网络数据安全相关条例与指引已经基本构成了我国数据安全法律框架，其他更具体的数据安全的法律法规仍在持续完善、健全过程中。其次，当前我国在敏感数据识别以及数据分类分级落地方面仍存在巨大的提升空间。从国家到部分地方均出台了数据分类分级相关的规范与指南。最后，我国数据安全共享流通的权属和权限有待进一步明确的状态，以更好地确定在监管层面上数据安全的控制范围和权责分担。

（二）核心争议点

1. 数据安全国内外形势

（1）国内数据安全战略

在我国，数据安全逐渐演化成为一个跨领域、跨专业的综合性议题，提升数据安全治理能力已经成为战略布局重点，集中体现在数据基础设施建设、数据存储、数据跨境流动和新兴技术安全等诸多方面，以及在全面分析国外数据安全产业发展趋势的基础上落实《数据安全法》关于数据安全产业的工作布局要求。近年来，我国密集发布网络安全、数据安全领域法规政策，建立等级保护、安全审查、密码测评、数据安全管理、个人信息保护等一批重要制度，逐步完善了我国国内数据安全法律体系，政策法规从"立"向"行"演进，为安全领域的技术发展和应用深化提供了指导和参考。

目前，我国形成了以《国家安全法》为总纲，《网络安全法》《数据安全法》和《个人信息保护法》三部法律为基础的法律监管体系，并以部门规章以及政策性文件等作为补充。

2015年修订的《国家安全法》从宏观层面强调国家安全工作应统筹"传统安全和非传统安全"。进一步地，《国家安全法》第25条也明确将网络与信息安全保障作为国家安全的具体要义之一，并突出强调了要实现网络和信息核心技术、关键基础设施和重要领域信息系统及数据的安全可控。《网络安全法》从设施、运营、数据以及内容安全四个维度对于未来的网络安全进行法规约束，并通过部门分工或者协作的方式制定和颁布进一步的安全细则，如《网络安全审查办法》《关键信息基础设施安全保护条例》以及《网络信息内容生态治理规定》等。《数据安全法》则围绕"收集、存储、使用、加工、传输、提供、公开"的数据处理流程，对于大数据的各参与方进行法规约束，违反相关安全措施的行为方将受到严厉惩罚。《个人信息保护法》主要从个人信息保护应遵循的原则和信息处理规则等方面进行约束，法规明确个人信息处理活动中的权利义务边界以增强个人在数字经济时代的安全感。

我国数据安全战略的下一步重点是对数据安全保护规则体系进行细化，并增强其可落实性。我国《数据安全法》《个人信息保护法》已经基本搭建出数据安全的保护规范体系框架，在此基础上，数据分级分类、数据安全评估等规范、标准体系也将进一步细化与完善，主要包括落实现有数据安全审查、检测、交易的制度，以及数据分级分类、重要数据目录、风险评估、出境等的规范要求。个人层面，将个人信息出境安全评估、认证、个人信息侵权案件的公益诉讼等重要制度体系逐步落实。企业层面也将建立健全的合规体系，重点加强企业内部管理制度机制建设。

（2）国外数据安全战略——域外重要数据安全法律规制

全球多个发达国家与地区已将数据保护及数据安全提升至国家高度。1981年，欧洲委员会发布了《个人数据自动化处理中的个人保护公约》，对个人隐私数据进行保护。进入21世纪，随着数据要素在经济发展中的重要程度持续提升，全球多个发达国家及地区对数据安全的重视程度逐渐提升，各地政府颁发的相关政策也愈加密集。2018年，欧盟发布《通用数据保护条例》，明确了用户对属于自己个人的数据有绝对掌控权，规定欧盟所有成员国企业在收集、传输、保留、使用个人信息上都必须取得用户的同意。GDPR的出台标志着全球各个国家地区在数据领域的竞争发展开始加速。在欧盟持续加强数据领域发力的同时，美国也加快围绕数据的立法及法律法规体系建设，陆续发布《应用程序隐私保护和安全法案》（AP's Act of 2018）草案、《加州消费者隐私保护法案》（CCPA）等相关数据保障法案。2022年6月，美国参议院与众议院发布了《美国数据隐私和保护法案》草案（American Data Privacy and Protection Act，ADPPA），有望进一步树立全国性的联邦标准。此外，日本、韩国等其他发达国家也加速针对数据保护出台相关法律，助力数据产业正规化发展。

	美国	欧盟
战略概括	分散立法+行业自律	专门立法+政府主导
重要数据安全立法现状	采用分散化的立法方式，按照不同的数据种类进行单独的立法，更具针对性和可操作性。 第一，以"可控非密件"（CUI）为核心的关键数据保障体系。被用来对政府所拥有的或在行动中所生成的重要信息进行保护，特别是关于个人隐私、国家安全、商业利益、执法调查等方面的敏感信息，在很大程度上是由总统颁布的总统令来进行保护的，同时还将"受控的非密信息"分成了大类别和小类别，对其进行了严格的保护。后相继出台了一套有关"非密信息"控制的法规，并对其进行了详尽的规范；在2016年，《美国联邦法规》中，"最终条例"第32条为政府在控制的非机密消息中提供了一个安全的模式和一个重要的规范；基于这一点，发布了一系列关于NGO控制非机密信息的控制方式、范围和处理要求的法律政策。第二，在信息安全方面，将会对信息进行分类和保护，根据各个行业的特性来进行相应的规定，同时，还会对一些关键的信息进行严格的保护，如金融、电信、医疗、家庭教育等。	建立统一的数据安全专门法律，为各成员国提供法律引导和立法框架。各成员国对法律法规的执行与落实负有责任，并与联邦立法相结合，制定出自己的数据安全法律与政策。基于《通用数据保护条例》（GDPR）的国家重大数据安全法规体系，对重大数据的监管侧重于对个人信息的保护，对重大数据的跨境流通进行了严厉的约束。欧洲联盟将关键资料的保障定位在"个人资料保障"上。纵观《通用数据保护条例》的发展历程，可以看到欧洲各国在对个人信息进行保护方面所做的一些尝试。《个人数据保护指令》于1995年发布，有计划地订明有关个人资料之处理与越界转让之基本准则，并订明监察与法律补救方法；《隐私与电子通信指令》于2002年发布，要求在信息使用者的书面许可下，对信息使用者的信息进行处理；《通用数据保护条例》于2016年发布，增加了数据认证和监管机构，强化了对数据的保护，并对数据的管理和管理提出了更高的要求。关于跨国界的资料流通，应以满足适当的保护标准和适当的保护措施为条件，并加强公司对重要资料的跨国界流通的保护责任。 另外，在《通用数据保护条例》的基础上，欧洲联盟还出台了一批对数据进行支持的相关法律和规范。比如，为了确保数字公司能够对其数据进行严密的保护，建议通过《数字市场法案》《数字服务法案》来对大公司的关键数据进行严密监管。为了保障欧洲大陆上的非个人资料的安全性，欧洲大陆颁布了《非个人数据自由流动条例》，以便利可公布的敏感资料在欧洲大陆上的流通。

续表

	美国	欧盟
重要数据安全监管	一是推行"数据官员"系统。在联邦一级实行了由政府主管部门领导的"首席数据官"制度，并建立了首席数据官委员会来制订宏观层次上的数据政策。各州都设置了"数据官员"的职务，主要负责制订并执行他们所在州内的数据相关的法律和规章，并对其进行管理。二是实行"分类管理"。在不同的领域、行业，分别设立不同的管制部门，以协调各州与联邦的管制工作，达到"两级管制"的目的。三是建立行业组织，强化企业的自我约束；行业联盟和协会可以根据其行业特点来制订相应的数据治理的保护条例，建立数据岗位，来达到对企业的数据治理工作进行自我监管的目的。	主要采取的是欧盟—成员国共同治理模式。在欧盟，数据保护委员会（EDPB）负责对数据进行管理，并授权其颁布与《通用数据保护条例》有关的法律文件，为各国的法律执行提供示范；此外，在欧盟内部，还成立了数据保护管理局（EDPS），用以监管欧盟内部各机构的数据处理活动，以避免政府机关滥用公共权力、侵害公民的个人数据权利，以及赋予其对侵害公民资料安全的行为实施行政惩罚的权利等。设有负责对其成员实行《通用数据保护条例》和负责对相关个人进行不适当操作的检查的机构。各国均依据《通用数据保护条例》设立了各自的信息主管机构，并逐步健全了自己的信息安全体系。
法律规制立场	所以，美国更加重视这些关键的信息所具有的经济基础与商业价值。特别是商业至上的观念让美国的数据霸权得到了无穷无尽的扩展，为了保护自己的国家在数字领域的利益，以推动数据的流动为借口，干预其他国家的数据主权。	提倡信息的安全性和个体的私利的优先性。确认了国民的"个人数据权利"，并重视其在境内的安全流通。《通用数据保护条例》对数据控制者和使用者实施了"知情—明示原则"，并给予了数据使用者获取数据的权利和拒绝权利，确保了商业机构对数据的合法使用。对于跨境的数据流通，接受国应遵守"充分性保护"，即跨境转移流通应以确保其安全性为条件；从主导规制的价值视角而言，欧盟更注重对个体的保护。在欧盟领导的数字经济贸易谈判中，把保护"数据主体人格权益"作为根本前提。

2. 数据安全治理体系

（1）法律法规体系

当前我国数据安全法律法规建设取得了突飞猛进的进展。国家层面，2021年9月1日《数据安全法》施行，首次从法律层面明确数据安全保护义务，为开展数据处理活动的组织和个人提供了行为指引，填补了我国数据安全保护立法的空白。2021年11月1日《个人信息保护法》施行，立足于数据产业发展实践和个人信息保护的迫切需求，更全面地保障了个人权利，及时回应了国家、社会、个人对个人信息保护的关切。行业监管层面，2022年12月8日工业和信息化部发布《工业和信息化领域数据安全管理办法（试行）》并于2023年1月1日正式施行，旨在加快推动工业和信息化领域数据安全管理工作制度化、规范化，提升工业、电信行业数据安全保护能力，防范数据安全风险。2022年12月28日，国家互联网信息办公室颁布《网络安全审查办法》并于2022年2月15日施行，将网络平台运营者开展数据处理活动影响或者可能影响国家安全等情形纳入网络安全审查。地方政府层面，积极落实国家政策和上位法精神，陆续出台相关地方法律法规。2021年6月29日《深圳经济特区数据条例》通过，率先就数据保护和利用开展地方立法，规范数据要素市场化行为，推动数据的有序流动和数据产业的健康发展。2021年11月25日《上海市数据条例》通过，在《数据安全法》等上位法的框架下，结合上海实际，建立了全面的数据安全治理体系。

《数据安全法》与《网络安全法》以及《个人信息保护法》构建出我国数据保护的顶层建筑，为后续的网络和数据安全以及数据流动奠定基础。

《数据安全法》于2021年6月10日经由第十三届全国人民代表大会常务委员会第二十九次会议通过，于2021年9月1日正式施行。其出台正式确立了我国数据安全领域的基本法律框架，并明确提出"国家数据安全工作协调机制"以完善数据安全监管框架的顶层设计。[①] 作为数据领域的第一部基础性法律，《数据安全法》旨在通过数据分类分级管理、数据安全审查、数据安全风险评估、监测预警和应急处置等基本制度，以总体国家安全观为出发点和落脚点保障国家数据安全，促进数据开发利用，为有效应对数据这一非传统领域的国家

---

① 参见韩洪灵等：《数据伦理、国家安全与海外上市：基于滴滴的案例研究》，载《财会月刊》2021年第15期。

安全风险与挑战提供了法律根据，具有重要的理论和实践意义。《数据安全法》由总则、数据安全与发展、数据安全制度、数据安全保护义务、政务数据安全与开放、法律责任及附则这七部分内容构成。

"总则"中明确地界定了数据和数据安全：数据是指以电子形式或其他形式记录下来的一切信息，而数据安全是指对数据采取必要的措施，使其处于得到有效保护、合法使用的状态，并具有保证其继续安全的能力。此外，在对数据安全进行维护的过程中，应该始终坚持总体国家安全观，构建并完善数据安全的治理体系，提升数据安全的保障能力。"数据安全与发展"章列出了国家层面对于数据安全与发展的总体规划，其中包括实施大数据战略，推进数据基础设施建设，支持数据开发利用和安全技术研究，推进数据开发利用技术和数据安全标准体系建设，推动数据安全检测评估、认证等服务的发展，建立健全数据交易管理制度等。在"数据安全制度"章中，对具体的保护措施和方法进行了详细的阐述，按照数据对经济社会发展的重要性和受到侵害时所造成的危害，构建数据的分类分级保护体系，形成重要数据目录、集中统一、高效权威的数据安全风险评估、报告、信息共享、监测预警机制、应急处置机制和安全审查制度。"数据安全保护义务"章主要是对数据保护相关义务的主体、义务内容、义务的法律依据以及相应的责任机制进行了详细的阐述。在"政务数据安全与开放"章中，对电子政务这一关键的数据类型进行规制，即国家机关应当在其法定职责的范围内依法依规收集、使用数据、采取必要的保密措施，并且制定政务数据开放目录，建设统一规范、互联互通、安全可控的政务数据开放平台。"法律责任"章规定了对以上五条规定的违法行为所应承担的相应的惩罚措施以及相应的民事责任、行政责任和刑事责任。《数据安全法》中的很多条款和规定，到目前为止还只是停留在原则层面，具体的解释和应用还需要相关的法律法规、国家法律法规、执法机构等的指导。

《数据安全法》确立的数据领域重要配套制度		
名称	依据	备注
数据交易管理制度	国家建立健全数据交易管理制度，规范数据交易行为，培育数据交易市场。（第19条）	
	从事数据交易中介服务的机构提供服务，应当要求数据提供方说明数据来源，审核交易双方的身份，并留存审核、交易记录。（第33条）	
重要数据保护制度	重要数据的处理者应当明确数据安全负责人和管理机构，落实数据安全保护责任。（第27条）	
	重要数据的处理者应当按照规定对其数据处理活动定期开展风险评估，并向有关主管部门报送风险评估报告。风险评估报告应当包括处理的重要数据的种类、数量，开展数据处理活动的情况，面临的数据安全风险及其应对措施等。（第30条）	不仅"消极"地要求重要数据处理者履行数据安全保护义务，更"积极"地要求其说明内部风险的识别和应对情况，体现了"合规与自证合规并重"的理念，因此如何采用可回溯、可呈现的方式落实数据安全保护措施至关重要。
数据安全风险管控制度	国家建立集中统一、高效权威的数据安全风险评估、报告、信息共享、监测预警机制。国家数据安全工作协调机制统筹协调有关部门加强数据安全风险信息的获取、分析、研判、预警工作。（第22条）	
数据安全应急处置机制	国家建立数据安全应急处置机制。发生数据安全事件，有关主管部门应当依法启动应急预案，采取相应的应急处置措施，防止危害扩大，消除安全隐患，并及时向社会发布与公众有关的警示信息。（第23条）	
数据安全审查制度	国家建立数据安全审查制度，对影响或者可能影响国家安全的数据处理活动进行国家安全审查。依法作出的安全审查决定为最终决定。（第24条）	意味着有关部门作出的数据安全审查制度将排除行政复议或行政诉讼的救济。

国际数据交往领域的重要制度		
名称	依据	备注
关键信息基础设施运营者的境内存储义务	关键信息基础设施的运营者在中华人民共和国境内运营中收集和产生的重要数据的出境安全管理，适用《中华人民共和国网络安全法》的规定。（第31条）	而按照《网络安全法》第37条的规定，关键信息基础设施的运营者在中华人民共和国境内运营中收集和产生的个人信息和重要数据应当在境内存储。因业务需要，确需向境外提供的，应当按照国家网信部门会同国务院有关部门制定的办法进行安全评估；法律、行政法规另有规定的，依照其规定。
其他处理者向境外传输重要数据需遵守网信办等后续出台的出境安全管理办法	其他数据处理者在中华人民共和国境内运营中收集和产生的重要数据的出境安全管理办法，由国家网信部门会同国务院有关部门制定。（第31条）	
境外政府执法或司法机构向境内调取数据	中华人民共和国主管机关根据有关法律和中华人民共和国缔结或者参加的国际条约、协定，或者按照平等互惠原则，处理外国司法或者执法机构关于提供数据的请求。非经中华人民共和国主管机关批准，境内的组织、个人不得向外国司法或者执法机构提供存储于中华人民共和国境内的数据。（第36条）	
数据出口管制制度	国家对与维护国家安全和利益、履行国际义务相关的属于管制物项的数据依法实施出口管制。（第25条）	
反歧视制度	任何国家或者地区在与数据和数据开发利用技术等有关的投资、贸易等方面对中华人民共和国采取歧视性的禁止、限制或者其他类似措施的，中华人民共和国可以根据实际情况对该国家或者地区对等采取措施。（第26条）	

2023年第一季度我国数据安全政策法规

名称	发布时间	发布单位	概述/要求
国家政策			
《关于促进数据安全产业发展的指导意见》	2023年1月3日	工业和信息化部等十六部门	明确了数据安全产业发展的指导思想和基本原则，提出了至2025年、2035年分别需要实现的发展目标，并基于此确定了七大重点任务：提升产业创新能力、壮大数据安全服务、推进标准体系建设、推广技术产品应用、构建繁荣产业生态、强化人才供给保障、深化国际交流合作。
《互联网信息服务深度合成管理规定》	2023年1月10日	国家互联网信息办公室、工业和信息化部、公安部	旨在加强互联网信息服务深度合成管理，弘扬社会主义核心价值观，维护国家安全和社会公共利益，保护公民、法人和其他组织的合法权益。
《关于进一步鼓励外商投资设立研发中心的若干措施》	2023年1月11日	商务部、科技部	在高效开展重要数据和个人信息出境安全评估方面提出：支持研发数据依法跨境流动；加强数据跨境安全管理，保障国家安全和社会公众利益，保护个人信息权益；高效开展重要数据和个人信息出境安全评估，促进研发数据安全有序自由流动。
《个人信息出境标准合同办法》	2023年2月3日	国家互联网信息办公室	旨在落实《个人信息保护法》的规定，保护个人信息权益，规范个人信息出境活动。
《数字中国建设整体布局规划》	2023年2月27日	中共中央国务院	指出建设数字中国是数字时代推进中国式现代化的重要引擎，是构筑国家竞争新优势的有力支撑。加快数字中国建设，对全面建设社会主义现代化国家、全面推进中华民族伟大复兴具有重要意义和深远影响。
地方法规			
《临港新片区国际数据产业专项规划（2023—2025年）》	2023年1月5日	中国（上海）自由贸易试验区临港新片区管理委员会	结合临港新片区数字经济发展定位、产业布局、城市空间布局，提出了构筑数据要素支撑底座、打造数据产业承载区、构建繁荣有序市场生态、推进跨境数据流动服务、提升数据赋能产业价值五大主要任务。

续表

名称	发布时间	发布单位	概述/要求
《福建省数字政府改革和建设总体方案》	2023年1月10日	福建省人民政府	旨在为深入贯彻落实党的二十大精神，认真落实党中央、国务院关于加强数字政府建设的重大决策部署，加快建设整体协同、高效运行的数字政府，推进政府治理体系和治理能力现代化。
《上海市信息基础设施管理办法》	2023年1月19日	上海市人民政府	旨在规范和推进本市信息基础设施建设和管理，保障信息基础设施安全，推动经济、生活、治理全面数字化转型。
《2023年河南省数字经济发展工作方案》	2023年1月25日	河南省发展改革委	提出实施智能制造引领工程。加快5G、人工智能、数字孪生等数字技术与制造业深度融合，推动有色、化工等重点产业智能化改造，新建150个左右智能工厂，遴选一批智能制造标杆企业、优秀场景，争创国家级数字化转型促进中心。
《西藏自治区网络信息安全管理条例》	2023年2月1日	西藏自治区第十一届人民代表大会常务委员会	旨在维护国家安全和社会公共利益，反对分裂，促进民族团结进步，保障网络信息安全，保护公民、法人和其他组织的合法权益。
《山东省数字政府建设实施方案》	2023年2月3日	山东省政府	明确要健全数据管理机制，加快构建标准统一、管理协同、安全可靠的全省一体化政务大数据体系。着力深化数据创新应用，全区域、全领域打造数据创新应用场景。全面强化数字政府安全管理责任，加强关键信息基础设施安全保障，强化安全技术防护，提高自主可控水平，加快构建"责任明晰、安全可控、能力完备、协同高效"的网络安全体系，切实筑牢安全防线。
《关于支持信息服务业稳进提质的实施意见》	2023年2月14日	浙江省数字经济发展领导小组办公室	提出加强数据安全技术研究与应用，探索有利于数据安全保护、有效利用、合规流通的产权制度和市场体系，完善数据要素市场体制机制。

续表

名称	发布时间	发布单位	概述/要求
《"数字政府2.0"建设落实"实体经济为本,制造业当家"工作若干措施》	2023年2月16日	广东省政务服务数据管理局出台	围绕优化营商环境、赋能实体经济提质增效、促进数据产业发展、培育数字政府产业生态、推动信创产业高质量发展、推进数字政府网络安全产业发展、营造服务实体经济良好环境等七个方面提出工作措施。
《新疆维吾尔自治区公共数据管理办法(试行)》	2023年2月17日	新疆维吾尔自治区人民政府办公厅	提到公共数据主管部门应按照"一数一源一标准"的要求,明确公共数据的数源部门。自治区公共数据主管部门负责组织建立公共数据安全管理制度,制定公共数据安全等级分类分级保护措施,按照国家、自治区规定定期对公共数据共享和开放数据库采用加密方式进行本地及异地备份,指导、督促公共数据采集、使用、管理全过程的安全保障工作,定期开展公共数据风险评估和安全审查。
《深圳市数据交易管理暂行办法》	2023年3月1日	深圳市发改委	明确要着力建立合规高效、安全可控的数据可信流通体系;建立数据来源可确认、使用范围可界定、流通过程可追溯、安全风险可防范的数据交易服务环境;在保证数据安全、公共利益及数据来源合法的前提下,市场主体按照不同情形,依法享有数据资源持有权、数据加工使用权和数据产品经营权等权利。
《云南省数字政府建设总体方案》	2023年3月2日	云南省人民政府	提出数字政府技术架构包括"四横三纵"七大体系。"四横"即业务应用体系、共性应用支撑体系、数据资源体系、基础设施体系,"三纵"即安全保障体系、制度标准体系、运行维护体系。
《上海市公共数据共享实施办法(试行)》	2023年3月2日	上海市	旨在进一步完善数据管理制度体系、深化公共数据规范治理和共享应用。

续表

名称	发布时间	发布单位	概述/要求
《郑州市政务数据安全管理实施细则》	2023年3月2日	郑州市人民政府	旨在加强政务数据安全管理，建立健全政务数据安全保障体系，预防政务数据安全事件发生。
《深圳市数据商和数据流通交易第三方服务机构管理暂行办法》	2023年3月10日	深圳市发改委	明确数据商应当对交易标的进行严格审查，确保其来源合法、内容真实、质量可靠。涉及跨境交易向境外提供交易标的，应当符合国家数据出境安全管理规定。数据商应当采取安全保护管理措施，设立安全管理部门，建立健全数据安全分类分级管理、员工访问权限管理、供应商资质管理和内部审计等制度，定期开展安全教育培训。
《武汉市数字经济促进条例（草案征求意见稿）》	2023年3月13日	武汉市经济和信息化局	旨在突破性发展数字经济，推动数字技术和实体经济深度融合，加快经济社会高质量发展，加速城市数字化转型，同时实现促进发展和监管规范。
《关于推动北京互联网3.0产业创新发展的工作方案（2023—2025年）》	2023年3月17日	北京市科学技术委员会、中关村科技园区管理委员会、北京市经济和信息化局	旨在紧抓新一轮科技创新和产业变革机遇，推动北京互联网3.0产业创新发展。针对互联网3.0监管，提出聚焦互联网3.0内容监管、数据安全、隐私保护、身份可信、资产确权等，加强监管机制和监管模式探索。

（2）组织管理体系——数据流通、交易安全治理体系

"数据二十条"结合当前数据要素市场发展总体趋势和要求，从安全与发展、法治与行业自治、政府监管与市场自律等方面出发，明确了数据要素安全治理的制度规则、管理标准与创新机制。

• 政府主体：建立监管机制

政府作为数据安全治理的首要主体，在数据安全监督管理方面发挥关键作用，"数据二十条"坚持统筹安全与发展，从守住国家、企业、个人数据的安全底线出发，提出数据流通监管思路。监管制度方面，建立全流程行业

监管机制。"数据二十条"强调，建立数据要素流通使用全过程的合规公证、安全审查、算法审查、监测预警等机制。一是积极采取溯源存证、模型审查、可信计算监控等具有安全性、证明力、时效性的合规公证服务，充分保障用户合法权益。二是建立健全算法审查机制，对算法的正确性、稳定性、应用合理性、数据合规性等方面进行审核。三是建立健全风险威胁监测预警和应急处置机制，加强安全信息共享，保障国家安全、公共利益、个人和组织合法权益，营造规范有序的数据要素市场生态。

- 企业主体：压实责任，积极参与

企业是数据安全治理的关键主体，发挥着企业级和行业级数据安全软硬件条件建设和维护、数据安全监测和数据安全技术研发等基础作用。一是加强企业自律意识。数据流通交易声明和承诺制是数据使用权方面的制度创新。声明书是对自身利益的维护，承诺书是保证他人的利益，数据流通交易过程中，企业应就数据流通交易环节有关事项或问题向社会表明自己权利、立场、态度。通过签订具有法律约束效力的承诺责任书，实现企业的自我约束，违反承诺责任将依法依规受到经济和行政处罚。二是增强企业社会责任。"数据二十条"指出，数据登记及披露制度是一项数据透明机制，旨在弱化数据寡头对数据的掌控权，增强数据生成者（即用户）和数据监管者对数据的控制权。数据登记要求将数据载入指定正式记录，将数据来源、提供者、权利人、使用期限、使用次数、使用限制、安全等级、保密要求等作为事实确认下来，并赋予唯一标识，用以证明该数据的身份。通过建立数据登记及披露制度，能够有效提高数据流通效率，打破"数据垄断"，促进公平竞争。

- 社会主体：强化多元协同

加强数据交易市场安全监督和保障，应建立完善企业、行业协会等社会组织多元参与、有效协同的数据安全多元共治格局。一是充分发挥行业协会等社会组织力量。社会组织是数据安全治理的重要参与方，要充分行业协会、数据业务专业机构、新型科研服务机构在合规评估、质量评估、资产评估、登记备案、智能撮合中的重要作用。二是建立数据要素市场信用体系。充分发挥行业协会作用，引导互联网企业间加强对严重违法失信名单等相关信用评价互通、互联、互认，推动平台企业对网络经营者违法行为实施联防联控，推动管理部门和行业协会设立争议解决机制。三是加强数据交易标准建设。积极推动政府和市场主体参与数据要素管理相关标准规范贯标工作，建立健全数据交易安全标准规范和安全制度体系，完善数据安全领域合规、安全审计、风险评估、质量评估等标准建设。

3.数据安全治理重难点

数据安全是数据要素流通交易的底线。贯彻落实总体国家安全观，守住数据安全是数据要素流通交易的红线和底线，是开展数据流通交易的首要条件。打造安全可信数据要素市场环境应当成为数据要素市场培育的优先任务。"数据二十条"从全流程治理与创新监管机制等方面入手，提出底线可守的数据要素安全治理制度。

监管方面，统筹各相关部门的治理授权和责任，落实数据从产生、使用到流转全生命周期中各环节责任主体，强化分行业和跨行业协同监管，完善追责机制等配套制度。机制方面，在开展数据要素流通交易、跨境传输、争议解决等立法研究的基础上，建立数据流通交易负面清单制度，明确不能交易或严格限制交易的数据项，推动形成有规可循、安全可控的数据流通交易机制。

（1）立法机制层面——完善制度设计

一是推动完善适用于不同主体多元共治的治理体系，明确不同类型数据的权责主体，完善数据不同场景的使用规则和法律法规，对于不适于流通交易的数据，制定完善的开放和保密准则。二是建立健全数据交易安全标准规范和安全制度体系，制定数据隐私保护和安全审查制度，加强对政务数据、企业商业秘密和个人数据的隐私与安全保护。三是完善平台类企业数据管理制度，制定平台企业在数据迁移、交易和处置等方面的制度规则，营造规范有序、包容审慎的数据要素生态体系。

（2）组织管理层面——鼓励多方协同

坚持以人民为中心的发展思想，充分发挥、企业、社会组织各参与主体的积极性、主动性。政府应从完善法律法规、优化制度设计入手，通过媒体和社会组织对特定行业、产品和服务的数据安全治理状况实施社会监督，督促企业在开发数据产品和服务时提升数据安全意识，依据法律法规和行业数据标准及时提升数据安全防护能力。企业应积极承担社会责任，在数据安全基础设施建设、日常管理、技术研发等方面积极发挥作用，走好数据安全治理的"最后一公里"。社会组织作为生态体系中的重要一环，应在合规公证、安全审计、算法审查、监测预警、风险评估和人才培养等方面发挥作用。

（3）技术风险层面——强化技术创新

破解数据流通交易的中数据安全问题，要充分应用区块链、隐私计算等技术，从隐私保护技术、安防监管方面进行化解。一是利用区块链、隐私计算等新型技术实现数据"可用不可见"，有效管控数据计算价值使用的目的和方式，实现数据使用的事前评估和持续监督相结合、风险自评估与安全监督相结合，保障数据使用的安全与合法，破解数据滥用、隐私泄露、用户歧视等问题。二是改进提高监管技术和手段，依托大数据技术建立健全违法线索线上发现、流转、调查处理等机制，提升分析预警、线上执法、信息公示等监管能力。同时，鼓励条件成熟的地区开展试点创新，以点带面提高数据交易流通安全保障能力。

（三）总结

进入数字时代数据资产价值越发明显，数据安全事关国家安全、经济安全、政治安全、社会稳定。我国立法实践中已经构建起了数据法律保护的总体框架，但仍存在规制价值冲突、法律保护倾向原则化、行政监管不到位等问题。欧盟则以安全价值、个人权利至上为导向。我国应理性借鉴欧盟数据安全法律规制经验，结合基本国情，将安全价值和公共利益作为重要数据法律规制的价值导向，细化数据分类分级制度、构建安全标准体系、加强重要数据审查等。同时，在行政监管方面，应逐渐从政府公权力介入为主导过渡到行业自律，以实现数据法律保护有效治理。

七、小结与展望

数据要素的价值实现，为数字经济深化发展提供原驱动力，加快培育安全高效的数据要素市场，有利于进一步挖掘数据要素潜在价值。本部分围绕数据交易、数据跨境、数据开放和数据安全四大核心问题，聚焦当前数据要素中"权属不清""难以定价""交易机制不完善""数据孤岛""数据割据""数据泄露""个人信息保护空失""数据开放边界模糊""交易监管"等严重制约数据要素市场化配置的各项因素，就其中难点和可能解决方向进行梳理和分析，借鉴已有经验，参考实际国情，结合市场发展需求，从以下几个方面探索成熟数据要素市场良性发展的可能：

（一）完善数据要素市场化配置环境

数据交易往往直面数据要素市场化配置的前置性问题——随着数据权逐渐被确定，分类分级确权授权的政策方向逐渐明晰，围绕数据交易确权的讨论将会进入"三权分置"的新阶段，建立公共数据、企业数据、个人数据的分类分级确权授权制度。此外，尽管对数据定价难问题已成共识，但理论和实践都在积极探索相应的动态定价机制和多层次、多场景定价规则，部分参与数据市场交易的企业主体也在尝试制定数据交易指导定价机制，为数据资产化、商业化提供经验。针对数据要素市场运营，厘清数据是什么，哪些数据可以进入市场，如何进入市场，在一定程度上可以改善当前数据交易乱象，便于尽快制定全面有效的市场交易规则。进一步，数字要素市场化配置必须增强多元主体协同配合，公权力监管、市场调配、企业施力、个人意识，补齐经济发展缺漏。尽管发展方向明确，目前数据交易仍需要在多方面狠下功夫，从立法着手，相应的法律法规还留有空白，"数据二十条"当前也仅作政策引导作用，必须加快出台数据要素市场化配置配套法律法规，从国家层面规范交易市场；其次，"三权分置"下的数据权可能面临新的风险，需要针对三权保护加强制度设计，尤其发生数据产权纠纷时，如何运用法律手段保护等都将是数据产权新难题。在解决数据产权纠纷的实践中，逐步厘清数据资源、数据加工和数据产品界限;"持有权""使用权""经营权"与传统物权债权之区别等关键概念。

(二)确立系统性统一交易标准下分类分级制度

从数据交易到数据跨境,制约数据要素市场发展的一大重要因素在于缺乏统一的标准化的体系建设,使得各国各行各业"各自为政",难以真正推动数据的开发应用流通。当前各大数据交易平台交易规则和定价方式仍未统一,在数据交易量的基础材料未充足的情况下,难以通过市场法等方式给予合理的数据资产估值,各地政府的自主探索需要中央统一宏观调控,制定统一交易规则和定价方式迫在眉睫,国家统一数据要素大市场、大数据交易平台建立,推进交易场所合规性审查等手段将有助于健全数据流转机制。在同一标准之下,也要针对数据用途、类型、内容和敏感程度不同制定相应的分类开放原则,充分认识到数据要素市场化配置的复杂性和多变性。

数据跨境流动必将成为数字全球化发展的重要增长点,各国、各地区在风险评估、数据保护力度、安全防范等方面程度有高低,关注有侧重,但仍然可以借鉴先进经验,加深国际交流与合作,就数据跨境流通领域进一步细化,在个人信息保护、企业合同合规、数据安全评估等具体领域逐步达成共识,不断提升我国数据跨境流通政策和法律质量,建立全面可行的标准化评估机制和监管标准。在具体实践层面,针对各类数据加快制定分类分级安全保护制度,充分发挥中国"数字大国"的引领作用,在国际舞台上展现本国数字经济发展实力和潜力,筑牢与他国数据跨境过程中的安全堡垒,探索独立自主发展的数据跨境交流之路,提升本国数字经济竞争力。

(三)严格落实权益保护,把关数据安全

数据交易、数据开放、数据跨境的大力发展归根结底需要数据安全支撑。当前针对公共数据开放顾虑和风险,亟待法规政策强化保障,尤其对可能侵害个人信息保护、隐私权以及企业数据商密等相关领域,更需要法律法规提供救济途径。各地政府也要提高自身重视程度和监管水平,在数据收集、

使用、开放的各环节各领域落实监管义务，不定期对数据利用主体进行审视督察。下一步，完善数据开放正面清单和负面清单，明确各类具体场景化数据使用效果，对负面清单精准打击，确保数据开放安全。

针对数据安全风险，我国目前已形成一套以《网络安全法》《数据安全法》《个人信息保护法》法律组合拳，同时就数据跨境具体领域，还制定了《数据出境安全评估方法》保障数据跨境流动，可以说相应的法律法规较为完善。不过随着国家之间数字经济互联互通日益完善密集，越来越多的新问题也随之暴露，我国要逐步对接国际数据流动标准和机制，建立跨境数据流动的安全检查和评估体系，强化数据出境安全审查力度，确保国家在大力发展数据跨境流动的同时避免国家安全利益遭到损害。

（四）技术革新以保障数据质量和明确开放边界

小到数据交易中的数据材料质量、各类数据开放边界，大到数据跨境流动可否实现、数据安全加密可靠与否，都依赖于当前数据处理技术的发展。目前，针对通过技术对数据进行匿名化处理、删除敏感个人数据是数据进行交易、开放的前提，亦有反对声音指出数据不可能完全实现脱敏、脱密，只要有相应的技术就可以恢复，加之个人数据、企业数据边界不清，许多场景下各类数据交织，呈现出"你中有我、我中有你"的特征，技术困境制约数据处理清洗的质量，进而影响整体市场交易水平。对此，现阶段困境将持续存在，在技术未能发展到相应需求水平之前，一方面必须加大技术创新投入力度，另一方面加强监管保障和拓宽救济途径，为数字技术发展争取尽可能多的时间和空间。

国家对于数据安全与发展的总体规划中明确强调要加强数据开发利用和安全技术研究，解决数据安全保护问题。区块链、隐私计算等新型技术持续发展，为数据使用提供进入市场的技术保障，坚持个人信息保护和隐私权保护为前提，在存储、流通、使用、开放等各阶段数据平台必须提高技术门槛，确保将数据安全风险降到最低。下一步，鼓励国家大力投入培育高精数字技术人才、各企业主体发挥自身优势生产数字技术产品服务，依托大数据平台增强监管力度促进知识产权保护，加速数据要素市场构建。

"正其末者端其本，善其后者慎其先"，着力发展数字经济，实现数据价值化，完善数据要素市场化配置，必须从源头出发，牢牢把握数据交易、数据跨境、数据开放和数据安全的重点难点，最大限度发挥新一代数字信息技术产能效能，为提高社会配置水平和配置效率，实现"数字强国"建设目标保驾护航。

第三部分

开源：法律治理与生态构建

第三部分 开源：法律治理与生态构建

一、引言

开源（Open Source）[①]进入中国已三十余年，从学习吸收到参与，再到发展至今，已经为实现自主发展奠定扎实了良好基础，具备进入世界开源领跑者行列的条件，翻开了开源中国发展新篇章。近年来，我国"十四五"规划与《知识产权强国建设纲要（2021—2035年）》中明确了开源相关法律与知识产权体系建设，积极引导、规范开源生态构建。支持开源芯片发展和推动开源生态建设的提案议案是2022年第十三届全国人民代表大会第五次会议上的重要动员提案。开源的渗透率不断加深，我国开源生态蔚然成风。

就目前而言，我国开源生态已具雏形，如何规范开源的应用和开源生态的构建、在智力成果和创作自由中寻求利益平衡，并借此助力开源或开放平台为千行百业赋能，为中国技术发展保驾护航，是当下值得关注的问题。

本报告以当下互联网平台的开源行为和开源法律问题为观察对象，首先对开源软件的发展现状和战略定位作整体介绍，呈现我国开源生态的基本情况；其次，从"开源的著作权侵权判定""开源与商业秘密保护""开源生态治理与中国开源之路"三个角度进行重点观察，梳理学术研究、司法观点和法律政策，探讨我国互联网开源的法律治理和生态构建，积极借鉴国外成熟经验，探索对应的解决方向和发展策略，在知识产权保护与利益共享之间寻找平衡，稳妥推进技术和信息互联互通、蓬勃发展蓝图的实现。

需要特别说明的是，本部分围绕互联网平台相关的开源法律问题展开研究，因此，本报告中提到的"开源"主要包括开源软件、开源项目、开源社

[①] 开源（也称"开放源代码"）一般包含开源软件、开源硬件、开源生态、开源技术、开源社区、开源经济、开源商业模式、开源理念、开源文化、开源教育、开源许可证、开源基金会、开源孵化器、开源数字化治理体系、开源标准等，本报告主要围绕开源软件、开源社区和开源生态进行论述。

区和开放平台。①

二、整体观察

开源是将源代码、设计文档或其他创作内容开放共享的一种技术开发和发行模式，是促进信息技术创新的重要途径。过去三十年，以开放源代码为代表的技术领域内的开源，成为全球科技创新的强大推动力。开源因其"开放、共享、协同+商业模式"的新型生产方式②与"自由"的传播形式，也被誉为人类超大规模智力协同的最佳组织方式之一。

（一）开源在我国的发展现状与战略定位

开源事业的开拓离不开我国软件产业的发展。根据《2022年软件和信息技术服务业统计公报》，我国软件业务收入跃上10万亿元台阶，营利能力保持稳定，软件出口业务保持增长。③其中基础软件本身的开发难度大、后期维护迭代成本高，但是得益于具有开放式协作特点的开源，开发流程更为敏捷，业务需求和变化能快速得到响应。因此，软件中的开源行为往往集中在基础软件，如操作系统、数据库等。

一般来说，软件开源需要经历三个阶段：（1）发行阶段，软件的原作者（个人/企业）在开源社区中发布开源项目的同时会公开可理解与运用的源代码或提供简便的获取源代码的方式；（2）衍生阶段，二次开发者和使用者可自由地获取源代码并对其复制、运行、修改或进行其他衍生工作，但必须遵

---

① 开放平台包含两种含义：第一种是简单的技术性的接口的开放，即软件系统通过公开其应用程序编程接口（API）或函数（function）来使外部的程序可以增加该软件系统的功能或使用该软件系统的资源；第二种是开放了源代码的平台，如Android操作系统，此处指后者。

② 参见《2022中国开源发展蓝皮书》，https://copu.gitcode.host/copu/2022/1/，最后访问时间：2024年6月27日。

③ 参见《2022年软件和信息技术服务业统计公报》，载中国开源软件推进联盟网站，https://www.miit.gov.cn/jgsj/yxj/xxfb/art/2023/art_f1f73a658e3a405eaa99d638edf2983c.html，最后访问时间：2023年2月6日。

守开源软件所附许可协议的条款;(3)更新阶段,软件的原作者依旧是该软件的主要开发者,但二次开发者对软件代码所做的修改经过原作者的同意后可以用于更新原软件。

因此,对于原作者,即贡献软件源代码的企业和个人,在形成开源项目发起者为主、大规模开源代码贡献者为辅的联合开发模式下,通过共享资源、协同开发、管理代码等环节,开源以社会化协作的方式,提高了软件生产效率,提升了需求应对变化的能力。对于二次开发者即厂商或者科技爱好者,成熟的开源软件已然具备了成熟的市场和用户群体,在进行二次开发的过程中,不仅配套服务的成本较低,还能够借助这些产品的市场影响力快速获得用户和形成收入,也能借助开源软件自带的平台从事推广服务和市场渗透,能快速形成聚集效应,提升市场影响力。

中国多措并举,推动开源从20世纪90年代起的启蒙阶段发展至如今所处的加速阶段。

进入2022年,中国开源在新的发展时期迎来了新的发展面貌。第一,中国开发者人数大幅提升。以GitHub开源社区为例,中国开发者数量已超千万,仅2022年度新增的2050万用户中就有16%来自中国。[1]第二,供给侧和需求侧持续发力。根据《2022中国开源贡献度报告》,中国开发者主导的开源项目占到了全球12.5%。[2]其中,中国顶尖开源项目在前端、数据库、云原生、人工智能领域表现突出。中国开源创业企业在这一年获得了资本市场的高度认可,开源软件企业的场景服务能力大幅增强。"开源+云"也成为公认的开源商业化的一种最佳路径。[3]第三,中国开源社区已进入第三代开源协作模式。相比于第二代社区主要围绕一家公司的特定产品所创设,第三代社区希望可以包含众多来源不同的开源项目,在社区的运营和管理上也更加

---

[1] 参见《GitHub全球用户破亿,中国开发者超千万,如今联合微软、OpenAI要求驳回AI版权诉讼》,载机器之心网站,https://www.jiqizhixin.com/articles/2023-01-30,最后访问时间:2023年2月4日。

[2] 参见《〈2022中国开源贡献度报告〉首次发布!》,载新视线网站,https://news.sina.com.cn/sx/2022-10-26/detail-imqqsmrp3836691.shtml,最后访问时间:2023年2月4日。

[3] 参见《2021开源十大热点发布,PingCAP提交开源新答卷》,载计世网,http://www.ccw.com.cn/industrydata/2022-01-28/23549.html,最后访问时间:2023年2月5日。

强调中立和平衡。第四，中国企业释放其参与国际顶级开源基金会的强烈信号。当前，中国开源也被上升为国家级战略，此举有望助推中国开源在世界上的影响力。以下是近年来国家针对有关开源事业发布的重要政策：

发布时间	发布单位	政策名称	关键内容
2021年12月27日	国务院	《知识产权强国建设纲要和"十四五"规划实施年度推进计划》	Ⅰ研究制定信息技术开源知识产权合规标准、开源社区代码贡献规则标准等。 Ⅱ开展行业开源知识产权风险及合规问题研究。 Ⅲ加强行业开源知识产权合规评估与培训。
2021年12月27日	中央网络安全和信息化委员会	《"十四五"国家信息化规划》	对我国"十四五"时期信息化发展作出部署安排。
2021年12月12日	国务院	《"十四五"数字经济发展规划》	Ⅰ支持具有自主核心技术的开源社区、开源平台、开源项目发展。 Ⅱ鼓励开源社区、开发者平台等新型协作平台发展。 Ⅲ培育大中小企业和社会开发者开放协作的数字产业创新生态。
2021年11月15日	工业和信息化部	《"十四五"软件和信息技术服务业发展规划》	Ⅰ建设2—3个有国际影响力的开源社区、培育超过10个优质开源项目为发展目标。 Ⅱ设置"开源生态培育"为专项行动。
2021年11月15日	工业和信息化部	《"十四五"大数据产业发展规划》	Ⅰ关键核心技术取得突破，标准引领作用显著增强，形成一批优质大数据开源项目，存储、计算、传输等基础设施达到国际先进水平。 Ⅱ补齐关键技术短板，重点强化自主基础软硬件的底层支撑能力，推动自主开源框架、组件和工具的研发。 Ⅲ发展大数据开源社区，培育开源生态，全面提升技术攻关和市场培育能力。 Ⅳ促进前沿领域技术融合，推动大数据与人工智能、区块链、边缘计算等新一代信息技术集成创新。

续表

发布时间	发布单位	政策名称	关键内容
2021年10月20日	人民银行、中央网信办、工业和信息化部、银保监会、证监会	《关于规范金融业开源技术应用与发展的意见》	规范金融机构合理应用开源技术，提高应用水平和自主可控能力，促进开源技术健康可持续发展。
2021年10月9日	国务院	《"十四五"国家知识产权保护和运用规划》	Ⅰ健全大数据、人工智能、基因技术等新领域新业态知识产权保护制度。 Ⅱ研究构建数据知识产权保护规则。 Ⅲ完善开源知识产权和法律体系。
2021年9月10日	工业和信息化部、中央网络安全和信息化委员会办公室、科学技术部等八部门联合	《物联网新型基础设施建设三年行动计划（2021—2023年）》	Ⅰ鼓励龙头企业联合上下游企业组建物联网产业技术联盟。 Ⅱ探索"专利+标准+开源社区"发展模式，激发创新活力。 Ⅲ依托基金会、开源社区，聚集开发者和用户资源，共同打造成熟的开源产品和应用解决方案。
2021年9月22日	国务院	《知识产权强国建设纲要（2021—2035年）》	完善开源知识产权和法律体系。
2021年6月	工业和信息化部	《中央网络安全和信息化委员会办公室关于加快推动区块链技术应用和产业发展的指导意见》	Ⅰ加快建设区块链开源社区，围绕底层平台、应用开发框架、测试工具等，培育一批高质量开源项目。 Ⅱ完善区块链开源推进机制，广泛汇聚开发者和用户资源，大力推广成熟的开源产品和应用解决方案，打造良性互动的开源社区新生态。
2021年3月11日	国务院	《国民经济和社会发展第十四个五年规划和2035年远景规划纲要》	Ⅰ支持数字技术开源社区等创新联合体发展。 Ⅱ完善开源知识产权和法律体系。 Ⅲ鼓励企业开放软件源代码、硬件设计和应用服务。

（二）2022—2023年国内开源重点事件一览

1.国家政策助推中国开源生态发展

各省、各地区比照国家战略出台相应的细化举措，将国家战略落到实处，全力推动重点开源项目、开源社区的建设，稳步做强、做优、做大数字经济，推动实现数字经济发展新格局。

发布时间	发布单位	政策名称	关键内容
2023年1月31日	浙江省人民政府	《关于促进平台经济高质量发展的实施意见》	支持平台企业推进软件开源社区和生态联盟建设，带动一批中小软件企业融入开源。持续推进公共数据开放共享，建立规范有序、安全高效的公共数据开发利用机制。
2022年12月15日	浙江省发展和改革委员会、中共浙江省委网络安全和信息化委员会办公室、浙江省经济和信息化厅、浙江省科学技术厅、浙江省市场监督管理局	《浙江省元宇宙产业发展行动计划（2023—2025年）》	Ⅰ推动"元社区"全球开源。 Ⅱ布局一批海外技术转移网络节点和国际创新合作中心。 Ⅲ助力推动元宇宙全球产业和技术标准制定。 Ⅳ支持龙头企业联合行业协会、产业联盟牵头或参与制定国际互认的元宇宙生态规则。
2022年11月25日	北京市人民代表大会常务委员会	《北京市数字经济促进条例》	支持建设开源社区、开源平台和开源项目等，鼓励软件、硬件的开放创新发展，推动创新资源共建共享。
2022年11月25日	深圳市人民政府	《深圳市推动软件产业高质量发展的若干措施》	Ⅰ支持软件企业或相关机构建设开源社区、开源代码安全检测平台、软件测评中心、商用密码产品检测中心、人工智能开放创新平台、新技术验证中心等公共技术服务平台，配置基本求解算法库、组件库、通用模型库等资源并实现开放共享。 Ⅱ对符合条件的新建平台，按不超过项目审定总投入的50%，给予最高不超过2000万元资助；对符合条件的已建平台，按其上一年度审定运营费用的20%—40%，给予最高不超过500万元资助。

续表

发布时间	发布单位	政策名称	关键内容
2022年11月25日	深圳市人民政府	《深圳市推动软件产业高质量发展的若干措施》	Ⅲ鼓励对国内重点开源社区关键技术贡献代码，对社区版本代码合入量排名前列的企业、事业单位予以最高不超过500万元奖励。 Ⅳ鼓励企业基于自主核心技术实施软件开源战略，对高可靠性、高利用率、高下载量的优质开源软件项目，给予开发企业最高不超过300万元的奖励。 Ⅴ支持开展"深圳市1024程序员节"系列品牌活动。 Ⅵ围绕软件开发及创新应用、开源生态培育、网络安全、工业互联网、人工智能等方面打造具有国际影响力的高端展会、论坛、大赛等。 Ⅶ鼓励开展开源大讲堂、开源竞赛、开源实践、开源国际交流等"开源进校园"活动。 Ⅷ对符合条件的以上活动，按不超过项目审定总投入的50%给予最高300万元资助。经国家部委、广东省及深圳市政府委托举办的活动，各级财政按有关标准和规定予以支持。
2022年10月24日	杭州市人民省政府	《关于印发杭州市推进软件和信息技术服务业高质量发展若干政策的通知》	Ⅰ支持链主企业、院校、研究机构联合建设涉及开源平台、开源社区、代码托管及开发测试、软件测试验证等领域的新型公共服务平台。 Ⅱ对符合条件的，按不超过项目审定总投入费用6%的标准，一次性给予平台建设方最高5000万元补助。 Ⅲ鼓励骨干软件企业面向操作系统、数据库、云计算、大数据、人工智能、区块链等领域发布基础性、前瞻性的自主技术开源项目。 Ⅳ支持基于上述开源项目的原创软件产品开发，每年评选不超过10个装机量大、贡献率高的优质原创软件产品，给予研发企业一次性最高100万元奖励。

续表

发布时间	发布单位	政策名称	关键内容
2022年9月24日	上海市人民政府	《上海打造未来产业创新高地发展壮大未来产业集群行动方案》	Ⅰ提出未来场景"开源计划",强调发布早期验证场景,研究未来技术可行性,加速"0—1"的创新突破。Ⅱ发布融合试验场景,支持企业和科研院所联合建设中试基地和验证平台,实施跨界融合示范工程,推动"1—100"产业加速孵化。Ⅲ发布综合推广场景,以大规模示范推动"100—100万"的爆发式增长,加速应用迭代与产业化。
2022年9月22日	上海市人民政府	《上海市促进人工智能产业发展条例》	市经济信息化部门应当支持相关主体建设、运营针对自主技术的开源平台、开源社区和开源项目等,推进开源软件项目合规应用,加速商业化培育,形成健康的开源开放生态。
2022年6月12日	上海市人民政府	《上海市数字经济发展"十四五"规划》	围绕软件和算法开源,打造形成一批独立自主、全球领先的开源生态产品,发展培育若干国内领先的特色开源产业集群。
2022年5月30日	北京市经济和信息化局	《北京市数字经济全产业链开放发展行动方案》	依托开放原子开源基金会、代码托管平台在京建设国际开源社区,吸引国内外开源项目与机构在京落地。
2023年1月31日	浙江省人民政府	《关于促进平台经济高质量发展的实施意见》	支持平台企业推进软件开源社区和生态联盟建设,带动一批中小软件企业融入开源。持续推进公共数据开放共享,建立规范有序、安全高效的公共数据开发利用机制。
2021年	北京市人民政府	《北京市关于加快建设全球数字经济标杆城市的实施方案》	探索建设国际化开源社区,支持搭建开源开放平台,培育具有国际竞争力的开源项目和产业生态。
2021年6月16日	浙江省经济和信息化厅	《浙江省数字经济发展"十四五"规划》	推进开源开放平台建设,加强云原生架构、关键算法资源、低代码工具等供给,培育具有国际竞争力的开源生态。

续表

发布时间	发布单位	政策名称	关键内容
2021年	广东省人民政府	《广东省人民政府关于加快数字化发展的意见》	Ⅰ 支持建设国际化的开源项目和开源社区，共享开源技术、软件代码、硬件设计、基础软件和开发工具。 Ⅱ 鼓励龙头企业围绕人工智能、区块链、先进计算等重点领域，构建开放、融合、具有引领发展能力的创新生态。

2.中国开源领域重点司法判例

（1）2022年6月21日，最高人民法院审理任某、信息公司侵害计算机软件著作权纠纷案。① 该案法院采信了当事人提出的在软件开发过程中将软件源代码上存至 GitHub 网站是保存副本的通常做法。而且就软件著作权的保护范围上再次强调软件开发思路等不受软件著作权保护，因此针对特定软件所著的技术性文章虽然公布了技术开发思想，但不构成对涉案软件发表权和信息网络传播权的侵害。

（2）2022年6月22日，最高人民法院审理咨询公司、信息技术公司侵害计算机软件著作权纠纷案。② 该案法院在判断是否构成侵权时就软件中文件内容、文件路径、文件名进行对比。并且根据涉案软件随附的最终用户授权许可协议支持了信息技术公司的主张，咨询公司在使用涉案软件后未保留版权标识侵害了涉案软件的署名权。

（3）2022年8月26日，上海知识产权法院审理信息公司、科技公司侵害计算机软件著作权纠纷案。③ 该案法院发现案涉软件中包含一部分开源软件，且开源许可证使用的是 MIT 许可协议。该协议要求使用人允许其他人从使用人处直接复制开源代码，除非使用人对开源代码进行实质性的二次修改并明文告知对二次修改的代码进行闭源处理的情况下，其他人才不得直接从其处

---

① 参见最高人民法院（2022）最高法知民终1246号民事判决书。
② 参见最高人民法院（2022）最高法知民终611号民事判决书。
③ 参见上海知识产权法院（2020）沪73知民初729号民事判决书。

复制代码。因此，在被告未违反协议的规定的衍生使用范围情况下，计算侵权赔偿数额时应剔除该部分开源源代码的价值。

（4）2022年9月26日，最高人民法院审理甲网络公司、乙网络公司侵害计算机软件著作权纠纷案。①该案法院在判断是否构成侵权时就涉案软件和被诉侵权软件的文件夹目录中的目录结构和文件夹名称进行对比，且明确认定开源软件的使用者也无权将软件随意在市场流通渠道中进行有偿分发。

（三）我国开源的机遇和挑战

中国企业积极拥抱开源，中国开源生态的发展已然呈现出欣欣向荣的态势，但随之而来的挑战也日趋严峻。主要体现在：

1. 开源产业人才基础日渐稳固，商业秘密问题越发凸显

中国科学院院士、CCF开源发展委员会主任王怀民教授表示，中国开源开发者数量及贡献度增长已成为全球最快。据世界上最大的代码托管平台GitHub预测，到2030年中国开发者有望成为全球最大的开发者群体。②此外，以开源爱好者和志愿者为主体的推广组织，如开源社、开源中国社区以及ALC（Apache Local Community）等组织，在推动国内的开源知识普及、开源文化推广均作出了巨大的积极贡献。但是，当前开源领域缺乏具有数字化思维、数字化技能、精通业务流程的专业型"数字化人才"，③培养方式不完善，急需出台配套的教学方案，从短、中、长期解决人才供给问题。

但随着人才的输入和流动，商业秘密问题日渐凸显，如开源代码泄露、用户信息泄露等，造成不可估量的损害。一般认为，开源软件的技术是由以开放源代码所表征的公开技术与不公开的工程化实现技术两个部分组成，工程化实

---

① 参见最高人民法院（2022）最高法知民终311号民事判决书。

② 参见中国计算机学会CCF：《王怀民：推动中国开源创新从参与融入蓄势引领|CCF开源说》，载"中国计算机学会"微信公众号，https://mp.weixin.qq.com/s?__biz=MjM5MTY5ODE4OQ==&mid=2651529776&idx=1&sn=ff56961888e5ef47e6e8d10a9d8b3e3d&chksm=bd4e1e528a399744ecc1418699a944226eedfdcaa732b5bf31bd83a8c81f64e3eda35a9597bf&scene=27，最后访问时间：2023年2月6日。

③ 参见《走向全民开发，低代码重塑企业数字化生产力|爱分析报告》，载51CTO网站，https://www.51cto.com/article/706795.html，最后访问时间：2023年2月6日。

现技术又表现为技术诀窍、熟练技巧、工程经验、隐性技术、测试分析，其侧重点在于提高操作稳定性、优化计算效率、增强灵活扩展性、提高产品质量、催化产品成熟度。因此，尽管源代码是向使用者公开的，某些工程化实现技术仍满足"不为公众所知悉"的条件，如开源软件使用者从非正常渠道获得此类未公开的技术或相关源代码，如同样具有侵犯商业秘密的可能性。

2. 开源技术应用领域日益广泛，知识产权风险增加

由于中国具备全球最完善的电子工业产业链，开源技术本地化是一个明显的趋势。这有利于帮助开源技术在中国市场找到载体落地最终销往全球，也有利于降低开源在中国产业生态内的应用和产业化门槛，并加速产业化进度。当前，制造、工业及机器人，医疗、健康及生命科学，互联网及移动应用，能源及清洁技术等行业应用开源代码的比例都达到了80%以上。[①]开源帮助企业对持续变化的业务需求快速响应，因此即便是传统行业也积极拥抱开源、引入开源。

然而，开源以"公开"和"共享"为核心理念，在为技术发展注入活力的同时，也带来了技术风险、法律风险和供应链风险三重挑战，其中本文着重要讨论的是在法律及知识产权视域下的开源风险治理与防范。例如，由于企业、政府和公众的著作权意识较为薄弱，软件行业维权取证难、维权成本高、侵权容易且处罚低等特点，侵权人一开始就抱着不劳而获的想法恶意盗版开源项目，而真正的开发者在面对盗版软件时却难以有效维权。该现象如果不加以规制，将会对我国开源软件生态造成极大的损害。

3. 开源生态逐渐成形，开源战略意识仍需加强

中国大型企业的CIO和其他IT决策者意识到，利用开源除了能节省直接开发成本外，新的产品能够更快地打入市场，开放的源代码也更容易获得顾

---

① 参见《新"全球化"趋势下的开源生态共建》，载中国人工智能学会网站，https://gotc.oschina.net/uploads/files/1_%E8%82%96%E7%84%B6%20-%20%E6%96%B0%E2%80%9C%E5%85%A8%E7%90%83%E5%8C%96%E2%80%9D%20%E8%B6%8B%E5%8A%BF%E4%B8%8B%E7%9A%84%E5%BC%80%E6%BA%90%E7%94%9F%E6%80%81%E5%85%B1%E5%BB%BA%20V1.0.pdf，最后访问时间：2024年2月6日。

客的了解和信任。尤其是在市场中既有竞品是闭源软件的情况下，开源的基础软件更容易建立上层生态，从而从生态而非软件本身来构建市场壁垒，帮助实现对既有产品的"弯道超车"。因此，企业陆续制定开源战略，通过设立开源部门由内向外推进开源。

但是，在2022年全球经济陷入低谷期的大背景下，IT企业人事变动频率变快。这很有可能加剧中国企业对未来是否在软件成熟期继续选择深耕开源事业的忧虑。

三、重点观察之一：开源软件的著作权侵权判定

（一）开源软件与著作权

1. 开源软件著作权的特殊性

当前，学界对于开源软件是否受著作权法保护存有分歧。[①]卢伟洪认为，从技术层面看，开源软件与传统软件无任何差别。讨论开源软件是否受著作权法保护，应从传统软件是否受著作权法保护入手。而汤建辉则从软件的内在技术性和外在工具性角度进行论证，如软件的研发思路、技术秘密与著作权法的保障范围是相冲突的，否定著作权法对软件的保护[②]。

当前，中国并未有专门针对计算机软件而制订的法律规范，因此开源软件依然受《著作权法》和《计算机软件保护条例》等法律法规调整。著作权保护软件优势主要有三方面：著作权保护为国际主流，便于与世界接轨；与专利权相比，著作权保护方便、成本低；著作权保护可以解决软件复制成本低引发的侵权问题，有效遏制盗版行为。著作权保护软件也有劣势，主要有两方面：计算机软件的功能技术、开发思想等可能无法得到有效保护；保护期长，难以符合实际需求。[③]

---

① 参见王婧潼：《开源软件的著作权保护研究》，载《法制与经济》2018年第9期。
② 参见汤建辉：《著作权法保护软件的质疑与对策》，载《湖北经济学院学报（人文社会科学版）》2006年第10期。
③ 参见刘彬彬：《开源许可协议的法律问题研究》，兰州大学2020年硕士学位论文。

就开源软件的著作权性质而言，目前学术界中，部分观点认为开源软件是合作作品。①《著作权法》第14条明确规定，"两人以上合作创作的作品，著作权由合作作者共同享有"。合作作品是指两个或两个以上的个人、法人、其他组织或其他组织共同创作的作品，这种情况下，"两人以上合作创作的作品，著作权由合作作者共同享有"。另外，"中途"的创作过程中，"中途"的所有参与者都是合作者。②

而在实际应用中，大部分的开源软件源码分散，除非是商业模式下的公司运作，个人参与的源码很难单独发布。开源软件的开发过程经过从项目的提出、项目的确立、项目的发布再到最后的项目的后续开发、测试与维护，开发者与开源社区的志愿者之间、开源社区的志愿者们之间都会共同为开源软件项目贡献自己的知识，提出项目中出现的问题。开发者们有共同开发软件的行为因为在开源项目中，项目的发起者、核心开发团队成员和开源社区志愿者均参与了软件的创作都贡献了自己的智慧，开发的成果最终被汇集。比较难以认定的是上述开发者之间是否达成了合作创作的合意。此外，由于开源软件的作者构成十分复杂，如果程序员们来自不同国家，一旦发生法律纠纷，就必然涉及法律适用问题；如果程序员们年龄跨度大，又涉及民事行为能力的认定冲突。多种原因导致开源软件作为合作组品其权利来源的合法性处在不确定的状态。

著作权人在寻求软件著作权保护时，侵权者往往会对权利归属方面的问题提出异议，或提出"该软件为合作作品、著作权人无权单独诉讼维权"此类抗辩理由。在司法实践中，也难以举证证明这些程序员有共同的创作合意并贡献了具有独创性的代码，是否将其认定为合作作品存在较大争议。因此，在"甲网络公司、乙网络公司等侵害计算机软件著作权纠纷案"③中，被告提出的第一个抗辩理由涉及如何确定涉案应用软件的著作权归属问题。而原告

---

① 参见周诗魁：《开源软件著作权保护研究》，山东大学2021年硕士学位论文。
② 参见卢海君：《合作作品的构成——以我国著作权法第13条的修订为背景》，载《知识产权》2009年第6期。
③ 参见广州知识产权法院（2019）粤73知民初207号民事判决书。

则认为,这一过程需要双方共同的意愿和行动,以确保涉案软件的完整性。因此,被告提出的第一个抗辩原因既涉及原告的民事诉讼主体资格问题,也涉及涉案软件的著作权归属问题,认为其他参与者仅是单独修订代码,而未能与项目管理者达成协议,从而影响了最终的结果。

开源软件的开放性决定了其源代码来源的复杂性、分散性。一个大型的开源项目,其代码来自不同作者,作者之间甚至毫无联系,不过仅是遵照开源软件许可证的要求,修改原始代码并再发布罢了。整个开源软件开发过程很可能都是由作者们自发完成,而非像商业软件那般有组织、有计划地推进。开源软件源码的分散来源结合开源软件许可证的多样性造成了其所有权的归属风险。

2. 开源许可协议的法律性质

经过开源软件几十年来的快速发展,已经产生了众多适用于不同开发模式的开源软件许可证。其中普遍应用的开源软件许可证主要有GPL、LGPL、BSD和MPL,这四种开源许可证已经应用于80%以上的开源软件。[①]

其中,GNU GPL(GNU General Public License,通用公共许可证),简称GPL。GPL许可证是一个非常经典的开源软件许可证。它源于开源软件之父理查德·斯托曼的GNU计划。发展至今,尽管GPL许可证的使用率逐年下降,但它仍然是应用最为广泛的开源软件许可证。著名的GPL自由软件包括Linux核心和GCC(the GNU Compiler Collection),一个应用于Linux系统下编程的编译器。"Copyleft"一词正是对应着著作权"copyright"而产生的,它是一种在现有著作权体制下的授权方式,要求使用者必须以相同的方式回馈至开源社区。即GPL许可证要求使用其再发布的软件,即便只使用了一部分代码,使用、修改、演绎发布软件全部都要遵循GPL许可证。这一特点被许多人称为GPL许可证的"病毒性""传染性",在GPL许可证下,使用者责任较重,违约涉赔偿可能性较大,[②]但同时许可证赋予了使用者多种权利,如

[①] 参见曲柳莺:《开源软件知识产权问题分析》,载《信息技术与标准化》2009年第6期。
[②] 参见马治国、朱建:《开放源代码软件通用公共许可证的法律性质》,载《科技进步与对策》2004年第11期。

对上游作品的使用、复制、修改、演绎、发行等自由权利。

若开源软件发布者单方面适用了某种开源软件许可协议，使用者一旦复制、使用了发布的源代码程序，就相当于同意了开源软件许可证条款，即双方意思表示一致。①因此，主流学术观点认为，开源软件许可证是一种合同，②是一种契约和授权方式，是用户合法使用软件作品的依据，用以约束双方当事人在处理开源软件作品和衍生作品等权属时的权利、义务和责任。

同时，诸多许可证之间，因各开源许可协议对用户的许可程度并不相同，应关注许可协议间的冲突，即兼容问题。③计算机软件许可协议条款繁杂、科学性高、理解困难大，开源许可协议是公开的、共享的协议，因此与传统的许可协议解释规则不同。对此，有学者认为，可采用双许可协议（软件版权人分别采用不同许可协议分发软件）的方式解决开源许可协议的兼容问题④；也有学者建议在此基础上协商方式解决，给予下游用户更大的自由，与此同时通过行业、政策、法规等途径建立标准化解释规则，避免由于开源许可协议解释规则的缺失而引发的许可协议兼容问题。⑤

（二）甲网络公司、乙网络公司等侵害计算机软件著作权纠纷案简析⑥

1. 甲网络公司、乙网络公司等侵害计算机软件著作权纠纷案案情简介

甲网络公司股东罗某将涉案应用软件源代码上传至GitHub网站，罗某在GPL V3开源许可协议下，另自行附加限制商业使用条款，随后罗某又将涉案软件转让至甲网络公司名下。乙网络公司研发的数款应用软件上传到多

---

① 参见陆首群：《开源软件知识产权的5个表现》，载《IT时代周刊》2006年第15期。
② 参见张平、马骁：《开源软件知识产权问题解析》，北京大学出版社2005年版，第41页。
③ 参见张平、马骁：《开源软件对知识产权制度的批判与兼容（二）——开源软件许可证的比较研究》，载《科技与法律》2004年第2期。
④ 参见谢旭熹：《开源软件版权保护与利益共享平衡机制分析》，载《现代商贸工业》2013年第6期。
⑤ 参见王婧潼：《开源软件的著作权保护研究》，载《法制与经济》2018年第9期。
⑥ 参见广州知识产权法院（2019）粤73知民初207号民事判决书。

个应用平台供用户下载,其开发的软件试用三十分钟后需支付会员费。甲网络公司指出,乙网络公司所开发软件中沙盒分身功能部分源代码与涉案应用软件相似,而且乙网络公司未公开源代码且收取会员费的行为,违反了GPL V3开源许可协议及其附加限制商业使用条款规定,涉嫌侵犯甲网络公司著作权,遂起诉至法院。

法院认为,根据Github网站规则,开源项目中拉取、同意等行为,表明贡献者和项目管理者具有合意,涉案软件显然属于合作作品的范畴,曾作为项目管理者的罗某贡献绝大多数的软件代码量且根据开源项目贡献者人数众多、遍布世界各地的客观情况,获得涉案软件著作权的甲网络公司提起诉讼并无不当;GPL V3开源许可协议合法有效,但罗某无权自行附加与GPL V3开源许可协议的"进一步的限制"相违背的限制商业使用条款,乙网络公司软件中收取的"会员费"为运营维护费用及技术支持费用,并不违背GPL V3开源许可协议;但甲网络公司与乙网络公司之间的GPL V3开源许可协议因玩友公司未按照该许可协议的要求公开全部源代码的违约行为而终止,在软件源代码相似的前提下,乙网络公司的行为属于侵权,应当承担相应的责任。

2.甲网络公司、乙网络公司等侵害计算机软件著作权纠纷案争议焦点分析

该案系关于开源代码软件著作权保护的案件,其争议焦点如下:第一,甲网络公司是否有权提起本案诉讼;第二,被诉侵权行为是否侵害甲网络公司的复制权、发行权和信息网络传播权;第三,若侵权成立,代收会员充值款项的另外三家公司应如何承担民事责任。本报告将提取部分问题作分析:

(1)开源软件著作权归属问题

法院指出,甲网络公司于2016年7月7日在Github官网上发布了涉案应用的初始版本源代码,这些代码的大部分由甲网络公司提供,构成了涉案应用软件的核心基础。此外,尽管涉及的软件属于合作作品,但由于无法确定所有权利人的基本信息,甲网络公司仍然可以通过开源的方式来保护涉案应用的知识产权,从而维护涉案应用的正常运行。如果甲网络公司想要对开源软件进行维权,就必须获得所有贡献者的授权,否则就无法提起诉讼。因此,甲网络公司拥有涉及该软件的著作权，可以自主地进行诉讼，而不需要其他贡献者的授权。

（2）著作权侵害问题

法院主要从GPL V3协议的角度，从三方面论述被告的行为是违约还是侵权：

①GPL V3协议的法律性质和效力

GPL V3是开源协议的一种，被授权人在获取软件源代码后，对源代码进行修改、再发布，但被授权人仍然需要确保其使用者也能够获得修改后的源代码，这也是GPL V3协议保持开源传染性的核心要求。GPL在开源软件许可协议中是最为严格的，规定了所有使用该开源代码的程序在再发布时，必须将其源代码以相同的许可协议再公开。只要其中有一部分适用了GPL V3协议发布，那么整个衍生作品都必须遵循协议而公开。

只有各方均信守开源授权许可协议中的条款，才能使软件源代码持续开源传播下去，保证公众能享受到开源软件带来的成果和便利。因此，法院认为在本案中适用GPL V3协议。对违反开源软件许可协议的行为存在违约和侵权救济两种方式，两者竞合，由双方自主决定。应原告诉求，法院应从甲网络公司主张的侵权角度评述乙网络公司的行为。

②甲网络公司是否有权在GPL V3协议中加入商业使用限制保留条款

涉案应用软件适用的GPL V3协议虽然是开源协议，但并不禁止商用，因此甲网络公司无权加入商业使用限制保留条款，也就是说乙网络公司可以商用。

③乙网络公司在收取被诉软件会员费和未提供被诉软件源代码下载的行为上，显然违反了GPL V3协议的规定

法院还认为，乙网络公司虽主张被诉侵权软件中只有沙盒分身使用了被诉部分源代码，但被诉侵权软件仍应遵循GPL V3协议向用户开放源代码下载，而乙网络公司并未向用户提供被诉侵权软件源代码下载已经违反GPL V3协议的规定，该行为将导致乙网络公司对涉案软件源代码的复制、发布行为，因失去了权利来源而构成侵权。

（3）"违约即侵权"

法院认为，乙网络公司违反了开源许可证，由此侵犯甲网络公司的著作权。

由于违反开源许可证的行为可能会形成侵权和违约的两种不同责任，因此准确地判断到底是以著作权法为基础提起侵权之诉还是以合同法为基础提起违约之诉，是开源软件著作权保护有关制度适用的前提。违约责任与侵权责任应择一承担，即如果违反了开源许可证的行为兼具侵权和违约的双重性质，该行为便会造成违约责任与侵权责任的竞合，此时应当由权利人在两种责任当中择一选择。在本案中，甲网络公司主张的侵权角度评述乙网络公司的被诉行为。乙网络公司因为未开放被诉侵权软件源代码的行为存在 GPL V3 开源许可协议第8条"终止授权"的情形，违反了协议约定，乙网络公司已失去了对涉案软件源代码的复制、发布行为的权利来源，故构成侵权。

事实上，乙网络公司的行为本身因违反 GPL V3 开源许可协议至少构成违约，视案件情况可能构成侵权。从"违约即侵权"反推，根据 GPL V3 开源许可协议的规定，如果被授权人不再违反 GPL V3 开源许可协议（如在本案中乙网络公司开放软件源代码），对软件的权利来源将恢复，自然也不构成侵权，此审判逻辑有利于约束被授权人对于软件的使用，并不违背开源精神。

此外，判断违约行为是否具有侵权性质时，也要注意开源许可证的类型，因为不同许可证在授权内容上是有差距的。例如，某程序员在对 Apache 许可证下发布的开源软件的源代码修改后再进行发布时，没有将修改过的代码一一注明。而 Apache 许可证明确要求被许可人将软件再发布时需要对每一个修改之处加以申明，否则该修改、发布行为就属于违约的行为，继而可能因为失去权利来源而构成侵权。

3.开源软件侵权判定思路浅析

本案提供了针对开源代码知识产权纠纷案件的基本审判思路如下：

首先，判断涉案开源软件的著作权归属。本案中，甲网络公司对该开源代码提供了贡献，享有该开源代码的著作权，且基于开源合作作品的特点，取得其他合作者授权再起诉将影响社会效率，因此甲网络公司可以成为适格原告。

其次，根据涉案代码是否遵守著作权权利人声明的开源代码协议，判断是否违约。本案中，乙网络公司违反 GPL V3 协议，未提交源代码下载，因此构成合同违约行为，失去使用上游开源代码的权利来源。

再次，由于失去著作权权利来源，被告使用行为构成侵权。

最后，基于著作权权利人的主张，确定被告应承担合同违约责任还是侵犯著作权的侵权责任。在该案中，必须注意的是，侵权和违约处于一种竞合的状态，只能是二选一：如果是违约的话，违约方应当履行 GPL V3 协议，根据协议的"传染性"原则公开全部源代码，并至少应当公开被诉侵权软件中使用了涉案软件沙盒分身功能部分的源代码；如果是侵权，侵权方应承担侵犯著作权给著作权权利人造成的损失。一般而言，无论是对于违约或是侵权行为，当事人一般都会要求违约或侵权方承担损害赔偿责任。

开源软件许可证主要起了规范开源软件开发、使用的作用，而著作权法的救济则起着震慑侵权人的作用，二者可谓是相辅相成。开源软件本质是一种计算机软件，而人们主要是利用著作权法对计算机软件进行保护，因此。而开源软件许可证通过许可授权的方式实现了自由、开放、共享、合作的开源理念。同时，著作权就成为计算机软件知识产权保护最基础性的权利，由于著作权救济的存在，被许可人不敢轻易地违反开源许可证，以免引发著作权侵权纠纷。①

（三）"违约即侵权"司法观点的普适性评析

尽管本案"违约即侵权"的司法观点在法律适用上不一定具有一般性和普遍性，但为探讨开源软件的违约和侵权关系提供了空间。

就上述案例来看，"违约即侵权"的判断具有合理性。被授权人使用了开源代码而不履行协议规定的使用条件，其授权因满足解除条件而自动终止，

---

① 参见周诗魁：《开源软件著作权保护研究》，山东大学2021年硕士学位论文。

故侵害了权利人的著作权而被认定为侵权,"违约即侵权"的认定对于加强知识产权保护、提升社会对开源协议重视程度具有积极意义。在违反开源许可协议的救济力度上,著作权侵权的救济力度往往大于合同违约的救济力度,软件著作权人往往以停止侵权和侵权损害赔偿为主要救济方式,而这种停止侵权的禁止救济对于占一定市场比例份额的企业具有较大的消极影响,同时由于我国著作权侵权损害存在多种计算方式,故较违约赔偿,著作权人能以提起侵权之诉获得更大赔偿。①在上述案例中,软件版权人甲网络公司提出了1500万元的高额损害赔偿金请求,②就属于将侵权损害赔偿制度发挥至极致的情形。

然而,"违约即侵权"的认定从企业防御角度看具有一定弊端。这种著作权人以获得巨大的经济利益为目的的司法救济,不仅与自由使用开源项目的理念和精神不符,还可能促使产生寻租式的诉讼,且增加企业开源成本,容易造成开源代码"污名化"。开源许可证对授权要求的严苛程度越强,著作权人寻租诉讼可能性越大。如若开源协议要求被许可人注明每个修改过的代码(如Apache许可证),则被许可人遗漏标注修改代码的可能性增大,其因遗漏标记少量代码而被诉支付高昂的侵权损害赔偿的风险大幅提高,这对被许可人显失公平。对于软件的著作权人来说,高昂的经济利益会促使其以起诉绝大多数的开源公司谋求一定概率的侵权赔偿,这无疑会增加企业的开源成本,也与开源许可证倡导的理念与原则完全不符,具有些"版权流氓"的意味。③尤其是在以欧美为主导的开源国际竞争中,"违约即侵权"的审判逻辑可能给手握底层开源逻辑的外国企业寻租的路径。

综上所述,"违约即侵权"在"知识产权强保护"的前提下具有合理性,

---

① 参见张韬略:《请求停止侵权还是披露代码?——违反自由软件"版佐"许可条款的责任承担方式》,载《电子知识产权》2022年第8期。
② 广州知识产权法院(2019)粤73知民初207号民事判决书。
③ 参见张韬略:《请求停止侵权还是披露代码?——违反自由软件〈版佐〉许可条款的责任承担方式》,载《电子知识产权》2022年第8期。

但由于其违背开源许可协议合同目的不尽相同，法官应该根据个案具体情形，充分发挥自由裁判权，维持利益平衡，从宏观的层面捍卫开源精神。

四、重点观察之二：开源与商业秘密保护

（一）我国商业秘密保护现状

1. 我国对商业秘密的重视和规范

2021年9月22日，中共中央、国务院印发了《知识产权强国建设纲要（2021—2035年）》提出"制定修改强化商业秘密保护方面的法律法规"，2021年10月28日国务院印发的《"十四五"国家知识产权保护和运用规划》将"商业秘密保护"列为15个专项工程之一。2022年3月，国家市场监督管理总局印发了《全国商业秘密保护创新试点工作方案》，提出六项主要任务：一是加强商业秘密保护制度创新；二是健全商业秘密保护工作机制；三是加强商业秘密保护监管执法；四是健全商业秘密保护服务保障体系；五是对标高标准国际经贸规则；六是营造商业秘密保护良好氛围。市场监管总局于2022年、2023年均组织申报第二批全国商业秘密保护创新试点，加强商业秘密保护的决策部署，进一步提升商业秘密保护工作水平，扩大创新试点的覆盖面和影响力。国家知识产权局办公室对于2023年度课题研究项目申报提出重点研究内容包括技术领域的商业秘密法律保护研究。2023年3月24日通知开展的中央网信办秘书局关于开展"清朗·优化营商网络环境 保护企业合法权益"专项行动的任务之一就是保护企业商业秘密免予泄露。①

尽管业界广泛存在商业秘密单独立法的呼声，现存知识产权法律法规中，专利、著作权以及商标领域均有专门立法，但商业秘密相关立法零散分布于不同部门法，主要见于《反不正当竞争法》和《刑法》。最高人民法院和最高人民检察院则通过司法解释等规范性文件对商业秘密保护进行了专门

---

① 新华社：《中央网信办开展专项行动优化营商网络环境》，载中国政府网，https://www.gov.cn/lianbo/2023-04/28/content_5753630.htm，最后访问时间：2024年8月12日。

规范,如《最高人民法院关于审理侵犯商业秘密民事案件适用法律若干问题的规定》《最高人民法院、最高人民检察院关于办理侵犯知识产权刑事案件具体应用法律若干问题的解释(三)》。2023年3月,最高人民法院发布20件典型案例及《最高人民法院知识产权法庭裁判要旨摘要(2022)》表示,对于侵害技术秘密赔偿约定的认定与处理,技术秘密权利人与职工经协商在保守商业秘密条款中就侵权责任的方式、侵权损害赔偿数额计算作出的约定,属于双方就未来可能发生的侵权损害赔偿达成的事前约定,人民法院在确定侵害技术秘密赔偿数额时可以将之作为重要参考,且杂交种的亲本构成商业秘密保护的对象,可以作为商业秘密依法获得法律保护。2023年4月26日,最高人民检察院发布《人民检察院办理知识产权案件工作指引》,对涉及商业秘密的知识产权案件,可以经申请不公开听证,并在办理过程中采取技术处理等必要保密措施,并发布了包括侵犯商业秘密案件在内的10起检察机关知识产权保护典型案例。对于具体行业的从业人员,其行为准则等规范性文件也会对其商业秘密相关义务予以明确,如《保险资产管理业从业人员职业操守和行为准则》、《中国保险资产管理业协会自律监督检查工作暂行办法》、《注册会计师行业诚信建设纲要》和《国务院工作规则》。商业秘密相关规定也具体体现在涉及商业秘密的特殊领域,如2023年3月上海证券交易所关于发布《上海证券交易所发行上市审核业务指南第4号——常见问题的信息披露和核查要求自查表》的通知,就披露信息涉及商业秘密的情况做出提示和说明,同月发布的《经营者集中审查规定》也对申报人标注申报文件中商业秘密的要求予以明确。

随着细枝末节与具象化规范的完善,我国不断探究商业秘密保护的思路和范式,以保证和促进商业秘密保护、寻求发展规律、更好地满足保护需求的进路。跟随经济社会发展的商业秘密法律法规,正成为当代知识产权制度中最具灵活性和活力的部分之一。在国家全面加强知识产权保护的时代背景下,我国知识产权领域的相关法律法规根据国际、国内经济社会发展形势也在不断完善更新。更具体系性的统一商业秘密法律体系有望在此现实基础上应运而生,商业秘密保护制度安排有望更具协调性,并展现出符合市场规律的营商友好型制度的生命力。

对开源软件的发展，国家也高度重视。我国已将开源社区的合规建设提升至国家战略层面。2021年国务院颁布《国民经济和社会发展第十四个五年规划和2035年远景目标纲要》《知识产权强国建设纲要（2021—2035年）》等，明确提出完善开源知识产权和法律体系，鼓励企业开放软件源代码、硬件设施和应用服务。同年，由工业和信息化部颁布的《"十四五"软件和信息技术服务业发展规划》中也提出到2025年要建设两到三个具有国际影响力的开源社区。此外，工业和信息化部还下发《关于加快推动区块链技术应用和产业发展的指导意见》，强调要探索建立开源技术公共服务平台，加强开源技术及应用标准化建设等。

2.开源涉及商业秘密的主要风险点

开源技术风险通常指开源软件中由于开发者安全意识或技术水平不足而产生的软件漏洞，以及恶意人员向开源软件注入木马程序而开展的供应链攻击所带来的系统安全风险。近几年，开源软件不断曝出漏洞事件，用户在享受开源软件便利的同时，也承担着巨大的安全风险。2014年，OpenSSL"心脏出血"漏洞对全行业产生重大影响；2017年9月，全球最大的信用报告机构Equifax，因使用Struts漏洞导致大约1.479亿人的身份信息泄露。2021年12月，Log4j远程代码执行漏洞导致敏感信息暴露。尽管这些事件已经多次敲响警钟，但开源软件安全形势仍不容乐观。①

商业软件使用开源软件的商业秘密泄露风险主要是由开源许可证的传染性造成的。若在私有软件或代码中，加入使用GPL等开源许可证的开源软件或代码，私有软件或代码将受到GPL类开源许可证"传染"而可能需要被迫开源，由此可能被迫公开商业秘密。与此同时，若引入的开源软件存在恶意代码、病毒或其他安全漏洞等问题，则也可能造成内部系统商业秘密的泄露。

---

① 参见安恒信息：《聚焦OpenSSL致命"心血"漏洞内网安全》，载《信息网络安全》2014年第5期；苏小红等：《基于学习的源代码漏洞检测研究与进展》，载《计算机学报》2024年第2期。

（二）开源软件的技术秘密认定

开源软件受到商业秘密保护的前提条件是开源软件中存在法律所保护的商业秘密。在互联网公司、科技公司等侵害计算机软件著作权及侵害商业秘密纠纷案中，[①]上诉人互联网公司始终未能明确其计算机软件代码中具体哪些代码构成技术秘密及对其计算机软件代码采取的保密措施，故原审法院对上诉人互联网公司所主张的针对被五位被上诉人侵害其技术秘密的诉求未予支持。没有可证明的商业秘密，开源软件适用商业秘密保护欠缺根基。

我国《反不正当竞争法》第9条对商业秘密进行了定义，即不为公众所知悉、具有商业价值并经权利人采取相应保密措施的技术信息、经营信息等商业信息。从中能提炼出商业秘密的三性，即秘密性、价值性、保密性。因而，本文从商业秘密的"三性"，并结合前述案例论述如何认定开源软件的技术秘密。

在主张开源软件构成商业秘密时，应当固定和确立商业秘密的范围。商业秘密范围的明确在开源软件领域具有特殊性，需要经过特定的信息处理，包括对程序所表达的技术信息的抽象和未公开（接口文件、开源代码、软件行业的一些算法、公式等）的秘密点的发掘。最终确定的秘密点在符合以下属性时可以认定为属于商业秘密。

（1）秘密性

根据《最高人民法院关于审理侵犯商业秘密民事案件适用法律若干问题的规定》第3条规定，权利人请求保护的信息在被诉侵权行为发生时不为所属领域的相关人员普遍知悉和容易获得的，人民法院应当认定为《反不正当竞争法》第9条第4款所称的不为公众所知悉。不过，秘密性是法律上的消极证明事项。司法鉴定难以从正面判断一项技术信息是否具有非公知性。故，对该类事项的证明一般采用排除法，即对不构成不为公众所知悉的情形逐一排除，从而给出是否具有非公知性的鉴定意见。计算机软件非公知性鉴定具

[①] 参见最高人民法院（2020）最高法知民终1099号民事判决书。

体可以排除的情形包括：第一，可以通过反编译获取的源代码，尤其是未经编译等程序处理的源代码；第二，浏览器端可获取的源代码，这主要针对B/S架构的软件；第三，自动生成的源代码，如常用的IDE开发环境下自动生成的代码或者通过拖动窗体自动生成的布局代码等；第四，开源软件的源代码，该代码一般公开；第五，第三方提供的源代码，这通常涉及在软件使用了第三方平台的情况下，平台方提供的与平台相关的源代码；第六，可以通过网络搜索获取的源代码，这类代码通常只有一个类或者一个函数，代码比较短小，但其同样具有公知性；第七，有限表达的源代码，该情况下不同程序员写出相同源代码的概率很高。

（2）保密性

是否采取了相应保密措施亦是构成商业秘密的要件之一。根据《最高人民法院关于审理侵犯商业秘密民事案件适用法律若干问题的规定》第5条的规定，该保密措施是权利人为防止商业秘密泄露，在被诉侵权行为发生以前所采取的合理保密措施。对于是否采取了相应的保密措施，还需结合商业秘密及其载体的性质、商业秘密的商业价值、保密措施的可识别程度、保密措施与商业秘密的对应程度以及权利人的保密意愿等因素确定。

（3）价值性

在互联网公司、科技公司等侵害计算机软件著作权及侵害商业秘密纠纷案中，互联网公司提交的仅包含报价的往来邮件不足以证明报价策略相关的智力成果或商业价值。商业秘密认定不仅需要保证秘密性和保密性客体要件的完整性，还需要商业价值存在的可证性。

无独有偶，在软件公司、技术公司侵害商业秘密纠纷案中，[①]最高人民法院对于认定是否成立商业秘密，依旧从商业秘密的"三性入手"进行评判，首先判断数据库表和存储过程/函数属于技术信息，其次判断对于数据库表和存储过程/函数是否采取保密措施，且该信息不为公众所知悉，最后判断数据库表和存储过程/函数的商业价值。在认定商业秘密后，实践中对于涉

---

① 参见最高人民法院（2020）最高法知民终1101号民事判决书。

及开源软件与商业秘密侵权的案件,通常将司法鉴定机构的鉴定作为认定为商业秘密侵权的证据。在本案中,工业和信息化部软件与集成电路促进中心知识产权司法鉴定所出具的司法鉴定意见书就被用于证明权利主张者和被诉侵权者之间实质性相同或相似的比例。对于责任承担,法院则是根据获取行为的独立性、合意是否达成、交付文件的可读状态、使用行为和获取行为的牵连性、明知或应知的主观状态、商业秘密比对复杂程度、合同条款、合作成本与时间限制、交易的经济性要求、交易的便利性要求、竞争关系等因素判断是否存在共同侵权。

总的来说,在司法举证中,要充分认知开源协议等关联背景和法律背景,充分协助法官在短时间内形成司法认知,并挖掘具备可接受性的司法案例。对于免责抗辩,在民事领域,应积极寻找商业秘密根基缺失证明和商业秘密侵权例外情形,在刑事领域,应努力在构成要件不该当出罪、违法性出罪、有责性出罪、基于法益的实质出罪和程序正当性出罪等中寻找出罪路径。

(三)开源代码的发表与权利主张

根据《著作权法》第3条和《计算机软件保护条例》第2条、第3条、第8条等法律法规规定,计算机软件受到著作权的保护。开源软件与传统商业软件并无根本区别,因此仍然受到现有著作权法的保护。相比如传统的计算机软件著作权,开源软件是以软件许可证的形式,明确表示将其复制权、修改权等部分财产性著作权让渡给使用者,允许使用者在遵循许可协议的基础之上进行无偿的复制、修改等行为;同时开源软件著作权人仍然享有著作权法下的其他权利,如署名权等。在大多数情况下,只要具备足够的独创性,在完成代码开发的同时,作者就获得署名权、复制权、修改权、发表权等著作权专有权利。只有在保障开源软件开发者著作权的基础之上,以开源许可证授权才具有法律意义。①

根据《著作权法》第2条第1款和《计算机软件保护条例》第5条的规定,

---

① 参见肖建华、柴芳墨:《论开源软件的著作权风险及相应对策》,载《河北法学》2017年第6期。

著作权采取自动取得制度，无论是否发表，符合作品构成要件的计算机软件均受到我国著作权法保护。

因此，从法律规定来看，发表并非开源代码的构成要件，在开源代码完成时，开发者即可享有署名权等著作权。

诚然，开源代码具有非独占性的特征，一般情况下，只有发表到开源社区，将代码公之于众，才能够被后来的用户进行使用。但是，应当注意开源的真正含义并非源代码的公开或发表，而是源代码的开放和授权。前者仅意味着代码被公之于众，而后者意味着使用者可以在附条件的情况下免费使用。公开的代码范围广于开源代码，并且开源代码并非必须与产品一起公开或分发。如果代码不与产品一起分发，则开源软件作者必须公开提供获取代码的方式，且获取代码的费用不得超过合理的复制费用，之后接受该产品分发的用户有权索要该软件的源代码。[①]

正是由于发表并非开源代码的构成要件，则在遵守开源许可协议的前提下，未经发布的开源代码可以主张权利，获取相应的法律保护。然而，如果没有遵循开源许可协议，无论发布与否，未经授权使用开源代码的行为均属于违约状态，不可主张权利以获得保护或赔偿。

以杭州市法院判决的电子公司等、王某等侵害商业秘密纠纷案为例，法院认为，案涉软件是由开源代码和原告自行开发的代码集成所得，并且已经具有经济性、保密性且被采取了合理的保密措施，因此已经符合商业秘密的构成要件。[②]可知，实践中未公开含有开源代码的计算机软件可以商业秘密进行保护。

（四）开源商业秘密风险防范建议

从开源软件所有者的角度讲，在选择开源软件的源代码时，注意保护类

[①] 《开放源代码的定义（注释）》，载开放源代码促进会官网，https://opensource.org/definition-annotated，最后访问时间：2024年6月27日。

[②] 参见（2014）浙杭知终字第216号民事判决书；刘力宇、马忠法：《案例评析：包含开源代码的计算机软件能否作为商业秘密予以保护》，载"复旦国际法理论与知识产权"微信公众号，https://mp.weixin.qq.com/s/rT_2oATwbTgVv8oG7gUQVA，最后访问时间：2024年1月13日。

似于技术诀窍、熟练技巧、工程经验、测试分析等商业秘密。同时，在选择公开软件的源代码时，可以在许可证条款中明示软件涉及的专利技术免费授予开源软件使用者。

企业使用开源软件导致的商业秘密泄密风险，主要指的是开源文化、软件开源思潮带来的商业秘密公开风险。公司研发的源代码一般来说均被列于《保密协议》或相关制度中的公司绝密，但由于开源文化的兴起，不少研发人员热衷于在开源社区展示自己的工作项目，这其中就可能包含公司的商业秘密。

开源软件的商业秘密保护往往因开源代码的分发而丧失。实践中大部分被告以案涉计算机软件系开源作为抗辩事由主张不侵犯商业秘密。开源软件的源代码公开，但工程化实现技术则不公开，如技术诀窍、熟练技巧、工程经验、测试分析等，往往是不公开的。开源软件使用者如果从非正常渠道获得此类未公开的工程化实现技术，满足"不为公众所知悉"的条件，要注意侵犯商业秘密的可能性。侵犯商业秘密的风险有两种类：一是被迫公开商业秘密的风险；二是泄露商业秘密的风险。前者情形为：私有软件或代码中包含商业秘密，加入使用GPL等具有传染性的许可证，私有软件因被迫开源而引起商业秘密的被迫公开。后者是未经批准擅自将含有商业秘密的代码公开在开源社区平台，以此导致泄露商业秘密。此外，若开源软件存在恶意代码、病毒或其他安全漏洞等情形，则可能引起内部系统商业秘密的泄露风险。基于此，使用者应合理甄选更加契合自身商业需求的许可证，开发过程中对源代码的流入进行排查，保证代码的合法性。计算机软件虽然可以利用商业秘密予以保护，但并不意味着软件整体上都能受到保护，尤其是基于开源软件修改、扩展的衍生品，更应当回避此种保护模式。更妥当的做法是，针对衍生软件中包含的算法、架构、设计思路等符合商业秘密构成要件的技术信息单独提取出来，作为专有技术予以保护，而不是将上述信息的载体整个地认定为商业秘密。

五、重点观察之三：开源生态治理与中国开源之路

（一）国内开源规则体系构建

我国十分重视开源领域的发展。2021年3月12日，开源创新首次被列入我国"十四五"规划和2035年远景目标，[①]这是国家在战略层面对开源的支持和鼓励，并在规划中明确要求应当重视开源领域知识产权的制定和法律体系的完善。各省市在国家的领导下也纷纷发力。

开源社区是以软件源代码为核心的虚拟网络组织，[②]最初是拥有共同兴趣的开发者聚集形成的团体，随着社区的运营，来自不同地区的使用者基于沟通和学习的需要逐步加入，以民主合作的形式对软件进行共同开发和创新，形成共同治理的多元化网络社区。[③]该社区具有显著的独特性：（1）以"著佐权"（Copyleft）为核心，具有知识和代码的可复制性，因此面临较多的知识产权纠纷；（2）开源社区具有较高的产品转化率，创新链条较短；（3）具有自由共享、知识协同、集体生产的人文精神，追求公共利益，因此与追求私人利益的商业组织之间具有复杂竞合关系。[④]

我国数字经济的发展离不开开源社区这一重要平台，而如何在开源社区中进行知识产权的合规性管理是构建健康的开源生态的前提和基础。但相对于欧美国家已经日益成熟的开源技术和社区规则，我国开源社区在知识产权的实践发展中，仍然面临着诸多难题，如延迟注册、权属模糊、共享规则混乱以及侵权等。究其原因，我国目前仍缺少完备的开源社区规则，难以建立

---

① 参见《中华人民共和国国民经济和社会发展第十四个五年规划和2035年远景目标纲要》，载中国政府网，http://www.gov.cn/xinwen/2021-03/13/content_5592681.htm，最后访问时间：2023年1月13日。

② 参见陈光沛、魏江、李拓宇：《开源社区：研究脉络、知识框架和研究展望》，载《外国经济与管理》2021年第2期。

③ 参见《开源生态白皮书》，载"复旦国际法理论与知识产权"微信公众号，；朱庆、李慧腾：《论开源社区合规与知识产权保护》，载《电子知识产权》2022年第8期。

④ 参见陈光沛、魏江、李拓宇：《开源社区：研究脉络、知识框架和研究展望》，载《外国经济与管理》2021年第2期。

强大的开源生态；且存在立法空白，给我国开源创新体系建设带来挑战。因此，完善开源社区规则和构建相关法律法规体系备受关注。

目前，开源社区的主要的知识产权治理机制包括开源软件许可证协议、委托非营利组织代管、规范性准则与法律规定等，①中国的开源知识产权治理机制的构建与协调可从这些方面考察、分析和决策。

1. 开源许可协议是开源生态的法律依据

将软件进行"开源"，并不是简单地使之在互联网中公开发布，让其他用户能够自由地获取相关代码并使用。实际上，真正的开源软件是在附带开源许可证的情况下发布的，而相关的开源许可证是一个协议，本质是许可合同授权，即该协议中明确了其他用户可以分发、使用、修改、再开发开源软件的源代码。②开源许可协议是代码开发者与软件使用者之间的法律协议。它规定代码开发者将转让软件著作权的修改权、许可权和获得报酬权等财产权。作为回报，该软件的使用者也将在二次开发过程中公开源代码信息，同时放弃修改该软件的权利。开源软件许可证件具有开放性，使用者做出相应行为，即构成默认接受协议。因此，如果使用者未遵守许可证中的条款，该许可协议随时终止，用户对开源软件的权利自动终止，并承担对应的违约责任；③如果继续对软件进行复制、修改、再发布等行为就会违反著作权法，构成著作权侵权。④由于开源许可协议种类繁多并且各大开源社区发展阶段存在较大差异，因此许可证条款之间存在或相似或矛盾的条款；同时在实践中存在使用者对许可证要求的不理解或不尊重，以及目前我国立法和司法的空白等情况，不仅导致开源许可证协议存在冲突违规或不符合我国相关法律法规等情况，而且不利于各开源社区的规则完善和协调发展。

---

① 参见陈光沛、魏江、李拓宇：《开源社区：研究脉络、知识框架和研究展望》，载《外国经济与管理》2021年第2期。

② 参见黄王金、王景：《开源软件产业发展面临的风险与问题》，载《经济研究导刊》2022年第24期。

③ 参见闫晔、李超：《基于开源软件开发专有软件的知识产权保护》，载《重庆理工大学学报（社会科学）》2013年第7期。

④ 参见付娜、李文宇、毕春丽：《开源中的知识产权风险分析》，载《世界电信》2017年第2期。

因此，在社区规则完善和法律体系建立时，针对开源软件许可证协议的管理，应当注意：（1）中国开源社区应当加强对开源许可证重要性的普及。如GitHub已经建立了全面介绍开源协议的独立网站以供开发者和使用者正确理解许可证条款内容，从而选择合适的条款。如OSCHINA开源中国社区中，仍然仅具有用户发布的关于较为常见的开源协议的零星介绍，暂时没有以社区为主导的全面介绍。[①]中国社区一方面可以借鉴独立网站的形式为中国用户提供全面的许可证种类及其特点的中文介绍；另一方面可以进一步提供中国和其他国家的许可证协议的内容对比，为中国许可证协议的普及和改进提供助力。（2）社区领导者应开展对许可证协议的法律普及，要求软件开发者和使用者严格按照《民法典》和《著作权法》的规定遵守许可证协议，即符合著作权和合同双重法律性质。（3）国家正在完善开源行业知识产权保护法法规，从立法的角度来说，亟待明确开源许可协议的法律性质，以及在知识产权许可中规定开源许可协议；[②]从法律层面上，亟须权威的司法判例和司法解释，以定义开源软件许可协议的相关条款，解释违反许可协议的具体行为。如甲网络公司、乙网络公司等侵害计算机软件著作权纠纷案[③]在国内首次明确GPL3.0的著作权协议效力，并由此展开侵权关系的分析。更多的司法判例可以总结、细化审判思路，提供违约和侵权的预见可能性，有助于进一步规范许可证的使用和管理；从政策文件角度，应当注重研究政府软件开源和数据开放等议题，并有意识地引导业界规避开源风险和人才培养。

2.具有公益性质的开源基金会是重大开源项目的推动者和组织者

目前，基金会经过数十年的发展，已成为开源生态中的主导者，几乎所有的开源社区、开源项目都具有开源基金会的参与与实际控制。除了通过重大项目不断扩大影响力，开源基金会还可以积极主导行业标准的制定以影响整个开源产业的发展态势。然而，直到2020年6月，我国才建立第一个开源

[①] 参见https://www.oschina.net/news，载OSCHINA官网，最后访问时间：2023年1月13日。

[②] 参见隆云滔、王晓明、顾荣、包云岗：《国际开源发展经验及其对我国开源创新体系建设的启示》，载《中国科学院院刊》2021年第12期。

[③] 参见深圳市中级人民法院（2019）粤03民初3928号民事判决书。

基金会——开放原子开源基金会，而且该基金会的发展亟待管理制度的创新和完善。目前，开放原子开源基金会被认定为慈善组织来进行管理，这一传统的管理模式不利于我国开源基金会这一新型基础设施的长远发展。之所以按照慈善组织管理开源基金会，是由于我国目前缺乏"非营利机构"的上位法。现阶段，我国对基金会管理的相关依据是2004年出台的《基金会管理条例》。根据《基金会管理条例》第2条规定，中国基金会的财产来源为"自然人、法人或者其他组织捐赠的财产"；根据《基金会管理条例》第29条规定，"基金会工作人员工资福利和行政办公支出不得超过当年总支出的10%"。综合来看，这些规定不利于开源基金会吸纳资金和专业人员。目前，在开源领域这一新兴产业中，国内有开源管理经验的人才主要集中在领先的互联网公司，薪资优厚。开源基金会要想吸引人才加入，就需要提供更合适的薪酬待遇。但是如果仅靠捐赠财产，以及最高为该基金会当年十分之一支出的薪酬限制，难以为专业人员提供平均于行业待遇的薪资，将难以吸纳专业人员进入开源基金会，会严重影响国内开源基础设施的完善建设和开源产业的持续健康发展。[①]

基于此，在社区规则完善和法律体系建立时，针对非营利组织的管理，应当注意：（1）优化我国现行的开源基金会管理模式，逐步推动华为开源平台、码云等代管服务平台以市场化、合作化为导向进一步发展；（2）制定更明确、具体的法律法规，适当允许开源基金会接受企业赞助，如将其他互联网科技公司的赞助作为基金会的重要资金来源；（3）制定相关政策，积极鼓励以科技企业和科研机构为主导的开源基金会的建立，推进开源社区的联合，促进开源基金会走向海外，实现全球开源事业的联动发展。

3. 行业规范和法律规定是开源产业长远发展的保障

从知识产权的角度来看，一方面，在开源社区和产业中，参与贡献是个人或企业用户取得社区地位和经济收益的重要方式。因此社区和行业的规范

---

① 参见隆云滔、王晓明、顾荣、包云岗：《国际开源发展经验及其对我国开源创新体系建设的启示》，载《中国科学院院刊》2021年第12期。

性标准在开源领域中占据重要地位。另一方面,开源软件是一种特殊的知识产权形式,受到著作权法保护。开源软件许可证协议就是利用著作权赋予开发者权利,使开发者赋予使用者的权利在其作品和衍生品的传播中得以一直保留,是保障复制权、修改权和发行权向公众开放和限制闭源的法律保障。除此之外,在使用开源软件时,存在版权侵权、专利侵权、商标侵权等风险。因此,在制定行业规范和法律规定时,针对开源中存在的知识产权风险,应当注意:(1)开源社区制定知识产权相关的行业规范时,应注重整合不同许可协议的信息,要求软件开发者在使用开源软件前明确开源协议条款,并在使用中严格遵守相关条款规定;(2)开源社区应加强管理和代码审核,鼓励社区要求开发人员或者商业公司的代表成为提交者前,签署个人或者企业贡献者许可协议,对原创性和合法性作出声明,并由社区做好备案工作;①(3)立法层面上看,应当明确开源软件享有的知识产权,明确规定开源协议具有的著作权和合同双重法律性质,并针对可能产生的知识产权风险制定救济措施;②(4)政策和司法上,应当针对不兼容的开源许可协议提供统一的解释标准,对外来开源许可协议的国内使用制定相关说明。

除了开源软件面临的知识产权方面的风险外,在完善相关法律体系建设时,也应当关注当下软件开源实践中暴露出的反竞争和垄断问题,并及时做出法律回应,避免开源软件从反抗垄断的手段成为软件市场上新的垄断力量。根据《反垄断法》第3条的规定,垄断行为包括经营者达成垄断协议、经营者滥用市场支配地位、具有或者可能具有排除、限制竞争效果的经营者集中。

因此,国家不可忽视开源领域内存在的反竞争和垄断的可能,应当加强监管和约束:(1)推动非营利的中立组织机构的建设,倡导企业将开源项目交付给中立机构主导;(2)制定适合我国法律体系的开源政策,同时鼓励科研机构和企业制定行业标准,对贡献多的机构和企业提供政策支持和产业帮

---

① 参见付娜、李文宇、毕春丽:《开源中的知识产权风险分析》,载《世界电信》2017年第2期。
② 参见刘彬彬:《开源许可协议的法律问题研究》,兰州大学2020年硕士学位论文。

扶；（3）强化政府管制，对开放源码计划进行初步审核，并在开放源码社区中实施商业计划，以减少垄断风险；（4）完善开放源码垄断的相关法规，如将垄断行为规制条款纳入开源协议中。

（二）国际开源许可证的认证和治理

1. 国际 OSI 认证

"开源"在1998年被开放源代码促进会（OSI）创始人采用。OSI是一个致力于推动开源软件发展的非营利组织，建立了完善的开源许可证认证体系，即开源定义（OSD），共具有十项标准。[①] 作为定义开源的权威标准，OSD解决了如何认定开源、如何规范开源行为等问题，被广泛适用于开源场景。OSI对于许可证的审查规定了公开透明的审核流程，并根据计时节点的不同，设置了60/30天的审查期限，审查核心是开源定义与软件自由。

基于OSI的全球知名度，经过其认证的开源许可证具有高度的国际认可度和行业权威性。其认证的开源包括CeCILL License 2.1（CECILL-2.1）、European Union Public License（EUPL-1.2）等国际许可证，也包括BSD+Patent（BSD-2-Clause-Patent）、Educational Community License，Version 2.0（ECL-2.0）、OSET Public License version 2.1（OSET-PL-2.1）等特殊许可证。特殊许可证主要应用于特殊许可方，如政府部门。有的许可证可以重复使用，而有的许可证仅特定于某主体，不可重复使用。对于许可证所属的具体类项，OSI官网给出了明确的划分。

2020年2月，我国自主研发的木兰系列许可证之"木兰宽松许可证，第2版"经OSI批准认证为"国际类别开源许可证"，成为首个中英双语国际开源许可证。[②] 这也体现了当前全球对OSI认证流程的支持。

[①] 参见《开源许可证面面观——〈第一期〉开源许可证核心问题初探》，载"CIC软件视界"微信公众号，https://mp.weixin.qq.com/s/HFZK3C1-F7LkFDaKlrfF_w，最后访问时间：2024年1月13日。

[②] 参见周明辉：《木兰宽松许可证第2版》，载开放源代码促进会官网，https://opensource.org/license/MulanPSL-2.0，最后访问时间：2024年6月27日。

2. OSI认证的认可度与法律意义之争

虽然OSI被公认为开源的权威组织，并具有严格完备的开源许可协议认证体系，但是OSI认证并非开源许可证成立的构成要件。即使OSI在其官方网站中表示，如果并未经过OSI认证并在其官网列出，则该协议并非开源许可证，但行业中不乏对该观点的不认可与质疑。当前存在数以千计的开源许可协议，但只有一百多个通过了OSI认证。① 其中固然存在已经申请但无法通过OSI认证的许可证，但也存在已经不在意是否经过OSI认证的开源许可证。

以服务器端公共许可证（SSPL）为例。2018年，公司宣布其开发的开源软件适用SSPL进行开源。公司曾向OSI申请开源认证但被明确拒绝，之后该公司撤回申请。② 但即使被OSI明确称为伪开源许可证（Fauxpen Source License），表示其实际上剥夺了用户权利，③ 仍然有公司选择使用SSPL。

近些年，众多开源企业逐步转向非OSI认可的许可证这种现象一方面反映了市场的需求，另一方面表明虽然OSI是开源的权威组织，但其单方定义并不能代表整个市场的态度，国际社会中实际上并无统一的开源许可证体系。④

在OSI的定义中，毋庸置疑地，任何未经过OSI认证的都不是开源许可证；但OSI是否能代表整个开源领域的态度尚且存疑。因此，在OSI内部体系之外的整个开源领域中，OSI认证并非开源许可证成立的构成要件。

当下并没有统一的开源许可证协议的法律定义，OSI认证仅能作为提高行业和国际认可度的一个选择，该选择仍需实践的证明，OSI认证绝非开源许可证成立的构成要件。即使OSI其不是某些许可证不属于开源许可证，但是市场的需求注定种类繁多的许可证的存在。

---

① 参见开放源代码促进会官网，https://opensource.org/license，最后访问时间：2024年6月27日。
② 参见《开源促进会OSI强调SSPL并不是开源许可证》，载OSCHINA官网，https://www.oschina.net/news/127950/osi-say-sspl-not-open?fr=vx，最后访问时间：2023年1月13日。
③ 《SSPL不是开源许可证》，载开放源代码促进会官网，https://opensource.org/node/1099，最后访问时间：2024年6月27日。
④ 参见齐越、刘金芳、李宁：《开源软件供应链安全风险分析》，载《信息安全研究》2021年第9期。

3. 对接OSI认证的现实需求

大量基于特定需求创造的许可证会给市场带来种种风险，为应对此种风险、降低交易成本、优化交易体系，更加规范和统一的开源许可证管理体系符合经济发展的现实需要。综观全球，OSI确实是开源领域当之无愧的权威组织，其开源许可证管理体系较为完备，从提交请求、审查批准到剔除已授权的许可证件等内容均有涉及。①同时，OSI对许可证具有较为细致的分类，甚至包括已经被取代的许可证和已经自愿停用的许可证。②

但是结合OSI官网来看，目前仍然缺少对认证后未被使用或较少使用许可证的剔除或管理机制。OSI尚且如此，整个开源领域内开源许可证的管理则更加混乱，种类繁多必然导致大量重复或冲突的条款存在。

缺少对开源许可证定义的法律规定，不仅会导致开发者权利保护面临威胁、同质性和矛盾性导致协议条款混乱、社会化协作缺失等问题，而且大量未被使用、极少使用的许可证的泛滥，更可能导致开源许可证在开源领域形同虚设。如果无限制扩展商业自由，允许开源软件的开发者，可以任意设定许可证或删减许可证条款，从而扩张自身权利，限制用户自由时，则开源的初心将不复存在。

（三）全球开源生态构建与中国开源智慧思路

自20世纪80年代开展的"自由软件运动"开始，开源已经发展了近40年，得到了全球企业的认可，成为全球技术供应链中的关键环节。中国涌现出一些开源项目，且不少开源项目获得多数STAR。

开源的概念包含着浓厚的人文精神，强调自由共享、知识协同和集体生产。③开源创新是全球性的创新协同模式，中国必然需要积极融入全球开源

---

① 参见开放源代码促进会官网，https://opensource.org/approval，最后访问时间：2023年6月27日。

② 参见开放源代码促进会官网，https://opensource.org/proliferation-report，最后访问时间：2023年6月27日。

③ 参见朱庆、李慧腾：《论开源社区合规与知识产权保护》，载《电子知识产权》2022年第8期。

生态，尊重既定的国际公平开源规则，与世界各国的开源基础设施友好合作，为开源领域作出中国贡献。如我国自主研发"木兰宽松许可证，第2版"，是全球首个中英双语国际开源许可证。

现阶段，经过数十年的发展，中国开源已经进入加速阶段。一方面，部分领先的中国企业不满足于现状，在创新领域中积极进取，希望能够通过开源引领技术。①另一方面，过于依赖国外开源产品给我国国家安全、国计民生和社会公共利益带来风险。

需要注意的是，正是由于开源软件受到国际的重视，所以其应用范围和代码安装比例在逐步扩大。据统计，全球80%以上的应用软件使用了开源组件；2019年开源代码在含开源成分的软件中占代码总量的平均比例高达60%。这些软件中很大一部分属于通信、能源、金融、公共服务等领域。②《网络安全法》第31条明确指出，上述领域属于重要行业，其信息系统一旦遭到破坏、丧失功能或数据泄露，将会直接危害国家安全。规避开源软件安全风险的重要性可见一斑。

因此，为了推动全球开源进一步公平开放，我国一方面应当积极遵守公平的国际开源规则，另一方面应当注重为全球开源生态提供中国方案，积极为国际开源规则的完善建言献策。

六、小结与展望

开源不仅指的是多领域运用的开源软件、开源平台等形式，更是其背后蕴含的开放、共享、协同的开源精神，体现了互联网时代独有的思维方式和价值传递方式。随着开源不断发展和受到重视，开源的未来既有机遇又有挑战。

---

① 参见中国开源软件推进联盟：《中国开源发展概述、机遇与挑战》，载《软件和集成电路》2022年第1期。

② 参见齐越、刘金芳、李宁：《开源软件供应链安全风险分析》，载《信息安全研究》2021年第9期。

本报告通过对"开源的侵权判定""开源与商业秘密""开源秩序的构建与治理"三个开源法律及开源生态建设治理问题进行梳理和剖析，以探索开源良性发展为目的，力求准确把握开源前瞻点，为我国开源及信息技术发展提供有益的参考和指引，推动变中求新，激发经济活力。

开源已成为我国科技创新的核心力量，相信不久的将来，开源必会得到进一步的发展和普及，开源及其法律问题和生态建设治理也将得到更多关注和完善。让我们以更广阔的视野拥抱开源，继续发扬共享、协作的开源精神，为我国乃至全世界的互联网发展添柴加薪。

第四部分

元宇宙：立足当下，展望未来

一、引言

继 Web1.0 关于去中心化和社区管理的开放协议，Web2.0 时代关于孤立的、集中的服务之后，Web3.0 时代正在徐徐拉开序幕。Web3.0 整合了 Web1.0 时代的去中心化特点与 Web2.0 时代丰富多样的服务功能，将成为今后社会大众生活的重要部分。

为更好迎接 Web3.0 时代，我国"十四五"规划纲要强调，要着力打造数字时代技术产业优势，以数字化转型整体驱动生产方式、生活方式和治理方式变革，并将云计算、大数据、物联网、工业互联网、区块链、人工智能、虚拟现实和增强现实作为数字经济重点产业。而这些数字经济重点产业的持续发展与交叉渗透，亦将成为 Web3.0 时代在数字空间（Cyberspace）构建元宇宙的技术基础。

有鉴于此，本部分将对 Web3.0 时代中全球各地对于元宇宙的有关政策，及近年来国内外相关领域的重大事件进行梳理。在此之上，本部分报告重点关注与元宇宙相关的虚拟人、虚拟财产及知识产权等领域，将对前述领域展开深度观察，对国内外有关元宇宙中虚拟人的规制、虚拟财产保护及知识产权法律制度发展沿革、现状及成因进行研究分析，以此探索元宇宙及相关领域在我国未来数字经济体系下的发展与应用。

二、整体观察

（一）国内情况

在 Web3.0 浪潮之中，我国已经开始为元宇宙发展提供培育土壤。

2021年3月11日，第十三届全国人民代表大会第四次会议通过《中华人民共和国国民经济和社会发展第十四个五年规划和2035年远景目标纲要》，将"虚拟现实和增强现实"列入数字经济重点产业。2021年10月15日，全国首家元宇宙行业协会"中国移动通信联合会元宇宙产业委员会"获批成立。①

2022年1月，中央部委首次在工信部中小企业发展情况发布会上对外提及"元宇宙"。②4月16日，清华大学成立国内首个元宇宙文化实验室，赋能元宇宙新兴产业的蓬勃发展。③8月26日，以"洞见元宇宙，数字新空间"为主题的WMC2022世界元宇宙大会在北京大兴经济开发区召开。④9月16日，央视网正式上线其孵化建立的数字藏品发售平台——央数藏（YSC），成为央视网探索元宇宙应用的一次重要实践。⑤10月21日，工业和信息化部工业文化发展中心旗下数字藏品展示与交流的官方平台"天工数藏"对外公布首批工业文化数字藏品。⑥

各地方政府也积极抢滩元宇宙发展，出台了多项加快元宇宙建设的政策措施。

2021年12月21日，上海市经济和信息化委员会召开会议指出，要"引导企业加紧研究未来虚拟世界与现实社会相交互的重要平台，适时布局切

---

① 参见《中国移动通信联合会元宇宙产业委员会正式揭牌成立》，载证券日报网，http://www.zqrb.cn/finance/hangyedongtai/2021-11-11/A1636616292871.html，最后访问时间：2023年4月1日。

② 参见《国内首家获批元宇宙行业协会揭牌》，载京报网，https://news.bjd.com.cn/2021/11/12/10004576.shtml，最后访问时间：2023年4月1日。

③ 参见《中国首个元宇宙文化实验室正式成立 赋能元宇宙蓬勃发展》，载清华大学新闻与传播学院新媒体研究中心，https://www.tsjc.tsinghua.edu.cn/info/1017/2770.htm，最后访问时间：2023年4月1日。

④ 参见《WMC2022世界元宇宙大会在京举行》，载腾讯网，https://new.qq.com/rain/a/20220826A097S000，最后访问时间：2023年4月1日。

⑤ 参见《推动中国文化成果的全民共享，"央数藏"平台9月16日正式上线》，载央视网，https://mp.weixin.qq.com/s/40U2V8YL9udRW4NsvrfkSg，最后访问时间：2023年4月1日。

⑥ 参见《天工数藏，公开"招募"》，载工业和信息化部工业文化发展中心，https://www.miit-icdc.org/index.htm，最后访问时间：2023年4月1日。

入",①这被业内称为"我国地方政府对元宇宙相关产业发展的第一次正面表态"。②随后，上海发布《上海市电子信息制造业发展"十四五"规划》，这是元宇宙第一次被写入地方"十四五"产业规划。③此外，上海发布的《上海市建设网络安全产业创新高地行动（2021—2023）》《金融科技发展规划（2022—2025）》《上海市培育"元宇宙"新赛道行动方案（2022—2025年）》等文件均涉及元宇宙建设。2022年8月24日，"元宇宙与虚实交互联合研究院"入选上海城市数字化转型创新基地，至此，全国首个省市级元宇宙新型研发机构诞生。④

2022年2月，杭州市第十三次党代会报告提出要抓紧元宇宙等未来产业布局。3月21日，山东省七部门联合发布《山东省推动虚拟现实产业高质量发展三年行动计划（2022—2024年）》，将培育虚拟现实产业高地，聚焦数字经济新业态。4月6日，粤港澳大湾区首个元宇宙专项扶持政策《广州市黄埔区、广州开发区促进元宇宙创新发展办法》发布，推动元宇宙相关技术、管理、商业模式的产业化与规模化应用。2022年8月，北京市印发《北京城市副中心元宇宙创新发展行动计划（2022—2024年）》，提出"力争通过3年的努力，将城市副中心打造成为以文旅内容为特色的元宇宙应用示范区"。2022年9月河南省印发《河南省元宇宙产业发展行动计划（2022—2025年）》，提出"打造集创新链、产业链、服务链、生态链于一体的全国元宇宙产业发展高地"。除各级政府外，我国企业也通过各种方式，积极打造自身元宇宙版图。

---

① 参见《上海市委经济工作会议上，李强龚正明确明年经济工作目标要求》，载澎湃新闻，https://www.thepaper.cn/newsDetail_forward_15940434，最后访问时间：2023年4月1日。

② 参见《多地政府密集释放布局元宇宙信号》，载电子信息产业网，http://m.cena.com.cn/industrynews/20220117/114889.html，最后访问时间：2023年4月1日。

③ 另外，黑龙江、江西、安徽等地也将元宇宙纳入"十四五"专项规划，武汉、合肥、成都、等地将元宇宙写入地方政府工作报告。

④ 参见《上海发布12个城市数字化转型创新基地 全国首个省市级元宇宙研究机构入选》，载中新网上海，https://www.sh.chinanews.com.cn/chanjing/2022-08-25/102562.shtml，最后访问时间：2023年4月1日。

（二）国外情况

元宇宙已经成为影响全球发展的新领域以及各国战略布局和博弈的关键领域。对此，各国亦根据各自情况，因地制宜地颁布了相应政策。

近些年来欧盟通过了《人工智能法案》《数字服务法案》《数字市场法案》等法案，并就《加密资产市场提案》达成临时协议，其对元宇宙的监管力度和规则问题更加重视。欧盟将凭借前述法案，持续对数字空间进行监管。

以日韩为代表的亚洲国家颁布了多项政策措施进军元宇宙。日本将"社会5.0"作为其超智能社会的布局规划；[①]2021年7月13日，日本经济产业省发布《关于虚拟空间行业未来可能性与课题的调查报告》，归纳总结了日本包括游戏产业在内的数字内容产业未来可能面临的各种问题，并审视了与日常生活日益融合的虚拟空间的前景与挑战，以期日后能在虚拟空间相关产业拔得头筹。2020年，韩国政府在《沉浸式经济发展策略》提出建设大数据平台、第五代移动通信（5G）、人工智能等数字产业基础设施，发展"非接触经济"。2021年5月，韩国科学技术和信息通信部发起成立"元宇宙联盟"。同年10月6日，首尔政府公布了建立"首尔元宇宙"的一项五年计划，其亦成为韩国乃至全球第一个制定全面的中长期元宇宙政策计划的地方政府。2022年9月1日，韩国执政党国民力量党首席发言人提议制定《元宇宙产业促进法》，为促进元宇宙产业的各项政策奠定基础。[②]

三、重点观察之一：虚拟人

自1992年科幻小说《雪崩》出版以来，在计算机技术与混合现实不断发展的背景下，虚拟世界逐渐成为社会公众现实生活的延展，虚拟世界和现

[①] 朱启超、王姝：《日本"超智能社会"建设构想：内涵、挑战与影响》，载《日本学刊》2018年第2期。

[②] 参见《韩国"元宇宙"起风了》，载新华网，http://www.news.cn/globe/2021-12/21/c_1310369066.htm，最后访问时间：2023年4月1日。

实世界逐步交融，形成了混合的"现实之间"（Interreality），网络用户也从一个简单的账户、昵称逐步演变成拥有具体形象、标志乃至"人物设定"的"虚拟人"。[①] 在元宇宙中，虚拟人随技术发展而拥有了更高的拟真水平、更强的可交互性，拥有了更多"人"的特征。

这些虚拟人之间又产生了多种多样的人际关系，并构建出复杂的社交网络与虚拟社群——纷争随之而来。在解决这些纷争过程中，新的问题浮出水面：虚拟人的法律地位如何，是否需要建立新的规则体系？其是否具有独立于自然人的全新人格，可否作为新的主体看待，还是将其视为自然人的延伸？为此，本部分将从虚拟人的基础特征出发，厘清各部门法下的法律问题，结合域内外实践经验与学界观点，初探对虚拟人问题的法律规制路径。

（一）虚拟人的分类与特征

1. 虚拟人的分类

自2000年11月韩国社交软件上线用户自定形象的"Avatar"功能以来，虚拟人已有了长足的发展。虚拟人不再局限于一段机械重复的动画，也不再拘泥于创建者简单的原始设定。[②] 虚拟人的"体态特征"实现了高度定制化，而其可实现的功能、可从事的事务亦有了极大扩展，虚拟人的类型也日趋丰富起来。根据不同分类标准，大致可将其分为以下几种类型：

根据虚拟人运行的底层架构，可将其分为人工智能驱动型虚拟人及真人驱动型虚拟人。人工智能驱动型虚拟人多基于深度学习训练出来的人工智能而运行。而真人驱动型虚拟人等则具有"中之人"，[③] 虚拟形象本身并无交互能力，特定人员通过运用动作捕捉设备等方式实时操纵虚拟人。

---

① 在《雪崩》中，虚拟人被称为"Avatar"，该词源自梵语，意为"分身"或"化身"。如今，虚拟人又有了"Virtual Human"或"Metahuman"等称谓，本报告对此不作特别区分。

② 与之相对应的，以往在影视作品或动漫游戏之中出现的虚拟形象，通常不被认为属于"虚拟人"范畴。

③ 该词来源于日语"中の人"，本意是指身着皮套或特殊戏服进行表演的演员，而后引申为"扮演某一虚拟角色/形象的人员"。

根据虚拟人创建和应用场景的不同，可将其分为数字化身型虚拟人、功能型虚拟人及IP运营型虚拟人。元宇宙中用户创建的虚拟形象属于数字化身。功能型虚拟人则往往诞生于对某些拟人化服务需求的满足，如新华社虚拟记者等。IP运营型虚拟人如各类虚拟偶像，则更强调其形象设定、用户交互及周边衍生。

根据虚拟人运作、运营方式的不同，可将其分为专业团队运营型与爱好者创作型。目前，大部分功能型虚拟人及虚拟偶像、虚拟主播均由专业团队负责运作、运营，但也有部分虚拟人，其大量作品、形象设定等来自于个人爱好者及相关社群。

根据虚拟人表现形式的不同，可将其分为写实型虚拟人及非写实型虚拟人。写实型虚拟人如央视虚拟主播，其形象特征与主持人别无二致。非写实型虚拟人则绕开真人，在虚拟世界中构造出不存在于现实世界人物形象。

值得注意的是，虚拟人的分类并非泾渭分明。以著名的虚拟歌姬为例，其原为语音合成软件，但在其问世之后，各用户又成为新的创作者不断完善这一形象，如今更有用户尝试为其导入人工智能进行编曲创作。并且，在音乐事业发展壮大的同时，大量衍生物亦随之诞生。如使用前述分类标准对今时今日的初音未来进行归类，其可能难以被简单放入任意一类之中。

2. 虚拟人的二元性特征

（1）虚拟性与现实性

与现实世界不同，虚拟世界往往具有极大的自由度，这使得有关主体在创建虚拟人之时，几乎不会受到来自现实世界的限制。有关主体可以随心所欲地设定虚拟人的性别、肤色、样貌，甚至物种。这种虚拟性正是虚拟人这一事物的最大特征。

不过，除非虚拟世界已经超越了人类智识理解范畴，或对真人无法产生任何影响而与现实世界断开连接，否则，虚拟世界与现实世界并非完全分隔。[①]无论是早期的网络社区或今后的元宇宙，虚拟世界的环境设定总会

---

① Lastowka F G、Hunter D.：The laws of the virtual worlds，Calif.L.Rev.，2004：1.（［美］G.拉斯托卡、D.亨特：《虚拟世界的法律》，载《加利福尼亚法律评论》2004年第1期。）

或多或少地借鉴现实世界的情况。从物理定律到周遭景观，从衣食住行到社会秩序，虚拟世界总是与真实的、实际的情况相关联。在此之上，虚拟人在虚拟世界中的行为及体验亦将通过传感装置传递给现实世界中的开发者、运营商或用户，而前述主体亦通过虚拟人与虚拟世界的其他主体发生联系，作出各种各样的行为，并丰富虚拟人的内涵。于是，虚拟人同样具有了现实性。

（2）依赖性与独立性

要形成一个可被其他主体识别的虚拟人，必须具有相应的名称（称谓）、形象及其他形态特征或表现形式。虚拟世界与现实世界不同的环境与社会关系，致使虚拟人的前述形态特征或表现形式均与现实中的真人存在一定差异。即便是前文提及的数字化身型虚拟人，其亦往往无法做到与现实中的真人完全一致。在重塑人设的过程中，虚拟人的身份和行为模式也将被重构，其由此具有了一定的独立性特征。[①]

当前强人工智能尚未面世，完全脱离人类范畴具有自我意识的虚拟人尚仅存于科幻作品之中。即便是最先进的人工智能驱动型虚拟人仍有赖于前期开发者对其代码的编写及对其语料的"投喂"，而其他类型虚拟人则更需要借助现实世界中真人的帮助。正如电影中所展现的那样，当用户进入虚拟世界中时，其即为虚拟人本"人"，但当其脱下传感设备下线时，虚拟人则陷入了静默，从虚拟世界中"消失"。虚拟人无疑仍具有对现实世界中真人的依赖性。

（二）虚拟人所引发的法律问题

1. 民事法律领域

有观点认为，"不可能对虚拟人进行诽谤，因为其并不是真实的，所以其名誉不能受到伤害"[②]。这种观点显然失之偏颇：正如粉丝们在谈论虚拟偶

[①] 参见占琦：《网络社交虚拟人格的符号建构与情感维系》，载《青年记者》2020年第11期。
[②] Mark A. Lemley、Eugene Volokh: Law, Virtual Reality, and Augmented Reality, U.Pa.L.Rev.5 (2018).（[美]马克·A.莱姆利、尤金·沃洛克：《法律、虚拟现实和增强现实》，载《宾夕法尼亚凯利法律》2018年第5期。）

时通常并不会将其等同于其中之人或运营商一样，①虚拟人本身具有真实性与独立性，除数字化身等与现实真人紧密联结的虚拟人外，社会公众在讨论和评价虚拟人时很可能将其单列，而不会把该虚拟人直接等同于某个自然人或相关的开发、运营团队，而这些讨论和评价也将致使该虚拟人与前述主体区分开来。因此，虚拟人本身往往蕴含着有别于现实世界特定主体的某些权益。

反过来说，"虚拟人诽谤他人（或开展其他侵权行为）"应当由谁来承担责任，同样成了一个问题。有观点认为人工智能发表不当言论的行为应当归责于提供观点的用户，但也有人认为这应该追究公司未对人工智能的伦理模型进行较好训练的责任。

综上所述，虚拟人可能具有某些权益，也可能需要承担某些责任——于是问题就变成了，这些权益和责任由谁享有和承担？是虚拟人抑或是现实中的主体？"财产说"认为，虚拟人应当视为一种虚拟财产；亦有学者持"同一说"观点，认为虚拟人的行动与言论源于现实世界的自然人，因此直接视为同一主体即可。②但也有学者认为，虚拟人与现实世界相对独立，应当将虚拟人格纳入准人格范畴，使得能够在法律逻辑上确认虚拟人与自然人之间的有限分离，以便于向权利主体提供更完备的保护。③在此之上，有观点指出，虚拟人格只是自然人人格的延伸，其作用为在诉讼中寻找其背后的真实人格。④更有学者认为，可为虚拟人与现实世界的自然人设计双重法律人格。⑤

2. 刑事法律领域

侵害个人合法权益、妨害社会管理秩序的行为自互联网诞生以来于虚拟

---

① 参见《虚拟偶像侵权谁担责？律师解读：其所有人应承担相应责任》，载《扬子晚报》2022年8月12日。

② 参见杨延超：《网络时代论元宇宙中的民事权利》，载《东南大学学报（哲学社会科学版）》2022年第4期。

③ 参见李佳伦：《网络虚拟人格对民法典中民事主体制度的突破》，载《法学论坛》2017年第5期。

④ 参见杨立新：《人工类人格：智能机器人的民法地位——兼论智能机器人致人损害的民事责任》，载《求是学刊》2018年第4期。

⑤ 参见杨延超：《网络时代论元宇宙中的民事权利》，载《东南大学学报（哲学社会科学版）》2022年第4期。

世界屡见不鲜，一旦特定行为超越"情节显著轻微危害不大"的门槛，根据具体被侵害的法益、构成要件情况及有责性，相关的犯罪就可能成立。

与之相类似，由于现阶段现实世界通过传感技术链接元宇宙，脑机接口等技术尚未投入市场应用，因此实际上产生联系和互动的虚拟人双方并未具有物理层面的身体接触，"虚拟殴打""虚拟杀害"等行为是否构成犯罪，同样值得商榷。

相较而言，对利用虚拟人进行涉及财产（无论其是现实的财产抑或是虚拟财产）犯罪的认定，现行法律法规障碍较小。"虚拟抢劫"、"虚拟盗窃"或"毁坏他人虚拟财产"等行为，很可能构成侵犯财产罪或妨害社会管理秩序罪。

（三）域内外动向

2008年11月，英国一名女性因发现其夫在虚拟世界中操纵其虚拟人角色与另一位女性虚拟人"在沙发上依偎在一起，看起来很亲热"而申请离婚。这一情况在当时屡见不鲜——此后不久，其夫的虚拟人与该女性虚拟人在线上举办婚礼。

2018年9月12日，手机软件"某记账"上线，该软件中运行的虚拟人整体形象与著名主持人类似，以此营造后者与用户随时互动的使用体验，吸引粉丝使用。该主持人遂将该软件的开发及运营方诉至法院。法院经审理认定，运营方对该虚拟人的设计属于对整体形象和人格表征的利用，侵犯了其肖像权、姓名权及一般人格权。[①]

（四）虚拟人的法律规制路径初探

1.虚拟人的法律地位认定

将虚拟人视为一种虚拟财产有悖于公众的一般认识。而虚拟人的二元性特征又致使无论采用"同一说"或"双重法律人格说"都可能在实践中出现问

---

① 参见北京互联网法院（2020）京0491民初9526号民事判决书。

题。"同一说"难以体现虚拟人与现实世界主体之间的差异,而"双重法律人格说"又极大削减了虚拟人与现实世界之间的联系。因此,采"准人格说",既将虚拟人与现实世界主体有限分离,确认其拥有与现实世界主体相异的权益,又保留二者之间联系,避免出现利用多重主体逃避法律责任的情况,可能更为适宜。

当然,该种认定同样存在局限性。在人工智能驱动型虚拟人场景中,部分侵权行为可能难以完全归责于其开发者;针对这一情形,亦有学者提出可部分授予此类虚拟人类似于法人的法律地位,以此将开发者所应承担的责任限制在一定范围内。可以预见的是,今后如诞生真正意义上的强人工智能,抑或随着脑机接口等技术而实现"云端意识""数字永生",虚拟人的法律地位又将发生翻天覆地的变化。①

2. 元宇宙自治机制与虚拟人规制

从全球立法情况来看,当前各个国家和地区鲜见与虚拟人直接相关的立法,司法机关在处理涉及虚拟人的争讼中多调整沿用现行法律法规进行处理。但在此之前,大量涉虚拟人的纠纷则止于虚拟世界,由虚拟世界的控制者,亦即互联网运营方或特定平台的管理者(如论坛版主或管理员等)根据最终用户许可协议(End User Licence Agreement)、用户服务条款(Terms of Service)或社区公约(Community Convention)进行处理。随着Web3.0时代去中心化的到来,或许在今后的元宇宙中,并不存在某一特定的"运营方",但仍可参照EULA、TOS或者CC设计元宇宙的自治机制。特定元宇宙中的虚拟人须签订并遵守该机制方可进行活动。一旦出现违规现象,则可视情节程度予以一定期限内禁止发言、禁止登录乃至删除该虚拟人等多种处罚。

3. 虚拟人行为的刑事法律适用

实验表明,即使经由虚拟人产生或传导的体验未必是真实的,其对用户

---

① 参见杜骏飞:《何以为人?——AI兴起与数字化人类》,载《南京社会科学》2023年第3期。

的身心影响却是真实的,^①仍可能对现实中的人造成严重的精神创伤。由于我国现行刑事法律体系甚少对精神层面的损害进行单独评价,而是将其吸纳进人身或财产等其他损害结果的评价之中;故在精神权益逐步凸显的元宇宙中,可将致使他人精神损害达到一定程度的行为设置单独罪名,或吸纳进故意伤害罪等罪名中进行评价。^②

而对于严重扰乱元宇宙运行秩序、影响其他虚拟人正常生活或工作的行为,也可根据其行为所侵害的法益进行定罪量刑。针对侵害他人虚拟财产的行为,鉴于我国《民法典》已规定了虚拟财产的合法性,故即便是具体规定尚未出台和明确的当下,仍可参照《刑法》中有关侵犯财产的罪名处理;鉴于侵害他人虚拟财产的行为多通过某些技术手段破坏虚拟世界(计算机系统)进行,因此,这些行为还将触犯如非法侵入计算机信息系统罪等罪名。

四、重点观察之二:虚拟财产

(一)问题简述

在虚拟空间越发日常地出现在社会公众的工作、生活之中时,包括虚拟物品在内的种种虚拟财产也随之进入社会公众的视野中。随着互联网技术的进一步发展,虚拟财产的数量和种类亦将在Web3.0时代出现井喷式增长。然而,我国现行法律制度体系尚不能完整地界定虚拟财产的属性与边界,对于各类相关行为也尚不能进行有效规制,导致司法实践中出现了种种困难。具体而言,虚拟财产的法律属性目前争议较大,各界尚未形成一致观点,故致

---

① See P.M.G.Emmelkamp et al.: Virtual Reality Treatment versus Exposure In Vivo: A Comparative Evaluation in Acrophobia, Behav. Res. & Therapy 5(2002); Giuseppe Riva et al.: Interreality in Practice: Bridging Virtual and Real Worlds in the Treatment of Posttraumatic Stress Disorders, Cyberpsychology Behav. & Soc. Networking 1(2010).(参见[荷]P.M.G.艾莫尔康普等:《虚拟现实与体内暴露:恐高症的比较评估》,载《行为研究与治疗》2002年第5期;[意]朱塞佩·里瓦等:《实践中的跨现实性:在创伤后应激障碍的治疗中连接虚拟世界和现实世界》,载《网络心理学、行为和社交网络》2010年第1期。)

② 参见刘宪权、王哲:《元宇宙中的刑事风险及刑法应对》,载《法治研究》2022年第2期。

使不同部门法之间的认定存在巨大差异，不同的司法判例众说纷纭；与此同时，虚拟财产的交易流转活动尚未形成较为固定的规则体系，交易中亦存在大量灰色地带，既容易引发纠纷，纠纷产生后又难以形成较具普适性的解决方案；更进一步，无论是同质化代币，还是非同质化代币，都可能会被黑客非法侵入、获取，成为信息网络犯罪的侵害对象，或易于出现破坏市场经济秩序的种种犯罪。

有鉴于此，本章节将对虚拟财产的核心争议进行梳理，并借鉴国外先进范例，吸收其经验教训，对我国的虚拟财产保护提出建议。

（二）核心争议点

1.虚拟财产的法律属性界定

《民法典》第127条规定，"法律对数据、网络虚拟财产的保护有规定的，依照其规定"，明确把虚拟财产纳入法律权利保护范围之内。然而，该条法律并未对虚拟财产的法律属性作进一步明确，导致司法实践中出现了不少麻烦。目前学界对于虚拟财产法律属性认定亦未达成统一观点，"物权说"、"债权说"、"知识产权说"和"新型财产权说"等各种观点均存在一定合理性。

"物权说"认为，虚拟财产的物权特征来自于权利人依法对特定的物享有的支配权和排他权。通过账号密码、身份校验等方式具备排他性、对世性与特定性的特点，其可以被视为一种特殊的物体，应当纳入物权体系进行整合。尽管虚拟财产并不作为一种有形物体存在，但西南政法的黄忠教授等的一批学者认为，随着社会经济与科学技术的发展，物的范围界定不限于有形范畴，只要具备了法律上的排他性和管理的可行性，都可以认定为"物"。[①]

"债权说"认为，虚拟财产诞生于网络运营商为用户提供的信息网络服务，虚拟财产是用户向运营者要求提供的一种服务凭证，两者之间的用户授权协议可以认定为服务合同关系。用户作为债权人，获得网络运营商提供特

---

① 参见黄忠：《限制数字资产流转条款的效力论》，载《甘肃政法大学学报》2021年第3期。

定服务的请求权而形成债权。网络运营商的技术支持是网络用户对虚拟财产享有支配权的前提条件，因此该支配权实为一种相对的权利，不应当认定为完全的"物权"。①

"知识产权说"认为，虚拟财产属于一种智力成果，具有新颖性、独创性。分为两种观点，一种观点认为用户在元宇宙网络平台上投入时间与精力，并将智力型的劳动投入创造，最终形成元宇宙中的虚拟财产，所以智力成果应当属于用户。另一种观点则认为，虚拟财产是开发商的智力成果，形成的代码、数据来源于运营商的努力搭建，智力成果应当属于创作者。②

"新型财产说"认为，在科学技术迅猛发展、互联网步入web3.0的时代，对财产的定义不应当局限于传统的物债二分，元宇宙的虚拟财产已经超越了传统财产权理论的调整范围，物权和债权都不能将其完全涵盖其中，应当视为一种新型财产权。如本报告前文所述，网络运营商与作为用户的权利人所签订的授权服务合同，致使虚拟财产具有类似债权的特征；而"任何人均不得侵犯权利人对于特定虚拟财产的支配"又令其具有了对世性这一物权特征。在司法实践中，大部分的民事纠纷、侵权问题采用非物权的方式救济，而刑事司法中如"虚拟财产的盗窃罪"又从非债权的角度出发，使其法律属性具备了特殊性。③

综合对比上述学说，"物权说"中，虚拟财产的对世效力实际上存在于运营商提供的服务器中，并不具备完全的物权属性，很难对其他人甚至第三方发生约束作用。"债权说"则基于运营商与用户之间的授权协议和服务条款，是合同双方之间的权利义务，但是在司法实践中，通常出现第三方对用户造成损害，如果适用债权说观点，用户难以对第三方追责。"知识产权说"着眼于虚拟财产的新颖性与独创性，虽然体现出其被网络运营者"创造"的

---

① 参见余俊生：《论网络虚拟财产权的权利属性》，载《首都师范大学学报（社会科学版）》2011年第3期。
② 参见侯利宏：《论虚拟财产若干法律问题研究》，载《河南财经政法大学学报》2013年第2期。
③ 参见李岩：《"虚拟财产权"的证立与体系安排——兼评〈民法总则〉第127条》，载《法学》2017年第9期。

理念，但是从根本上说，用户在获取、处分虚拟财产的时候更倾向于"使用"，因此知识产权可以用来保障运营者的权益，但对用户并不合适。

因此，采用兼顾了"物"和"债"等多重属性的新型财产说或许在日后更具生命力。虽然该学说观点目前尚未明晰虚拟财产的具体边界，产权归属亦仍可能存在一定争议，尚不能指导司法实务的开展。但随着科学技术的不断发展，社会关系的不断演进，今后必然会出现越来越多的新型财产，传统的物债二分原则必会有难以适用的一天，采用"新型财产说"可以通过不断细化内涵、具体分类的方式达到新的融合，更好地实现对虚拟财产与时俱进的认知。

2.虚拟财产的交易流转规则

2021年5月31日，最高人民法院发布互联网十大典型案例。其中，俞某1网络公司网络服务合同纠纷案为妥善调处网络虚拟财产相关纠纷提供了典型范例，有利于进一步提高对网络虚拟财产的保护水平。2017年4月6日俞某在网络公司运营的直播平台的账号被异地登录并被盗刷了价值1180元的券。俞某主张软件的安全性存在问题，请求法院判令网络公司赔偿全部损失。人民法院经审理认为，俞某未能充分选用更高等级的安全保障方案，未能妥善地保管账号、密码并采取充分措施防止财产被盗，对上述被盗结果应负主要责任；网络公司向用户提供的防盗措施不够周密，且用户财产被盗后，未能提供或保存被盗财产的流向等信息，负有次要的责任，故判令网络公司向俞某赔偿被盗虚拟财产价值的40%即472元，驳回俞某的其他诉讼请求。①

在本案中，法院绕开了虚拟财产法律属性、相关交易流转规则等争议性较强的话题，着眼于个案的认定。法院根据当事双方的合同提出，网络服务提供者与网络用户应当就双方在履约过程中的过错程度对损害后果的大小，对责任比例进行分配，进而对虚拟财产保护问题进行处理。本案的典型意义在于，个案中探索的保护方式，即根据合同约定的权利义务界定双方对虚拟财产损失的责任，在司法实践中可以被大量类似案件模仿，具有广泛的示范效应。

---

① 参见广州互联网法院（2019）粤0192民初70号民事判决书。

然而，此案也从另一侧面反映出，纵然我国不断强化对于虚拟财产的规制，但截至目前，在与虚拟财产相关的制度设计中，仍有大量空缺，难以体系性地解决日益增多的实际纠纷。

某种事物或权益得以被顺利交易或流转，首先应当明确其权属问题。如前文所述，学界对虚拟财产的法律属性众说纷纭，而对于特定虚拟财产应当归属用户所有或归属于平台，亦存在争议。当前，虚拟财产的形成往往有赖于运营商或开发者对数据代码的构建，用户难以令其在不同的元宇宙次元间穿梭，其可携带权难以实现，往往仅能在同一虚拟世界中流转。因此，如果认为虚拟财产的权属完全归于用户个人，并不符合如今的元宇宙技术水平与交易现状。不过，如果将其归属于运营商，亦即认为虚拟财产的"可交易性"完全是基于平台的贡献，也存在明显问题。Web3.0时代强调去中心化，每一个元宇宙中的虚拟财产均有赖于用户共创，将共创成果由运营商享有会严重剥夺用户权益，有悖于Web3.0时代的互联网价值体系，破坏元宇宙中独立、自由的虚拟经济交易秩序。

除了上述争议，现实中虚拟财产的交易流转也会受到元宇宙"虚拟性"的深刻影响。区块链等用于承载和记录虚拟财产的技术本身并不统一，不同元宇宙本身也往往存在多种多样的算法形态和编码结构，且用户个人可以建立各种各样的身份属性，除核心ID，其附属形象特征诸如性别、年龄、装扮等可以进行随意切换。这些差异与不稳定性加剧了平台上用户身份识别与虚拟财产归属的复杂性。"虚拟性"作为元宇宙的重要特征之一令财产交易流转在双方权利主体之间"隔着面纱"，而现有的用户甄别技术不能完全实现认证与识别的真实，无法促成虚拟财产的认证与互通，更是加大了用户交易的不信任感。

在我国民事法律体系中，仅《民法典》第127条确立了网络虚拟财产的概念；而全国人大常委会《关于维护互联网安全的决定》等相关文件也尚未构建关于虚拟财产的具体保护制度，虚拟财产既未被界定具体内涵，也缺乏相应的保护机制。因此，目前虚拟财产的交易纠纷通常寻找债权法、侵权法等法律依据予以解决，然而，由于难以认定权利主体、难以从法律属性上寻找权利来源，实践中的认定和法律适用仍非常困难。在我国行政、刑事法律体系中，由于缺乏对应规定，致使执法、司法各部门也难以把握执法、裁判的尺度，对同一情形可能作出不同定性。而一旦涉及跨法律部门问题，这些界定和保护的模糊与差异，又会进一步加剧法律适用的不确定性，引发种种问题。有鉴于此，从基础的定性到详细的保护机制、多部门衔接的完整法律体系亟待构建，虚拟财产保护亟须完善的立法供给。

3.虚拟财产的现实化

元宇宙社会依托于现实物质条件产生，虚拟财产也由此与现实世界相联系，不再局限于虚拟空间之中。

如今，NFT等非同质化的虚拟财产频繁成为现实交易的一部分。人们在元宇宙中创作NFT，而后在现实世界中进行交易。NFT的"铸造"和交易大致可分为以下两个阶段：首先，将现实世界或虚拟空间中的作品上传至某一交易平台，使其被"铸造"成NFT；随后，通过该交易平台与首次购买者进行在线交易，在其支付了一定对价后，智能合约会将其记录为该NFT的新拥有者。部分国家和地区还运行着合法的二级交易市场，拥有者可对NFT进行二次销售。

在第一个阶段中，对特定现实作品进行数字化的行为，构成了著作权法意义上的改编；而将数字化的作品（或本就存在于虚拟空间的作品）上传至交易平台的网络服务器，则构成了著作权法意义上的复制；NFT及对应作品在公众选定的时间地点被公众公开浏览，显然也属于信息网络传播权范畴。换言之，在未经权利人许可的情况下实施前述行为，则将侵犯权利人的合法权益。在"NFT数字藏品案"中，"铸造者"未经许可即将他人作品"铸造"为NFT进行交易，因而被法院认定构成对该作品复制权和信息网络传播权的侵害。[①]

在交易阶段，由于现有技术仍有较大优化空间，相关制度建设亦并不完善，交易过程中存在诸多风险。一方面，不少交易平台本身依托于大型网络运营商或区块链公司等主体提供技术支持，一旦双方终止，用户如何继续"拥

---

① 参见杭州互联网法院（2022）浙0192民初1008号民事判决书。

有"和交易其所购买的NFT等虚拟财产将成为问题。而黑客入侵等网络安全问题在元宇宙中同样存在，如何避免藏品或其唯一性被损坏，保护用户对特定虚拟财产所享有的各项权益，亦是保障元宇宙得以稳定持续发展的关键。

用于确保交易得以达成、后续交易得以开展的智能合约虽能实现陌生交易间的完全信任问题，然而，智能合约的合同缔约与履行同步进行，一旦相关程序判定交易双方符合条件就会触发缔约，进入后续履约状态。我国《民法典》规定了受欺诈方在违背真实意思的情况下实施的民事法律行为有权请求法院或者仲裁机构予以撤销，可在这种情形下，智能合约交易结果不可逆，后继无法修改与撤销，具有较大局限性。[①]

在"虚拟财产"概念火热的当下，大量资本进入市场，搭建发行平台，随意发行作品，炒作这一概念，准备坐收渔利。一片火热但鱼龙混杂的虚拟财产交易市场，可能会引发新一轮互联网泡沫（Dot-com bubble），进而招致经济危机。

（三）域内外动向

"网络无国界。"随着Web3.0时代的到来，全球各个国家和地区在虚拟空间中的联系更为紧密，而各国、各地区所面临的问题亦具共性。如何对虚拟财产进行认定，并确定相关交易规则，亦是一项世界性的难题。

1. 欧盟

在较长时间内，欧盟27个成员就虚拟财产交易问题并未能达成统一意见。不过，虽然当前各国之间对虚拟财产的政策、态度差异较大，但仍有逐步走向互相承认与许可的趋势。

就主要的欧盟成员而言，2021年7月1日，德国《基金定位法》生效，其允许德国的特殊基金将不超过20%的资本投资虚拟资产。2021年11月29日，卢森堡金融业监督委员会（Commission de Surveillance du Secteur Financier, CSSF）通过发布FAQ的方式阐明获CSSF授权的另类投资基金管理人所管理的

---

① 参见吴烨：《论智能合约的私法构造》，载《法学家》2020年第2期。

另类投资基金可以直接或间接投资任何形式的虚拟资产。

近年来，欧盟也逐渐重视在欧盟层面形成统一的虚拟资产监管规定。

早在2020年9月，欧盟委员会（European Commission）就提出了《加密资产市场条例》（the regulation on markets in crypto-assets，MiCA）的提案。欧洲议会经济和货币事务委员会（European Parliament's Economic and Monetary Affairs Committee）于2022年3月14日通过了MiCA及其修订，且MiCA将进入欧盟委员会、议会（Parliament）和财政部长（Ministers of Finance）间的三方讨论。一旦三方达成一致，MiCA将在欧盟层面为加密资产这一虚拟财产制定统一规则，从而为现有欧盟立法未涵盖的加密资产提供法律确定性。

2022年8月19日，欧盟知识产权局（European Union Intellectual Property Office，EUIPO）从定义入手，发布《指南草案（2023年版）》[Draft Guidelines（2023 edition）]，对虚拟商品进行了分类。"虚拟物品"是指在网上社区或网络游戏中购买和使用的非实物物品，所有虚拟商品均被视为数字内容或图像。根据EUIPO的规定，所有可下载的材料都将适合纳入第9类物品中。

2. 韩国

韩国电竞产业与互联网产业的发展，致使韩国在对待虚拟财产交易问题的态度上发生了转变。在网络游戏发展初期，韩国的虚拟财产交易受制于法律空白，很多实际问题于法无据；后来，虽然韩国法律规定禁止虚拟财产的交易，但从实施效果看并不理想：许多现存的虚拟财产交易无法阻止，反而因法律的禁止转入地下，形成了一条灰色产业链；并且，因虚拟财产交易的不合法，许多用户在利益受到侵害时很难在司法上得到保护。基于上述实施困境，且互联网产业逐渐成为韩国国民经济的支柱，韩国取消了对虚拟财产交易的禁令，并且越来越关注虚拟财产交易法律体系的完善。目前，韩国已经基本明确了虚拟财产的概念和内涵，从虚拟财产的民法保护、刑法保护到国家行政监管领域均建构了相应的保护制度。

从虚拟财产的民法保护视角观察，韩国《关于促进和保护信息通信网等的法律》第49条规定,"任何人不得损毁或者盗用,泄露通过信息通信网处理、保管或者传送他人信息"。从刑法的角度观察,韩国《刑法》第347条第2款将盗取虚拟财产的行为界定为"计算机等使用欺诈罪",将通过暴力威胁手段夺取他人秘密账号等虚拟财产的行为纳入了抢夺罪的范畴,将盗取、泄露他人数据信息的行为界定为滥用个人信息和隐私罪。从国家监管的经济法视角观察,韩国《附加价值税法》第1条、第1项第1号、第2项及《附加价值税施行令》第1条第1项、第2条,将虚拟财产纳入了课税对象,认可了虚拟财产的"财货"属性。

3. 中国

早在2011年的全国两会上,就有多名人大代表提交了《关于制定虚拟财产保护法的议案》。但彼时"虚拟财产"尚属新兴事物,因此,同年10月,全国人大财政经济委员会反馈称:"制定专门的虚拟财产保护法,国际国内都没有成熟的模式,建议有关部门加强研究探索、积累经验。"[①] 在此之后数年间,又有不少代表提出了类似的议案。

2017年,修改后的《民法总则》第127条规定终于首次明确了对虚拟财产的保护,填补了我国法律在虚拟财产问题上规定的空缺。此后,《民法典》沿用了《民法总则》第127条之表述。然而,该条规定仅为援引性规定,具体配套的法律法规并未出台,仍难以满足现实保护的需要。2020年,最高人民法院和国家发改委《关于为新时代加快完善社会主义市场经济体制提供司法服务和保障的意见》指出,要"加强对数字货币、网络虚拟财产、数据等新型权益的保护,充分发挥司法裁判对产权保护的价值引领作用"。同年12月29日,最高人民法院颁布的《民事案件案由规定》中,又在"网络侵权责任纠纷"的案由中,新增了"网络侵害虚拟财产纠纷"这一细分案由。

[①] 参见杨柳、樊瑞:《两会时间 | 建言十二载,保护虚拟财产立法时机是否成熟?》,载"财经E法"微信公众号,https://mp.weixin.qq.com/s/Yt0onvF7h8KwCO2BxwNdpQ,最后访问时间:2023年4月1日。

（四）从"虚"到"实"：虚拟财产的保护体系构建

1.完善虚拟财产保护法律体系

借鉴韩国的法律设计，我国可基于《民法典》第127条的概念，创设一种"虚拟环境管理系统"，建立和完善全方位的保护与救济规则，使虚拟财产在各法律部门之间的规范得以兼容。

首先，要明确定义虚拟财产的法律属性与具体权利范围。此二者是后续权利保护的基础，需要高度的公信力和权威性，因此无论采用何种学说，务必从立法角度予以阐明。关于虚拟财产的范围定位，为适应高速发展的互联网特色，在立法上可对虚拟财产交易采取开放性、原则性规定，仅针对禁止交易的行为、事项进行较为明确的列举。

其次，要明确权利归属。目前我国的司法实践中和日常交易中，网络服务合同条款大多注明"所有权属于运营方"，但如本章节前文所述，将虚拟财产的权属认定为运营商的做法，有失公平。虚拟财产的获取、交易应当符合基本的民法原则，遵循平等与诚实信用原则。为更好实现Web3.0时代的去中心化，用户与运营商之间可依据自愿原则确定权利主体。而遵守公序良俗，亦意味着对于新型的网络犯罪，如虚拟财产的盗窃、虚拟知识产权的侵犯等，应采用刑法予以调整，但须注意各个法律部门之间的协调适配。

此外，可参照知产领域的"知识产权法院"，建立专属的纠纷解决机制和纠纷解决机构——"虚拟财产法院"。应当从立法角度明确指出权利人的救济路径，并提升案件审查时的追踪技术，在元宇宙领域应当及时邀请鉴定人、专家辅助人等帮助争议解决，提升案件审理的科学性。

2.构建自治组织或引入第三方机构以适应去中心化

纵然目前的元宇宙尚未发展成为理论上完全去中心化的形态，大型互联网公司等平台运营者在元宇宙中仍扮演重要角色；不过，元宇宙正逐步向完全去中心化演变。更高程度的去中心化，意味着元宇宙从搭建到维护与内容创作均有赖于个人用户，而原本的平台运营者在元宇宙中亦将逐渐边缘化——这也意味着运营者对特定元宇宙的掌控力和强制力将会减弱。届时，元宇宙内部的规范运行亦将高度依赖内部共同治理，如何发现其中的违法违规行为并及时予以规制、如何快速处理和解决其中发生的纠纷，将成为保障元宇宙得以有序存续的关键。

为此，可以在元宇宙中构建用户自治组织或引入第三方机构，充分发挥用户自治的积极性与第三方机构的专业性，既保持元宇宙去中心化特点，又令特定元宇宙中的违法违规行为及用户间纠纷可以得到妥善解决。①

3.构建安全数据体系

基于元宇宙的虚拟性，用户拥有多样的虚拟形象，可以任意进行沟通互联，但在虚拟财产交易时亦容易产生信任危机。此时，便需要平台运营商或第三方机构加大监管力度，实现对核心ID的审核登记，通过官方渠道予以认证保护。这既可以提升虚拟财产交易流转的透明度和可信任感，也可以为个人信息的保护提供事前监管的前提，防止个人隐私、信息等被泄露利用，减少元宇宙中"问题账号"的存在。

元宇宙是在技术发展的基础上逐渐建立起来的，为保其更加安全稳定地运行，提升技术领域的研发投入，必须逐步提高安全防范技术。平台运营商应当对用户负责，应当加强对虚拟财产的加密保护、对系统的安全维护，防止出现黑客入侵造成的系统瘫痪和财产权利被侵犯。为更好维护交易安全，防止新型财产犯罪行为的发生，对记录虚拟财产流转信息、支撑元宇宙金融系统运行的区块链技术，亦应同步加强。只有巩固和提高元宇宙的底层技术和基础设施，才能更好地对犯罪行为和民事侵权行为进行追踪。

五、重点观察之三：知识产权

（一）问题简述

与现实世界不同，元宇宙由仅由"人造物"与"人造物的生成物"组成：

---

① 参见杨东、高一乘：《论"元宇宙"主体组织模式的重构》，载《上海大学学报（社会科学版）》2022年第5期。

其基础是各种凝聚了人类智力劳动的底层代码，在此之上则是各种人类的创作或人工智能生成的造物——这一切共同构成了元宇宙的虚拟空间。有学者指出，这一"虚拟化"特征可能令知识产权法得以更好适用于元宇宙之中。[①]

然而，虚拟空间与现实世界仍存在一定差异，现行知识产权法难以于元宇宙中直接适用。与现实世界相比，元宇宙的创作者们在创作时虽然拥有了更为丰富的素材选择，但要追溯这些素材的来源难度也更大，孤儿作品问题更为高发；随着人工智能的进一步发展，人工智能越来越从对开发者或使用者的简单回应转变为"自主创作"，其生成物的可版权性及权利归属亦成为各界关注的重要问题。

面对这些问题，不同国家和地区亦作出了不同回应，形成了各具特色的制度体系。本章节将对全球各主要国家和地区对元宇宙中知识产权法问题的相关讨论及回应进行重点观察，以探寻元宇宙背景下如何更好适用知识产权法。

（二）核心争议点

1. 去中心化创作背景下的孤儿作品问题

随着消费电子产品的不断迭代升级，各种电子设备的使用门槛越来越低，创作数字化作品，不再像过往需要支付高昂的专业设备购买、租赁费用或深入掌握某些技能——大量文字、图画、视音频作品往往仅需用户轻触手机屏幕即可完成。同时，电子设备的升级亦带来了越来越高效便捷的联网条件，创作者可以不受时间和空间的限制，随时随地将自己的作品上传到互联网中，向他人分享。而这些图片，也很可能将与其他文字、视音频一同，成为其他互联网用户后续创作的素材。

在元宇宙中，随着用户生活、工作的各个环节从线下转移至线上，社会公众对各类数字化作品的需求必将越来越大，数字化作品呈现出爆炸性增长态势。然而，虚拟世界中作品数量的急速增加也意味着，一旦有关作品作者的信息在上传及后续传输过程中丢失，或发生其他难以找到原作品作者的情况，那

---

① 参见［印尼］萨法里·卡西亚安托等：《元宇宙的法律难题》，载《财经法学》2022年第6期。

么后续主体要想在浩如烟海的互联网世界中将作品与原作者重新链接，难度极高。于是，大量孤儿作品随之产生：它可能是一张图片、一段文字、一条视频，大量的用户都在传播它，但可能没有人知道这是谁创作出来的。

从著作权法的角度来看，作品一经完成并发表于互联网上，其作者即可获得相应的著作权，除合理使用或作者另有声明外，未经著作权人同意，其他人不得使用该作品。然而，在涉及孤儿作品的场景中，如果因为无法找到作者而弃用大量的作品，那么不少优秀的作品将会淹没在互联网信息爆炸的汪洋大海中，社会公众对于优秀作品的渴求、部分二次创作者的创作素材需求均将难以得到满足；但如果只从满足二次创作者或作品使用者，以及社会公众的角度出发，又势必会对当前著作权法制度造成冲击。《著作权法实施条例》关于"作者身份不明"的简短规定显然不能有效调整孤儿作品问题。

2. 人工智能生成物的知识产权问题

"人工智能生成物"（AI Generated Content，AIGC）从只能高度依赖用户自行预设和调试而产生，到仅需用户寥寥数语即可生成大量形式丰富、内容多变但又贴合语境要求的内容，仅过去数年。在Web3.0时代，AIGC将成为元宇宙重要的内容来源，用户的大量创作将会基于AIGC诞生。

与自然人创作作品的过程相似，人工智能的"创作"过程同样经历了对大量素材的学习、消化、吸收与对前述素材的重组和加工。[①]如今，较强的人工智能已经可以仅根据用户的寥寥数个关键词就"创造"出相应的文章、画作、音乐乃至视频。综观人工智能"创作"的全过程，人工智能开发者为人工智能提供了最初的学习逻辑与学习素材，使用这些人工智能的用户则为人工智能生成物进行了基本的限定，而人工智能本身则通过对各种素材进行组合以生成大量符合要求的"作品"。在该过程中，用户似乎仅做了"输入关键词"一件事，更多的"创作"活动似乎由人工智能完成。那么，这些AIGC本身是否具有可版权性？

有学者认为，"这些内容都是应用算法、规则和模板的结果，不能体

---

① 参见初萌：《元宇宙时代的版权理念与制度变革》，载《知识产权》2022年第11期。

现创作者独特的个性"，①因此不具有可版权性。不过，学界多数还是认为，AIGC具有可版权性；②并且，实务界中亦对AIGC的可版权性设置了一定的标准，一旦这些AIGC达到了相应标准，即可作为著作权法语境下的"作品"看待——进一步讲，如果这些AIGC可以视为"作品"，那么它们的"作者"是人工智能吗？

对于这一问题，目前各方观点存在较大差异。有学者认为，无论这些人工智能的发展程度如何，都只能作为人利用的客体和工具处理，不能因其均存在"创作"的过程而将其拟制为法律主体。这些AIGC应当作为用户利用前述工具进行创作的作品，并按照现行著作权法律体系判断其独创性及相应的权利归属。①与之相对的，有学者认为，目前部分人工智能"拥有自主意识、具备深度学习能力，可以作出独立的意思表示"，可以参照法人制度，赋予人工智能一定的法律地位，确认其所享有的权利类型及边界，以及该人工智能（及其使用者）所应当承担的责任。④另有一部分学者走折中路线，既认为不能简单地从概念上直接排除人工智能具有法律人格的可能性，也不能认为授予法律人格是唯一或者更佳的解决办法。可通过多种方式回应新的法律问题和挑战；即便不设立新的法律人格，亦应当在多个方面作出必要的补充规定。⑤

（三）域内外动向

1. 关于孤儿作品问题

早在1988年，英国在其《著作权、设计与专利法》（Copyright, Designs

---

① 参见王迁：《论人工智能生成的内容在著作权法中的定性》，载《法律科学（西北政法大学学报）》2017年第5期。

② 如吴汉东：《人工智能生成作品的著作权法之问》，载《中外法学》2020年第3期；易继明：《人工智能创作物是作品吗？》，载《法律科学（西北政法大学学报）》2017年第5期；熊琦：《人工智能生成内容的著作权认定》，载《知识产权》2017年第3期；等等。

① 参见李扬、李晓宇：《康德哲学视点下人工智能生成物的著作权问题探讨》，载《法学杂志》2018年第9期。

④ 参见朱凌珂：《赋予强人工智能法律主体地位的路径与限度》，载《广东社会科学》2021年第5期。

⑤ 参见刘云：《论人工智能的法律人格制度需求与多层应对》，载《东方法学》2021年第1期。

and Patents Act 1988)第57条就规定，如果不可能通过合理的调查来确定作者身份，或者可以合理假设该著作权已经过期或作者早已去世，则在此情况下使用该文学、戏剧、音乐或艺术作品不构成对其著作权的侵犯。

而后，1990年，加拿大在其著作权法第77条引入了"无法确认的权利人"（Owners Who Cannot be Located）的规定。任何主体如欲使用特定作品但经合理努力仍无法找到所有权人，可以向主管部门加拿大著作权委员会（Canadian Copyright Board）提出申请，经委员会确认并设定相应的使用条件和费用，可以使用该作品。并且，在许可期满后五年内，著作权人出现，则其可收取许可中规定的费用；如使用者未支付相关费用，其亦可向有管辖权的法院提起诉讼。

欧盟推动"大规模数字化"计划，以使所有人都能获得欧洲的文化和科学资源。2008年9月，"无障碍权利信息登记处和面向欧洲的孤儿作品"（Accessible Registries of Rights Information and Orphan Works Towards Europeana, ARROW）项目上线，欧洲各国的国家图书馆、书目机构、作者/出版商协会、著作权管理公司共同协作，尝试利用现有技术尽可能实现"勤勉搜索"（Due Diligence Search）过程的自动化。2012年10月，《孤儿作品法案》（Directive No. 2012/28/EU of the European Parliament and of the Council of 25 October 2012 on Certain Permitted Uses of Orphan Works）颁布。该法案主要面向在欧盟成员国设立的可公开访问的图书馆、教育机构和博物馆，以及档案馆、电影或音频遗产机构和公共服务广播组织对孤儿作品的某些公益性使用。

2019年4月17日，欧洲议会颁布了《关于数字单一市场中的版权、相关权利及其修改法案》（On Copyright and Related Rights in the Digital Single Market and Amending Directives）。该法案的非商业作品（Out-of-commerce works）条款规定，无论权利人是否授权，集体管理组织在一定情况下可授权有关主体进行非商业性的使用。这为孤儿作品的运用提供了新的解决方案。

2022年12月，欧盟委员会发布了关于2012年《孤儿作品法案》的报告（Report on the application of the "Orphan Works Directive"）。该报告承认，《孤儿作品法案》设计的机制在实践中很少使用，其作为文化遗产大规模数字化的潜在工具的相关性已被证明是有限的。不过,该报告亦指出,《孤儿作品法案》提供了一个"基于例外的解决方案",兼顾了使用者和权利人的利益,仍有其标志意义。

2.关于人工智能生成物知识产权问题

自著作权制度诞生至今,人类所能使用的创作工具和手段不断丰富,"创作"(而非"作品")的种类和形式也随之扩张。

从总体上看,欧盟认为目前人工智能技术本身并不能令人工智能成为知识产权法中的主体,不过,其亦认为这一问题仍有必要持续关注。

2017年2月16日,欧洲议会法律事务委员会向机器人民事法律规则委员会提出了《关于机器人技术的民法规则》(Civil Law Rules on Robotics)。根据该文件,欧洲议会认为,机器人的"自主性"可以定义为"独立于外部控制或影响,在外部世界做出决定并执行它们的能力";因而这种"自主性"实际是一种纯粹的技术特征,其程度取决于机器人与其环境的交互设计的复杂程度。在该文件的附件中,欧洲议会亦指出,应当为计算机或机器人制作的受版权保护的作品制定"自主智力创作"(Own Intellectual Creation)[①]的标准。

2020年10月20日,欧洲议会发布了《关于人工智能技术开发知识产权的决议》(European Parliament Resolution of 20 October 2020 on Intellectual Property Rights for the Development of Artificial Intelligence Technologies)。该决议指出,"人工智能辅助人类创造"与"人工智能创造"之间存在区别,如果人工智能仅用作辅助作者创作过程的工具,那么当前的知识产权法律体系仍然是适用的;但后者则将为知识产权保护带来新的监管挑战,如所有权、发明人和适当报酬问题,以及与潜在市场集中度相关的问题。

2020年11月25日,欧盟委员会通信网络、内容和技术总局(Directorate-General for Communications Networks, Content and Technology)发布了《人工智能的趋势和发展——对知识产权框架的挑战》报告,指出当今人工智能的

[①] 这一表述乍看之下似乎与前文相冲突,但此处的"自主"实际上指向的是使用该计算机或机器人的用户,即评价用户在使用计算机或机器人创作过程中所发挥的智力创造问题。

技术水平不需要欧洲的版权和专利法律体系立即作出实质性改变,版权法和专利法的现有概念足够抽象灵活,可以应对现有人工智能的挑战。

与欧美相类似的是,北京互联网法院在某律所、科技公司侵害署名权、保护作品完整权、信息网络传播权纠纷案的判决中指出,作品应当由自然人创作完成的,软件或人工智能"创作"的作品即便有原创性也不能构成著作权法意义上的作品,不能认定该软件或人工智能是作者并享有相关权利,并且无论是研发者或是使用者也均不能以作者身份署名。① 不过,深圳市南山区人民法院则在计算机公司、科技公司著作权权属、侵权纠纷、商业贿赂不正当竞争纠纷案中指出,虽然人工智能不能作为作者,但其生成物表现了原告的选择和安排等智力活动,因此应当认定为是原告的法人作品。②

(四)应对和解决:对过往措施的调整与适用

由于元宇宙时代社会公众对数字化作品的需求日益增大,且创作和传播作品的方式亦越发便捷,因此,孤儿作品仍将源源不断地产生。欧美现有的孤儿作品制度多是对各种馆藏现实作品数字化需求的回应,虽然其中存在"将所有孤儿作品都视为公共领域知识"等不靠谱的"一刀切"方案,且已实施的措施因限制较多,亦未能起到较好效果,毋论在元宇宙时代高效应对和处理更大数量级的孤儿作品问题;但过往的制度设计仍具有参考价值,并且,随着更多新技术的出现,部分过往的措施亦可更好发挥作用。

与之相类似,欧美实务界对AIGC知识产权问题的讨论亦将AIGC视为继相机、录音设备、编辑软件等之后一种新型工具。

基于前述原因,本报告认为,应对元宇宙时代的孤儿作品问题和AIGC知识产权问题,仍可在一定程度上沿用过往措施。

1. 孤儿作品的认定、使用与利益平衡

过往欧美孤儿作品制度难以得到有效施行的重要原因主要包括两个方面:

---

① 参见北京互联网法院(2018)京0491民初239号民事判决书。
② 参见深圳市南山区人民法院(2019)粤0305民初14010号民事判决书。

一是证明意欲使用的有关主体已尽"勤勉搜索"义务难度较大；二是前述主体亦担心日后仍将面临著作权人的追索。在元宇宙的信息浪潮中，以原有标准开展勤勉搜索犹如大海捞针，而部分著作权人的"钓鱼"又让有关主体更对不确定作者身份的素材避而远之，大量优秀作品被淹没。而后的"非商业化"条款又排斥对孤儿作品的商业化使用，今后实践中必然将有大量场景难以适用该条款。因此，如欲设计一套行之有效的解决方案，必然要从降低勤勉搜索难度、调整适用范围、平衡使用者与权利人利益的角度出发。

（1）"勤勉搜索"的认定标准

虽然不少国家和地区在认定孤儿作品的规定中均提及了应当进行"勤勉搜索"，但具体达到何种标准方可认为有关主体已经履行该义务，各规定中均未明确。考虑到不同类型的孤儿作品情况差异较大，过于细致地规定应如何进行勤勉搜索既不现实，也无必要，可将有关主体需要考察的情况概括性归纳为：①作品副本中的可识别身份信息，如作者姓名、版权声明或者标题内容；②作品是否已公开；③作品的年代，或者其创作并公开的日期；④作品的相关信息可否在版权局记录等公共记录中查到；⑤作者是否仍活着，或作为著作权人的法人是否存续，以及权利的变更记录是否存在且可供有关主体使用；⑥使用作品行为的性质和程度，如是否涉及商业性使用，以及作品是否被有关主体显著地使用。

（2）运用技术手段固定元宇宙中新作品的著作权

在设计相关标准的时候要防止有关主体对"孤儿作品"的滥用，避免有关主体以"孤儿作品"为由逃避联系著作权人。为此，如能在作品及其副本中体现作者身份等关键信息，则可以减少前述情况的产生。有学者提出，可以在进行著作权确权的时候嵌入区块链技术，此后与之对应的授权、转移、交易等环节都将会生成相关信息和时间戳被记录到区块链中。[①]鉴于元宇宙中创作的作品实际上亦由一段段计算机代码所构成，因此，"嵌入区块链技

---

① 参见王清、陈潇婷：《区块链技术在数字著作权保护中的运用与法律规制》，载《湖北大学学报（哲学社会科学版）》2019年第3期。

术"可写入创作工具或作品的底层代码之中，一旦作品完成创作，其对应信息即可被自动记录，并整合进作品中。在此基础上，可参考欧盟ARROW项目，在元宇宙中设置查询系统，有关主体在获得作品及其副本之时，便可一并了解作品的著作权人及权利状况等关键信息。

（3）去中心化背景下的孤儿作品管理

目前欧美多由特定政府管理部门或传统集体管理组织对孤儿作品进行管理，但一方面其恐难以应对Web3.0时代的海量数据，另一方面社会公众意图使用特定孤儿作品前亦不一定了解其具体归属于哪个机构或组织管理。但反过来说，在元宇宙中设置特定机构对孤儿作品进行管理亦有悖于其去中心化理念。为此，可采用与虚拟财产治理类似的设置，通过建立用户自治组织或在搭建元宇宙过程中设置公约等方式进行管理。

2. 对人工智能生成物的定性确权

随着人工智能技术的持续发展，利用人工智能生成内容将变得越来越简单高效，今后元宇宙的内容填充必将存在大量AIGC。对AIGC的定性和确权将成为元宇宙得以有序运行的重要基础。

（1）人工智能生成物可版权范围的确定

欧盟委员会通信网络、内容和技术总局2020年发布的报告提出了"四步评测"法，如果AIGC通过一系列评测可以被认定为"作品"，则可以受到欧盟著作权法律体系的保护。其第三项评测"独创性/创造性"（Originality/Creativity）被称为是该评测方法中最为重要的一环。欧盟委员会认为，如果作者能够通过自由和创造性的选择在作品的制作中表现其创作能力，则其可通过该评测。[①]

[①] 第一项评测是形式要件，即AIGC应当落入《伯尔尼公约》第2条第1项规定的"文学、科学或艺术领域"（Production in Literary, Scientific or Artistic Domain）——由于AIGC常表现为文字、图片、声音或前述要素的组合，因此毋庸置疑符合这一条件，实践中欧盟法院也并未在判例中应用该项评测。第二项评测则设定了该AIGC须为"人类智力努力的结果"（Human Intellectual Effort），鉴于当前AIGC的产生仍离不开人类的干预，因此AIGC通常亦满足该标准。"表达"（Expression）为第四项评测，但由于AIGC的产生往往保持在作者的创作意图内，因此该标准亦较容易被满足。

2018年，北京高院颁布的《侵害著作权案件审理指南》亦规定了类似的内容。根据该文件第2.1条，如果某个被主张著作权的客体具有一定的独创性及表现形式，则其构成著作权法意义上的作品；该文件第2.2条又进一步对"独创性"的认定进行了规定。虽然第2.1条第1项强调了"自然人"的创作，第2.2条第1项强调了"作者独立创作"，但根据本报告上下文研究，AIGC的"创作"离不开自然人，人工智能只是辅助的工具，故AIGC是否具有可版权性、是否可构成著作权法意义上的作品仍可适用本标准进行判断。

综合以上几个标准，本报告认为，具有可版权性、可构成著作权法意义上作品的AIGC应当满足以下几个条件：第一，该AIGC应当落入文学、科学或艺术范围且具有一定的表现形式；第二，该AIGC的具体表达体现了人类的选择；第三，该AIGC经选择的表达具有独创性。

（2）人工智能生成物作者身份：人

在2019年12月计算机公司、科技公司著作权权属、侵权纠纷、商业贿赂不正当竞争纠纷案中，法院虽然认定由Dreamwriter软件生成的文章属于著作权法保护的作品范畴，但法院亦强调了腾讯方面在"数据输入、触发条件设定、模板和语料风格的取舍上的安排与选择"与涉案文章之间的联系，认为软件的运行方式、其所生成的文章都体现了创作者的选择，因此该作品是原告方面主持创作的法人作品。①

借助人工智能创作内容往往是一个迭代的过程，开发者和用户均需要不断重复生成和编辑过程，以令人工智能的输出达到预期的效果。以ChatGPT为例，开发者在搭建完基本的算法架构后，提供了来自互联网的大量数据对其进行训练，以使其所提供的回复看起来更像是真实的人类。而用户在使用ChatGPT生成对话过程中，同样需要提供一定的引导，以令其生成的内容符合该用户预期。前述过程大部分环节固然是由人工智能自动运行、生成，但这并不意味着开发者和用户等人类在创作过程仅发挥较小作用。尽管部分人工智能已经可以绘制风格迥异的画作、谱写高度复杂的乐曲、编辑主题多样

---

① 参见深圳市南山区人民法院（2019）粤0305民初14010号民事判决书。

的文章，但这些AIGC的出现仍是人类设定关键词、参数和权重的结果。

在人工智能无法完全脱离"人"的构思而独立运行的当下，人工智能本身仍然只能与其他工具、设备一同，辅助人类进行创作，AIGC的作者仍然是"人"。将人工智能拟制为"作者"，赋予其法律地位，徒增制度成本，并无必要。

六、小结与展望

回顾前文，本部分实际是围绕以下问题展开：什么是元宇宙中的主体？什么是元宇宙中的客体？它们之间有什么关系？纵观人类历史，"主体"和"客体"的概念不断扩张，各类法律关系也由此而生。在Web3.0时代及更久远的未来，这一趋势仍将延续，元宇宙中很可能形成与现实世界迥然不同的文化体系、经济制度和治理架构。虚拟世界将很可能与现实世界实现深度融合，并反过来影响和改变现实世界。为更好应对甚至主导这些影响和改变，全球各个国家和地区在积极投入技术研发、加快元宇宙建设的同时，亦逐步在立法、司法和执法多个层面回应技术浪潮和社会变革所带来的机遇和挑战。

诚然，目前也存在不少认为"元宇宙"仅为概念炒作的观点，对其未来的发展持怀疑态度，"元宇宙的热潮已经褪去"等消极论调亦开始出现。

第五部分

网络运营者分类分级：理念与规范

一、引言

在信息技术和互联网的推动下，数字化产业和数字化经济活动蓬勃发展，数字技术和互联网成了经济增长和社会变革的主要驱动力，人类社会正逐步走向数字经济时代。数字经济时代带来了如下新内容：技术革新和数字化转型、电子商务和在线市场、数据驱动和个性化服务、共享经济和平台经济、虚拟货币和区块链技术、崭新的创新和创业机会。数字经济时代是一个信息技术高度发达、经济活动数字化程度高、创新创业机会丰富的时代。在数字经济时代，网络经营已经成为主要的业态。随着互联网的普及和技术的不断进步，越来越多的企业和个人将业务和交易转移到了在线平台上。这种转变对于经济体系产生了深远的影响，推动了网络经营的兴起和发展。

第一，网络经营具有广阔的市场和潜在的客户群体。互联网的普及使得人们可以在全球范围内进行商业活动，打破了地域的限制。企业可以通过在线平台将产品和服务推向全球市场，与更多的消费者进行交流和合作。这使得企业能够获得更多的销售机会和潜在客户，扩大了市场规模，提高了经济效益。

第二，网络经营提供了更低的成本和更高的效率。相比于传统的实体店铺，网络经营所需的成本更低。企业可以通过建立和维护一个在线平台来降低租金、人力成本和库存成本等费用。此外，网络经营可以实现自动化和集约化的操作，减少了人力资源的浪费，提高了业务处理的效率。

第三，网络经营提供了更多的创新机会和灵活性。在数字经济时代，创新是推动经济增长的关键因素之一。在线平台为企业提供了创新的空间和机会，可以通过引入新的技术、商业模式和服务来满足消费者不断变化的需求。此外，网络经营还可以实现灵活的工作模式，如远程办公和自由职业，使人们能够更好地平衡工作和生活。

第四，网络经营促进了数字化转型和智能化发展。在数字经济时代，信息和数据成了重要的资源。通过网络经营，企业可以收集和分析大量的数据，了解消费者的偏好和行为，从而更好地优化产品和服务。此外，网络经营也催生了许多新兴的技术和应用，如人工智能、大数据分析和区块链等，进一步推动了数字化转型和智能化发展的进程。

总的来说，数字经济时代的网络经营已经成为主要的业态，其具有广阔的市场、低成本高效率、创新机会和数字化转型等优势。

与此同时，网络经营的主体"网络运营者"/"网络服务提供者"引人关注。《网络安全法》第76条参考《计算机信息系统安全保护条例》第2条关于"计算机信息系统"的定义，将"网络"界定为"由计算机或者其他信息终端及相关设备组成的按照一定的规则和程序对信息进行收集、存储、传输、交换、处理的系统"。目前《网络安全法》[①]和《民法典》均以"网络运营者"或"网络服务提供者"这样的词汇来概括，没有对网络运营者进行具体的分级分类。这种概括性的表述主要是为了覆盖广泛的网络服务提供者，并确保法律的适用范围广泛。但是概括性的表述也存在诸多问题，如分级分类的缺乏，导致在司法实践中无法综合考虑网络运营者的规模、业务性质、数据处理能力等因素，以确保适用法律的合理性和有效性。在实践中，不同规模和性质的网络运营者可能会受到相似的监管要求和责任。

如何对"网络运营者"进行分类也需要商榷。虽然理论上可以将网络运营者细分为"网络基础设施的运营者"（对应于网络所有者和管理者）和"网络服务提供者"，但网络基础设施的运营者由于运营网络本身即是提供网络服务（服务对象包括其他网络服务提供者和一般终端用户），所以其同时也是网络服务提供者。网络基础设施的运营者和网络服务提供者的区分意

---

① 《网络安全法》第76条规定，网络运营者，是指网络的所有者、管理者和网络服务提供者。需注意网络运营者涵盖的范围很广，具有一定信息化水平的中小企业同样适用，此处的"网络"不是狭义的通信网络，是广义的网络空间，包括业务系统、基础架构、数据和用户等。

义，在于明确提供的网络服务是基于自有或者自我管理的网络还是基于他人网络。一般而言，网络基础设施的运营者是利用自身网络提供服务，而其他网络服务提供者是利用他人网络提供服务，二者在网络体系中的位置和作用不同。

从网络本身的属性出发，可以将网络运营者划分为广播电视网络服务提供者、电信服务提供者和互联网服务提供者。从网络服务的内容和性质出发，可以将网络运营者划分为电信业务经营者、互联网信息服务提供者、互联网视听节目服务提供者、互联网金融信息服务提供者、互联网广告服务提供者、互联网新闻信息服务提供者等。

中国法下目前并不存在"数字平台"或"网络平台"的高位阶法律定义，仅有《国务院反垄断委员会关于平台经济领域的反垄断指南》（以下简称《反垄断指南》）将"互联网平台"定义为"通过网络信息技术，使相互依赖的双边或者多边主体在特定载体提供的规则下交互，以此共同创造价值的商业组织形态"①。与此相比，欧盟的《数字服务法案》（DSA）则将"网络平台"（Online Platform）定义为一种应服务对象的要求存储并向公众传播信息的托管服务。同时，DSA列明了例外情形，即如果（1）前述存储或信息传播活动仅是另一项服务的次要的、纯粹的附属功能，或是一项主要服务的次要功能，并且由于客观和技术原因，该种功能只能和另一项服务同时使用；以及（2）将该种功能纳入其他服务不是用于规避DSA的纪律时，则该平台就不是DSA所规制的"网络平台"。②基于上述可知，我国《反垄断指南》对平台的定义是从市场主体交互的角度描述的，即平台具有双边、多边的交互性特征，而欧盟DSA对平台的定义则是强调了互联网平台的技术服务特性，即存储并向公众传播信息，体现了平台的中介属性，两者具有不同的关注点。如电商平台就是典型的促成多边交易的交互平台。而云计算平台之所以被惯称为"平台"，主要是从技术逻辑进行的考虑。因为云计算平台的一大

---

① 《反垄断指南》第2条第1项。
② 《数字服务法案》第3条（i）。

特点就是PAAS（平台即服务），①最早的含义是将云计算平台比喻为手艺人工作台一样的操作界面，能够让开发者直接使用其上的工具软件。

"互联网平台"追根溯源是由"平台"一词发展而来。早期的集市可视为平台雏形，后逐步发展为现代化商场。具备交易规则、交易环境和参与群体这三要素的经营模式，即可视为平台经营模式。伴随互联网技术的普及和互联网经济的快速发展，平台模式的内涵及外延进一步扩大。"互联网平台"这一商业模式应运而生。在我国，与"互联网平台"这一概念最为接近的词语是"网上交易平台"，出现在2007年3月6日由商务部发布的《关于网上交易的指导意见（暂行）》中，该文件解释："网上交易平台是平台服务提供者为开展网上交易提供的计算机信息系统，该系统包括互联网、计算机、相关硬件和软件等。"伴随着大数据、物联网、算法技术、平台经济的兴起，各界对于"互联网平台"有了更为深刻的理解，对其解释也不再停留于纯粹的技术层面。2020年11月10日，国家市场监督管理总局发布《关于平台经济领域的反垄断指南（征求意见稿）》②中第一次对"互联网平台"这一概念进行说明，指出"互联网平台，是指通过网络信息技术，使相互依赖的多边主体在特定载体提供的规则和撮合下交互，以此共同创造价值的商业组织形态"。2021年2月7日正式出台的《反垄断指南》对其概念进行细微的调整，增加"双边主体"，去掉"撮合"一词的表述。2021年10月29日，市场监管总局发布的《互联网平台分类分级指南（征求意见稿）》（以下简称《分类

---

① 平台即服务的含义是，一个云平台为应用的开发提供云端的服务，而不是建造自己的客户端基础设施。例如，一个新的软件即应用服务的开发者在云平台上进行研发，云平台直接的使用者是开发人员而不是普通用户，它为开发者提供了稳定的开发环境。PaaS提供了一个开发和部署应用程序的平台。它提供了一系列的开发工具、运行时环境、数据库和基础设施，使开发者可以快速构建、测试和部署应用程序。PaaS屏蔽了底层基础设施的复杂性，开发者无须关心底层的操作系统、服务器和网络设置。他们可以专注于应用程序的开发，通过提供商提供的API和工具进行应用程序的管理和扩展。

② 《市场监管总局关于〈关于平台经济领域的反垄断指南（征求意见稿）〉公开征求意见的公告》，载国家市场监督管理总局网站，https://www.samr.gov.cn/hd/zjdc/art/2023/art_24d7fa2cfa3145699c82d326460a7810.html，最后访问时间：2023年5月15日。

分级指南》(征求意见稿))①，将平台的链接属性和主要功能作为平台的分类依据，同时指出平台的连接属性是指通过网络技术把人和商品、服务等连接起来。

关于互联网平台与网络运营者的概念内涵分别如下：

网络运营者，一般是指以互联网为平台，提供各种网络服务的实体或组织。主要包括互联网服务提供商（ISP）、互联网内容提供商（ICP）、互联网信息服务提供商（IISP）等类型。网络运营者在互联网服务中，作为连接用户和互联网的桥梁角色，主要提供网络接入、内容传输、信息存储等服务。

互联网平台，则是指在互联网上提供一种基础架构或服务，通过该平台可以连接和集成多个参与方，实现信息传递、交易、互动等功能的平台。通常是在线虚拟空间，提供各种应用和服务，如电子商务平台、社交媒体平台、搜索引擎、在线支付平台等。其所提供的服务通常以平台媒介的形式出现，以促进服务参与方之间的交互和价值交换。

总体而言，网络运营者是提供互联网服务的实体或组织，他们负责运营和管理互联网基础设施、内容服务等；而互联网平台则是一种基础设施或服务形式，通过连接和整合各方资源，为用户提供各种应用和服务，交互性是其核心特点。

基于上述分析可以发现，我国对互联网平台这一概念的理解倾向于动态化、情景化。无论是"网上交易平台"还是"互联网平台"，其解释说明上虽有差距，但基本内涵和要素趋于一致。结合平台《分类分级指南（征求意见稿）》可知，"互联网平台"这一概念系由网络信息技术、多端用户和服务功能三要素构成。网络信息技术与互联网科技的设施相结合，由一系列信息技术组合而成。多端用户，即互联网平台服务的对象，服务功能主要由互联网平台分类来划分。简言之，互联网平台是依托于网络信息技术所形成的新型平台。对该平台可以从三个层面进行剖析。其一，技术层面。互联网平台

---

① 《互联网平台分级分类指南（征求意见稿）》，载国家市场监督管理总局网站，https://www.samr.gov.cn/hd/zjdc/202110/t20211027_336137.html，最后访问时间：2023年5月15日。

以网络信息技术为基础,依赖大数据、云计算、人工智能、移动互联网、区块链等数字技术的成熟发展,数字经济壮大和数据收集能力增强,带动互联网平台蓬勃发展。其二,主体层面。互联网平台作为交互场所将双边或者多边主体紧密连接起来,互联网平台在运行中一般包含三类主体,分别为平台经营者、平台内经营者和平台用户。平台经营者也称平台提供商,借助互联网平台,发布交易信息,促成交易主体完成交易,同时对平台内经营者负有监督义务,未尽平台经营者的审查义务时,应承担连带责任。平台内经营者又称为平台入驻第三方商家,为平台用户提供商品和服务。平台用户又称消费者或终端用户,是互联网平台的使用者,也是数字经济、平台经济的享受者。其三,功能层面。互联网平台的目的是提供多样化的商业服务和软件应用以创造商业价值。该服务功能涉及面多、覆盖范围广,主要包括交易功能、社交娱乐功能、信息资讯功能、网络计算功能、融资功能、生活服务功能等。诸多功能,满足不同平台用户主体的不同需求。[①]就"网络运营者"与"互联网平台"的概念界定而言,有学者认为"互联网平台"是指提供互联网接入、信息传输、发布、托管、存储、缓存、搜索等服务的互联网服务提供者。[②]因而,网络运营者的范围应该要大于互联网平台。

综观现有中国关于"互联网平台"治理的法律法规,可以发现其并未具体区分交互平台和技术性平台。然而此种分类是存在必要的,因为以促进交易为目的的交互平台和技术可操作性为主的平台存在较大差异,以云计算平台为例。云计算平台和交互平台在功能目标、技术侧重点、应用场景和用户参与程度方面存在较大区别:在功能和目标方面,云计算平台主要关注计算和存储资源的提供与管理,旨在为用户提供高效、弹性的云计算服务。而交互平台主要关注用户之间的交流、互动和合作,提供丰富的社交和协作工具;在技术侧重点方面,云计算平台注重虚拟化技术、弹性扩展和资源管理,以

[①] 王思思:《数字经济背景下"互联网平台"法律概念界定》,载《现代营销(下旬刊)》2023年第4期。

[②] 魏露露:《网络平台责任的理论与实践——兼议与我国电子商务平台责任制度的对接》,载《北京航空航天大学学报(社会科学版)》2018年第6期。

提供高性能的计算和存储能力。交互平台则注重用户界面设计、多媒体内容展示和实时通信等技术，以提供良好的用户体验；在应用场景方面，云计算平台广泛应用于云计算领域，如云服务器、云存储、云数据库等。交互平台则广泛应用于社交媒体、内容共享、在线协作、在线教育等领域；在用户参与程度方面，云计算平台用户通常是资源的消费者和管理者，更注重资源的使用和配置。交互平台用户更加活跃，他们参与到内容创作、社交互动和协作中。对比可以发现，当前的监管思路应当更加精细化，根据平台技术特点，应用场景，功能目标等进行分类监管。

此外，网络运营者在活跃市场、助力经济高速发展的同时，也产生各种乱象，这对互联网监管提出了挑战。部分网络运营者长期违规，忽视用户信息安全、违规传播大量低俗、有害、虚假信息，盗用用户数据，实施欺诈行为、侵犯知识产权、MCN机构信息混乱、流量造假、黑公关、网络水军等。例如，2022年11月4日，某公安局网安大队民警在工作中发现，某网红账号主体王某、杨某在某互联网平台直播时，在直播间频繁使用本地方言讲"黄段子"，通过传播色情淫秽信息来吸引人气，被当地公安机关依法批评教育。[①]

由于互联网服务内容功能多样，用户数量差异较大，社会影响力各有不同，因而需要加强监管的针对性与有效性，不能用统一标准来"一刀切"管理。2021年10月29日，国家市场监督管理总局为"保护市场公平竞争，推动科技创新，维护消费者权益"，特制定《分类分级指南（征求意见稿）》；为贯彻落实中共中央关于数字经济的战略部署，推动平台企业落实主体责任，促进平台经济健康发展，保障各类平台用户的权益，维护社会经济秩序的目标，《互联网平台落实主体责任指南（征求意见稿）（征求意见稿）》（以下简称《主体责任指南》）[②] 应运而生。

《分类分级指南（征求意见稿）》结合我国平台发展现状，综合考虑平台

[①] 《传播淫秽色情信息 天水市甘谷2名网络主播被立案调查》，载"大美会宁"微信公众号，https://mp.weixin.qq.com/s/PzoDfjR8wBrR3l7ONlQfpA，最后访问时间：2023年5月15日。

[②] 《互联网平台落实主体责任指南（征求意见稿）》，载国家市场监督管理总局网站，https://www.samr.gov.cn/hd/zjdc/202110/t20211027_336137.html，最后访问时间：2023年5月15日。

的连接属性、主要功能，将国内目前存在的平台分为六大类：网络销售类平台（连接人与商品、交易功能）、生活服务类平台（连接人与服务、服务功能）、社交娱乐类平台（连接人与人、社交娱乐功能）、信息资讯类平台（连接人与信息、信息资讯功能）、金融服务类平台（连接人与资金、融资功能）、计算应用类平台（连接人与计算能力、网络计算功能）；同时，该指南指明了分级依据、分级方案，并对超级平台、大型平台、中小平台进行了界定。

《主体责任指南（征求意见稿）》正文共35条，从公平竞争、开放生态、平等治理、内部治理、数据管理等35个子主题切入，对于互联网平台经营者的主体责任进行规制。该指南明确规定了各级互联网平台的管理职责和监管机构，重点强调了平台需要落实身份认证、做好用户隐私保护、加强网络安全与数据安全、加强特殊群体保护以及开展线上交易管理、强化知识产权保护等方面的工作。同时，该指南还提出了各级平台应当严格执行信息内容审核和管理义务，对于存在违规行为的内容，平台要设立风险评估机制，采取相应的审查和监管措施，以保障正常的信息交流与平台管理秩序。超大型平台经营者，还需承担数据管理、公平竞争示范、开放生态、平等治理、促进创新、风险防控等责任。

当前国家市场监督管理总局对于分级分类的主要依据是功能区分，并未较多结合技术逻辑。为了更有效地监管互联网平台，应综合考虑功能、技术逻辑、风险等因素，以确保分类准确、监管合理，并能够适应互联网快速变化的发展趋势。

将"技术逻辑"引入分级分类的标准依据中具有重要意义，这主要因为主体责任的划分与技术区分密切相关，具体如下：

其一，技术逻辑决定了不同网络运营者的职能和责任：例如，互联网服务提供商（ISP）提供网络接入服务，负责维护网络基础设施的稳定性和安全性；互联网内容提供商（ICP）则负责提供和管理各种互联网内容。这些不同的技术特性决定了网络运营者在互联网生态中的不同身份定位，因而导致主体责任承担的差异。

其二，技术逻辑决定了不同网络运营者面临的风险和问题：例如，互联网服务提供商可能面临网络攻击和数据泄露等安全风险，而互联网内容提供商则需要面对内容合规性和版权侵权等问题。根据技术逻辑对网络运营者进行分级分类，可以充分结合不同网络运营者所处的不同业务市场，更好地针对不同类型的风险和问题采取相应的监管措施。

其三，技术逻辑有助于确定监管的可行性和有效性：互联网法治监管需要考虑到技术的可行性和有效性。不同类型的网络运营者在技术上可能有不同的限制和挑战，针对其特定的技术属性进行分类分级，可以更好地确定监管的可行性和有效性。监管机构可以基于不同类型的网络运营者的技术能力和资源状况，制定相应的监管标准和要求，确保监管措施能够被合理地实施和执行。

其四，技术分类有助于推动创新和发展：通过根据技术逻辑对网络运营者进行分级分类，可以为不同类型的运营者提供不同的发展空间和创新环境。合理的技术分类可以避免过度限制和扼杀创新，促进网络运营者在各自领域内的发展，并推动互联网技术的进步和创新。

在"以网管网"[①]的监管格局下，互联网平台依法履行平台内的准监管义务，不仅是网络平台交易的中间人，而且也是"以网管网"监管体系中的中间人，是连接国家监管者和平台内监管对象之间的纽带。[②]但是，当前《分类分级指南（征求意见稿）》和《主体责任指南（征求意见稿）》中关于网络运营者分类分级及其对应的主体责任的规定过于宏观，并且《分级分类指南（征求意见稿）》《主体责任指南（征求意见稿）》所描述的分类不限于平台。两份指南存在诸多问题，网络服务提供者的分类问题值得进一步讨论。

[①] "以网管网"即发挥网络第三方平台企业的作用，借助网络第三方平台的力量，应用第三方平台在资质审查和信息数据分析等方面的优势工具，提升数字平台经济的监管效能，后来逐步上升为国家政策。参见刘鹏：《以网管网：第三方平台监管的兴起及其逻辑》，载《治理研究》2021年第5期。

[②] 金美蓉、李倩：《错误成本分析理论下互联网平台准监管责任的问题与完善》，载《中国矿业大学学报（社会科学版）》2023年第2期。

二、整体观察

（一）网络运营者分类分级是互联网法治监管的重要举措

通过《分类分级指南（征求意见稿）》和《主体责任指南（征求意见稿）》的规定，我国对网络平台的监管初步实现了按照运营者分类分级和进行互联网法治监管的目标，具有进步性意义。

第一，网络运营者分类分级有利于对运营者进行规模界定，便于未来分行业管理。国家市场监督管理总局网络交易监督管理司作为《分类分级指南（征求意见稿）》和《主体责任指南（征求意见稿）》的发布主体，主要负责拟订实施网络商品交易及有关服务监督管理的制度措施，组织指导网络交易平台和网络经营规范主体的管理工作等，上述两个指南也是在"交易"的思维下制定，来对网络运营者进行监管治理。"先分类，再分级"是网络治理的通用方法，早几年业界可能存在"分级分类"的表述，但近年来官方文件中均已统一为"分类分级"口径，如我国在数据安全治理中形成的是建立数据分类分级保护制度，结合数据的重要程度和影响程度对数据进行分类分级管理。类比数据的管理，我国网络运营者纷繁复杂，不同主体经营模式不同，业务范围不同，这就需要根据不同运营者的类型和功能进行治理。[①]

第二，分级为了区分网络运营者的行业规模，对于规模较大的运营者，应当落实风险管控。"分级"主要是以网络运营者的规模大小为标准进行的区分。网络运营者规模的大小涉及形成垄断的问题，尤其是在网络经济规律中就会更加突出，甚至形成平台寡头垄断。[②]那么自然形成的垄断一定不利于市场发展吗？有学者认为，互联网平台服务提供者一般具有自然垄断的性质。而这种自然垄断的存在未必会对网络用户的利益产生损害，相反会促进

[①] 唐树源：《互联网平台分类分级化治理的法律路径研究——以平台、用户、公共和国家四方利益平衡为视角》，载《时代经贸》2023年第4期。

[②] 冯然：《竞争约束、运行范式与网络平台寡头垄断治理》，载《改革》2017年第5期。

平台优化应用服务体验。①"平台—政府"双层治理结构的内涵在于平台与政府二元治理主体间的协同，在宏观层面上表现为平台与政府间的协同，在微观机制上表现为平台规则与法律制度间的协同。

运营者规模越大，其公共属性就会越明显，运营者的盈利潜力或价值影响就越大，运营者的责任同样也会越大。对于网络运营者进行分级管理有利于防范化解重大法律风险，节省法律规制资源，区别化、有重点地治理互联网平台。②对于网络运营者的具体规模划分标准，目前理论界和实务界少有研究，但也出现了一定的建议标准，如最高人民检察院下发的《关于贯彻执行个人信息保护法推进个人信息保护公益诉讼检察工作的通知》，明确各级检察机关在履行公益诉讼检察职责时应当从严把握，处理100万人以上的大规模个人信息应当重点保护。③最新出台的《汽车数据安全管理若干规定（试行）》中认为，重要数据的一个衡量标准就是涉及个人信息主体超过10万人。

第三，网络运营者应以利益平衡为原则指导，对不同类型和规模的网络运营者落实不同主体责任，进一步加强互联网法治监管。我国就网络运营者所承担的责任给出的是一个整体概念：主体责任。落实主体责任开始逐渐成为我国新时代互联网治理的指导性思想，在后续出台的一系列官方文件中都强调了这一点。落实主体责任，主要是为了解决超级平台、大型平台利用其平台优势，欺压普通的小商户的问题，要想解决这一问题，《互联网平台落实主体责任指南》必须出台，而对平台进行分级则是进一步的必要举措。网络运营者的主体责任是指网络运营者作为数字经济与社会各类活动的组织者和协调者，需要承担维护经济与社会活动秩序的治理责任，其本质是提供公共物品或准公共物品服务，即运营者的主体责任具有公共物品属性。同时，

---

① 周辉：《技术、平台与信息：网络空间中私权力的崛起》，载《网络信息法学研究》2017年第2期。

② 唐树源：《互联网平台分类分级化治理的法律路径研究——以平台、用户、公共和国家四方利益平衡为视角》，载《时代经贸》2023年第4期。

③ 闫晶晶：《个人信息保护纳入检察公益诉讼法定领域最高检下发通知，明确个人信息保护公益诉讼办案重点》，载《检察日报》2021年8月22日。

网络运营者需要承担的主体责任既非单纯的社会责任，也非单纯的经营责任，而是具有一定复合性的治理责任，包含新型经营责任和新型社会责任，即网络运营者的主体责任具有双重责任属性。[①] 具体而言，网络运营者本身具有双重属性，这是指运营者首先像传统企业一样具有完整的组织架构、企业文化和利益相关者。不同之处在于，它涉及的利益相关群体数量更多、类型更复杂，利益协调也更加困难。其次网络运营者并不像传统的企业一样直接生产或销售商品，而是通过撮合匹配交易，开展一系列的经济活动，商家、用户和平台组成了一个多边市场，进行要素的分配和资源的竞争，具有一定的市场属性。[②] 其中，网络运营者的企业属性决定了其要承担新型经营责任，市场属性决定了其要承担新型社会责任。不同类型和规模的平台的主体责任所涉及的公共物品属性不同，网络运营者连接的利益相关者群体的类别、广泛程度，以及这些群体共同诉求的内容也有所不同，因此，需要对其主体责任进行细化区分，构建互联网平台分类分级治理的法律体系，由此达到针对性、细致化对互联网平台进行法治监管的目标。《主体责任指南（征求意见稿）》中，超大型平台经营者具有数据、规模、技术等优势，因此应当遵守公平合理非歧视原则，保障公平竞争市场秩序。这也体现了我国对不同规模平台进行具体考量，落实不同主体责任的倾向。

总的来看，对网络运营者进行分类分级，一方面有利于进一步明确不同类型、级别互联网企业的主体责任，并结合不同类型和不同级别的运营者，区分其中所包括的经营责任、社会责任和义务，引导网络运营者合规经营，使监管更加有的放矢，避免"一刀切"；另一方面在互联网经济治理过程中，结合不同类型、不同等级运营者特点，将主体责任与公共治理有机结合，有利于进行协同治理。总体来看，网络运营者分类分级，有利于行业健康发展，是互联网法治监管的重要举措。

[①] 王勇等：《互联网平台的主体责任与分类分级——基于公共物品的视角》，载《经济社会体制比较》2022年第5期。

[②] 张文魁：《数字经济的内生特性与产业组织》，载《管理世界》2022年第7期。

（二）网络运营者分类分级的理念探讨与实施难题

1. 境内的立法理念和困境

互联网经过多年发展，逐渐成为一种新的空间，蕴含着新形式的资源，如信息资源等，也成为一种新的供人开发经营管理的领域。截至2022年6月，我国网民规模为10.51亿人，域名总数为3380万个，短视频的用户规模达9.62亿人，[①]互联网规模的扩大、网民数量的增长以及活跃度的上升都导致互联网作为新的规范规制空间地位的上升。随着互联网的不断发展，这一新的规制空间也如同传统行业一样，出现了大规模的、拥有强大资源整合能力的大型企业，在互联网领域，这种大型企业集中表现为各种大规模的电商企业，而这些电商企业借助大数据、云计算与人工智能等新一代互联网技术搭建的互联网平台成为重要的互联网资源整合介质，也深刻改变了经济社会各领域的生产生活方式，平台日益成为数字经济时代重要的组织模式，其属性直接关系到平台治理规则和治理责任，以及政府监管的政策取向。

根据我国境内现行规定，网络运营者是网络安全和数据保护的主要责任主体。[②]而网络运营者和互联网平台二者之间的关系在规范和学术层面目前皆无定论。目前最核心的争议点在于以何种标准对网络运营者进行分类分级，其次是在这一过程中如何平衡用户、平台、公共与国家之间的利益。从顶层设计角度而言，《网络安全法》提出了"网络运营者"的概念，即"网络的所有者、管理者和网络服务提供者"。但无论是《网络安全法》还是《民法典》均未对"网络运营者"进行明晰的划分类别。从部门法角度而言，目前存在三种分类理念：

（1）工信部从技术逻辑出发来区分网络运营者，如《电信业务分类目录》是基于技术分层，在信息安全上，基于技术区分互联网信息服务提供者、互联网接入服务提供者进行管理。再如可以依据技术特征区分云服务平台与其

[①] 中国互联网络信息中心：第50次《中国互联网络发展状况统计报告》。
[②] 洪延青：《"以管理为基础的规制"——对网络运营者安全保护义务的重构》，载《环球法律评论》2016年第4期。

他互联网平台。①但面临的问题在于技术发展较快，分类标准需要及时更新以适配。同时，根据技术逻辑，网络运营者在维护网络安全方面具有天然的优势。首先，网络运营者在技术实力、人才储备数量等方面具有天然优势；其次，网络运营者收集了大量网络用户信息，便于责任的承担与制度的落实；最后，互联网的发展趋势是平台化，网络运营者能够代表互联网的"关键少数"，即网络运营者能够对整个互联网生态发挥重大影响力。②基于技术逻辑区分主体的主要因素在于，压实主体责任需要按照技术区分。

（2）网信部门从信息传播的场景（跟帖、应用商店等）入手，但分类标准聚焦于实际场景，导致分类过细，容易出现交叉和重复。

（3）市监总局推出了《分类分级指南（征求意见稿）》结合我国平台发展现状，依据平台的连接对象和主要功能，将平台分为六大类，即市场监督管理总局制定规范的逻辑基础主要是按功能进行区分，其与前文提到的技术逻辑存在一定区别。

对网络运营者的分类分级主要依据功能标准。但也仍存在诸多问题，具体分析如下：

- 网络运营者分类思路与互联网平台分类思路是否交叉重叠？如连接人和计算的网络运营服务是否属于互联网平台？互联网分级分类思路是指对互联网内容、服务、应用等进行分类和管理，根据不同的特征和要求进行划分。这种分类思路旨在保护公众利益、维护网络秩序、防止不良信息传播等。常见的互联网分级分类包括对网站、应用程序、游戏等进行分级，以适应不同年龄段、群体或需求的用户。"互联网平台"思路强调的是互联网上的交互、合作和资源整合。平台是指通过技术和网络基础设施连接供应方和需求方，为他们提供交流、交易、合作和共享等服务的中介机构。在这种思路下，平台充当了促进交互和连接的角色，将不同的参与方聚集在一起。虽然互联

---

① 唐树源：《互联网平台分类分级化治理的法律路径研究——以平台、用户、公共和国家四方利益平衡为视角》，载《时代经贸》2023年第4期。

② 刘海涛：《网络运营者的安全责任与义务界定》，载《社会治理》2017年第4期。

网分级分类和平台思路有一定的重叠，但它们着重点不同。互联网分级分类主要关注内容和服务的分类和管理，以保护用户利益和网络秩序为目标。而平台思路更注重连接和服务提供，通过技术和算法将供应方和需求方聚集在一起，创造价值和促进交互。需要注意的是，互联网分级分类和平台思路是针对不同方面的概念和思考方式，并非完全一致，但在一些情况下，它们可能会有一些重合的地方。总体而言，首先，平台是网络运营者的一部分；其次，两个指南对平台的定义不同，平台分级的"平台"范围更大，主体责任的"平台"含义更限缩。

• 《分类分级指南（征求意见稿）》的标准不明确且存在交叉：指南将用户规模（年活跃用户）、业务种类、经济体量［市值（估值）］、限制能力作为分级的依据，并设定对应的具体标准。其中认定超级平台和大型平台的用户规模、经济体量标准为定量标准（如年活跃用户不低于5亿人），但是并未根据具体的平台类型制定不同的定量标准。同时，该指南中对互联网平台的类别划分较为简单，将其分为"网络销售类平台、生活服务类平台、社交娱乐类平台、信息资讯类平台、金融服务类平台、计算应用类平台"六类，但是指南尚未考虑到很多互联网平台是多功能平台，兼具多项功能，如短视频平台兼具社交娱乐功能和网络销售功能，用户在该平台上既可以看短视频消遣娱乐，也可以进行网络购物。

• 分类功能化，没有考虑技术逻辑。互联网分级分类通常是为了保护公众利益、维护网络秩序和确保合适的内容和服务对特定用户群体可见。然而，由于技术的快速发展和互联网的动态性，仅依靠功能化的分级分类可能无法全面应对不断变化的网络环境和内容。首先，技术逻辑的发展可能导致一些内容和服务不易被传统的分级分类系统准确归类。例如，新兴的社交媒体平台、即时通信应用和个人化推荐算法等技术的出现，使得用户产生了更加个性化的互联网使用习惯和需求，而这些可能无法被传统的功能化分类所完全覆盖。其次，互联网的跨界性和交叉性也使得分级分类面临挑战。内容和服务在互联网上往往不再受限于特定的平台或网站，而是通过链接、嵌入和共享等方式在不同的平台和应用之间流动。这种跨界交叉的现象使得传统的功能化分级分类难以准确划定边界和监管范围。此外，技术的快速变革也带来了新的风险和挑战，如虚假信息、隐私泄露和网络安全问题等。这些问题不仅涉及内容的分类，还需要考虑技术的应用和防范措施。因此，在互联网分级分类中，应该更加注重技术逻辑的考量，不仅关注内容的分类，还要关注技术的适用性和保障措施。

- 分级后的责任设定没有考虑分类，没有凸显分类的意义。《分类分级指南（征求意见稿）》对于平台主体责任要求缺乏具体明确的规定。这种宏观性一方面可能导致不同分类级别的平台面临相同的责任要求，无法根据其业务模式和规模的差异来进行差异化管理。另一方面缺乏具体指导也可能导致监管的不确定性和模糊性，难以指导互联网平台在遇到实际问题时如何具体落实责任。

- 平台分级的"平台"范围更大，主体责任的"平台"含义更限缩。从某种程度上讲，如今文件中的"平台"一词容易引起争议，造成两种平台的混用和混淆。

用户、平台、公共与国家都是互联网的参与者，在某种程度上也都是网络的运营者，确定其主体责任承担过程中，最根本的是注意如何平衡四方的利益，划定国家安全、信息安全与数据安全这一底线，在分类分级以及划定责任承担时，倾向于保护资源整合能力较弱的用户群体，但同时也要保护平台的合法利益，需要找到平衡点。

2.域外的立法理念

与境内相似，域外法规文件规定的主体名称既不叫互联网平台也不叫网络运营者，网络运营者包含互联网平台。参考域外规定，对互联网平台分类分级管理符合国际趋势。欧盟于2020年12月出台了《数字服务法案（草案）》和《数字市场法案（草案）》，提出一些大型互联网平台成了具有市场关键地位的"守门人"（Gatekeeper），为避免其滥用这一地位，不仅需要它们承担更多责任，还需要对它们进行更为严格的监管。可以看出，在一年多的时间内，欧盟和我国分别提出了"守门人平台""超级平台"等内涵接近的概念，表明世界各国都认识到，为推动平台经济健康规范发展，不仅需要政府部门加强监管，还需要平台企业，特别是大型综合性平台，比传统企业承担范围更加广泛的责任。

2022年7月18日，欧盟理事会最终批准了《数字市场法案》（Digital Markets Act，DMA），其中DMA列出了10类核心平台服务，除"网络浏览器""虚拟助理""在线广告服务"3类外，其他核心平台服务均在《分类分级指南（征求意见稿）》中有所体现。通过对比可以发现，DMA对核心平台服务的分类更侧重于其功能，而《分类分级指南（征求意见稿）》对平台服务类型的分类更侧重于其内容。如在《分类分级指南（征求意见稿）》中，云计算类平台被归为"计算应用类平台"，而在DMA中，则有专门的"云计算服务"（Cloud computing services）分类。欧盟委员会于2023年4月25日公布了适用《数据服务法》（Digital Services Act，DSA）的17个超大型在线平台以及2个超大型在线搜索引擎（Very Large Online Platforms，VLOPs；Very Large Online Search Engines，VLOSEs）。其中包括欧盟成员国范围内月活跃用户超过4500万人的超大型在线平台。根据欧盟委员会公告，该些平台需在收到公告之日起4个月内调整其系统、资源、流程，建立独立的合规管理体系，进行首次年度风险评估并上报委员会。

DSA以分类分级监管为路径，根据网络信息服务者所提供服务的内容、规模、影响程度的不同，设置差异化、递进式义务规则，尤其强化对超大型平台的监管密度和责任配置。《数字服务法》将网络信息服务分类分级标准选择的落脚点放在实现对不同平台差异化监管之上。立法者通过综合考虑网络信息服务的性质、平台服务提供者的能力与负担、用户权益等因素，采取了以服务性质为基础、以用户规模为量化依据的分类分级标准。根据《数字服务法》第3条第（g）项的规定，"中介服务"包含"纯传输"服务（mere conduit service）、"缓存"服务（cashing service）和"托管"服务（hosting service）等具体类型。所谓在线平台，因其对平台内信息所具有的传输、缓存和托管效果，其服务内容当然包含了上述中介服务内容。但考虑到在线平台的功能，其与纯粹"托管"服务的提供者间仍存在区别。①

---

① 展鹏贺、罗小坤：《互联网平台分级监管的法理逻辑与路径完善——基于欧盟〈数字服务法〉的比较观察》，载《湖南大学学报（社会科学版）》2023年第3期。

欧盟尝试通过DSA对现有的《电子商务指令》进行更新，是其努力实现开放和可互操作互联网的表现，但这并不是一项轻松的任务。互联网比20年前复杂得多，参与者、全球环境都发生了变化。互联网及其提供的服务现在常被用作对付国家和用户的武器。要在认识到互联网的复杂性和多样性，其内容不断变化的特性，以及其服务日益武器化的事实基础上，成功找到监管和开放之间的平衡点并非易事。

三、重点观察之一：网络运营者分类分级与主体责任的承担

（一）现象简述

首先，目前存在网络运营者分类分级主体及主体责任确认方式不明确的现象，部分情况下主体范围不明确、主体责任不清晰，值得讨论的问题是，分类对主体责任的影响是否合理、是否有意义。

其次，《分类分级指南（征求意见稿）》存在分类滞后和交叉的问题，如按照"连接对象"划分，很难将"商品"和"服务"完全区分；按照"主要功能"划分，这六大类平台基本都具备"交易功能"与"服务功能"。[①]一方面目前的区分标准模糊，并不利于对平台进行分类分级；另一方面这种分类分级标准不利于将来新发展的平台的分类分级，并且分类与主体责任承担缺乏对应，《主体责任指南（征求意见稿）》规定了超大型平台经营者的九大主体责任，分别包括公平竞争示范责任、平等治理责任、开放生态责任、数据管理责任、内部治理责任、风险评估责任、风险防控责任、安全审计责任以及促进创新责任。从总体来看，超大型平台经营者较中小平台和大型平台承担更重的监管责任。但是，对于不同类别的平台并未采取不同的分级标准，而是采用统一的定量标准，这将会导致对平台进行分类并不会影响不同类型

---

① ·于立：《平台分类分级两种思路的经济学逻辑——从行业≠市场说起》，载《中国市场监管研究》2022年第2期。

平台主体责任承担的大小。

基于上述现象，本文认为，应当尊重技术逻辑对主体进行分类和责任设定。

（二）核心争议点

当前，《分类分级指南（征求意见稿）》和《主体责任指南（征求意见稿）》均存在一定不足。

首先，《分类分级指南（征求意见稿）》存在分类理念模糊、分类目的不明确的问题。从分类结果看，《分级分类指南（征求意见稿）》依据分类标准所呈现的六类平台依旧属于"行业分类"。就市场监管而言，针对这六类平台设立不同的主体责任的合理性仍需论证。我国境内以分类分级方式进行监管的法律所体现的分类思路呈现三种理念，分别是：第一种，以技术逻辑为基本出发点进行分类，工信部对电信业务的分类体现此种分类理念，这种分类的弊端随着技术更新和迭代速度增加逐渐凸显，具体体现为《电信业务分类目录》的修改。[①]第二种，以信息传播维度进行分类，网信办根据是否具有公共传播属性对数据进行的分类体现此种分类理念，这种分类的规定较为细致，可操作性强，但分类过细对于衔接主体责任造成了障碍。[②]第三种，以行业领域维度进行分类，《分类分级指南（征求意见稿）》本质上采用的便是此种分类理念，然而这种分类比较宏观，在具体规则把控上容易超出"平台"的概念，同时不同分类之间存在一定重复，分类标准的交叉点容易导致双重监管或推诿不管的可能。

其次，《分类分级指南（征求意见稿）》没有将分类和分级有机结合，导致其与《主体责任指南（征求意见稿）》之间的关联性较弱。分级后不同类别的平台所承担的主体责任和不进行分类之前是相同的，除了超大型平台需承担特定责任外，对其他平台"一视同仁"的做法并不合理。

---

① 《工业和信息化部关于修订〈电信业务分类目录（2015年版）〉的公告》。
② 网信办关于数据分类的框架还涉及是否属于公民个人信息和公共数据，见《国家互联网信息办公室关于〈网络数据安全管理条例（征求意见稿）〉公开征求意见的通知》；《全国信息安全标准化技术委员会秘书处关于发布〈网络安全标准实践指南——网络数据分类分级指引〉的通知》。

最后,《主体责任指南(征求意见稿)》中并未体现分类对于主体责任的影响。《分类分级指南(征求意见稿)》针对每一大类互联网平台还进行了细化分类,无论采取何种分类方式,都需要考虑其能否达到便于监管的目的。然而除非采取行业监管的方式,否则细化分类对主体责任的承担并无影响。

(三)域外借鉴

1.欧盟:《数字市场法案》和《数字服务法案》

欧盟理事会于2022年7月18日批准通过《数字市场法案》,旨在维护公平竞争的市场秩序,从而保护企业和用户利益。2022年10月4日,欧盟理事会批准通过《数字服务法案》,侧重保护消费者、促进创新。目前两部法案均未施行,其中DMA将于2023年5月生效,DSA将于2024年2月17日生效。

第一,DSA的规制对象为向在欧盟境内设立的或位于欧盟境内的服务对象的中介服务提供者［中介服务包括托管("hosting")服务和单纯传输服务与缓存服务］。DSA会依据互联网平台在网络中的角色、规模和影响力的不同,对其进行分类分级监管(见图1)。① 具体而言,除了所有中介服务者都需承担的一般性责任外,② 针对中介服务中的托管服务,服务提供者需设立"通知—行动"(notice and action)机制。③ 此外,DSA还更进一步就托管服务中的网络平台、超大型网络平台和超大型在线搜索引擎施加了更高要求的义务。DSA使用平均每月活跃用户作为分级标准,平均每月活跃用户超过4500万人的网络平台或在线搜索引擎会被认定为超大型网络平台或超大型在线搜索引擎。欧盟委员会根据DSA的立法目的、考虑市场和技术发展,规定计算平均每月活跃用户的方法。此外,欧盟人口的变化也会影响平均每月活跃用户数量的要求标准。④

---

① 陈珍妮:《欧盟〈数字服务法案〉探析及对我国的启示》,载《知识产权》2022年第6期。
② 《数字服务法案》第11条第1款、第12条第1款、第13条第1款、第14条第1款。
③ 《数字服务法案》第16条第1款、第6款。
④ 《数字服务法案》第33条。

```
┌─────────────┐
│中介服务提供者│ • 一般性责任
└──────┬──────┘
       │
       ▼
   ┌─────────────┐
   │网络服务提供者│ • 一般性责任
   └──────┬──────┘ • 设立"通知——行动"（notice and action）机制
          │
          ▼
      ┌──────────────────┐
      │网络平台、超大型   │ • 一般性责任
      │网络平台和超大型   │ • 设立"通知——行动机制"
      │在线搜索引擎      │ • 更高要求的义务
      └──────────────────┘
```

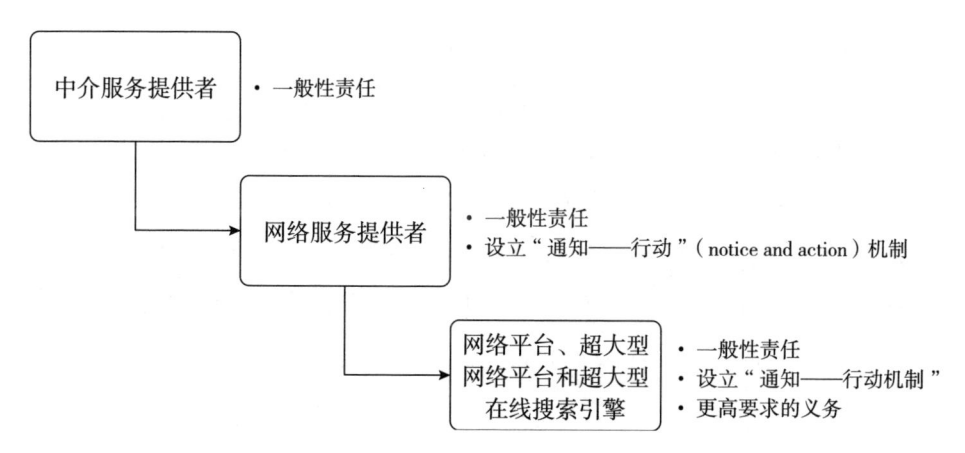

图1　DSA对中介服务提供者的分类分级监管

第二，在主体责任承担方面，DSA在透明度报告义务、[①]网络界面设计和组织、[②]在线广告、[③]推荐系统、[④]未成年人保护等方面作出了详细规定，[⑤]适用于所有的网络平台。同时，针对超大型网络平台和超大型在线搜索引擎，DSA采用累进规制的方式，要求其承担额外的风险评估、降低风险、危机应对、独立审计、推荐系统、广告透明度等义务。[⑥]

第三，DMA将核心平台服务分为十大类，有别于《分类分级指南（征求意见稿）》根据连接属性的划分标准，DMA对于核心平台服务的划分标准更侧重服务的功能。DMA细化规定了守门人在公平竞争、平等治理、开放生态、规范数据合并、保障数据互联互通等方面的义务。针对经营者集中问题，DMA额外规定了守门人的报告义务，并对违反报告义务将会予以罚款的罚则作出细化规定。[⑦]

---

① 《数字服务法案》第24条。
② 《数字服务法案》第25条。
③ 《数字服务法案》第26条。
④ 《数字服务法案》第27条。
⑤ 《数字服务法案》第28条。
⑥ 《数字服务法案》第34—43条。
⑦ 侯彰慧、许聿宁、李梦涵：《超大型互联网平台合规之路：中欧监管趋势异同》，载"中伦视界"微信公众号，https://mp.weixin.qq.com/s/XAJ5hDtEl-8yuN7qh9Sxqg，最后访问时间：2023年5月15日。

2.英国:《数字市场、竞争与消费者法案》草案

2023年4月25日,英国竞争与市场管理局(CMA)公布《数字市场、竞争与消费者法案》(Digital Markets, Competition & Consumers Bill)草案,消费者保护、数字市场和增加CMA权力作为该法案的重点关注领域。该法案针对具有"战略市场地位"(Strategic Market Status)的数字公司施加额外的义务,以维护自由、公平的市场环境,防止具有战略市场地位的公司利用其规模和权力来限制数字创新或市场准入,进而促进英国经济增长,并由CMA的数字市场部门(DMU)监督。

《数字市场、竞争与消费者法案》第2条就"战略市场地位"的标准作了详细规定,如果CMA认为(1)该数字活动与英国有联系;[①](2)该经营者符合该数字活动的战略市场地位条件;(3)符合第7条关于营业额的条件;[②](4)在CMA按照本章进行战略市场地位调查后,可认定某经营者就某数字活动拥有战略市场地位。第5条和第6条对第2条第2款中的"战略市场地位条件"进行了解释,即该经营者具有实质性和根深蒂固的市场力量,[③]CMA对至少5年的时间进行前瞻性评估和就数字活动而言,具有战略意义的地位。[④]

除上述关于战略市场地位的实体性规定外,《数字市场、竞争与消费者法案》还就认定数字企业具备"战略市场地位"的过程作了程序性规定。包括发起战略市场地位调查、进一步调查、磋商拟定决定、通知结果等步骤,每一步都作了细化规定,并规定相应的期限。[⑤]

(四)评析

1.互联网平台分类分级制度的比较

可以发现,欧盟采取的是综合立法模式,即将分类分级与主体责任规定

---

① 《数字市场、竞争与消费者法案》第4条。
② 《数字市场、竞争与消费者法案》第7条。
③ 《数字市场、竞争与消费者法案》第5条。
④ 《数字市场、竞争与消费者法案》第6条。
⑤ 《数字市场、竞争与消费者法案》第9—18条。

在同一部法案之中，该法案的分类分级标准、责任和罚则规定极为细致，考虑全面。这种方式的弊端在于，立法成本过高，导致出现新情况时难以协调新旧责任机制，实现转换和适应。①

而英国的互联网平台分类分级和主体责任规定较为分散，近些年着重立法的领域都是对具有较大市场份额的"主导平台"和"战略市场地位"进行界定和责任划分，反映出美英对互联网平台监管的谨慎性。②这种方式的优势在于可以通过对大型平台的监管试验来了解市场反应，避免出现重大厌恶情况，同时率先拿大型平台开刀，可以解决更加具有紧迫性的问题，也一定程度上维护了中小平台的利益。这种方式的弊端在于，疏于对中小平台进行监管，可能存在造成市场竞争不公平的现象，同时可能导致被暂时放任的平台对公共领域的侵蚀。③

2. 立法模式上考虑"概括指南+专门法规的方式"

规定过于宏观是《分类分级指南（征求意见稿）》和《主体责任指南（征求意见稿）》被人诟病的一点。然而，由于平台的类型会随着经济和互联网的发展在短时间内发生变化，同时两部指南又涉及反垄断法、电子商务法、数据安全、知识产权等诸多领域，如果以法律的形式确立了互联网平台的分类分级标准以及主体责任之后，当出现新情况、新问题之后修改法律的程序较为复杂，会突出法律的滞后性问题。

对于分类变化快与修法难的冲突情况，可以选择不进行分类及确定责任，或者选择以指南形式进行概括规定，同时在专门领域施行法律法规的立法模式。不同的互联网平台会因为提供不同的公共服务内容而承担不同的主

---

① 魏露露：《欧美网络平台监管制度的比较与借鉴》，载《北京航空航天大学学报（社会科学版）》2021年第5期。

② 魏露露：《欧美网络平台监管制度的比较与借鉴》，载《北京航空航天大学学报（社会科学版）》2021年第5期。

③ 王林生、金元浦：《文化新业态互联网平台的主体责任建构与治理趋势》，载《同济大学学报（社会科学版）》2022年第1期；魏露露：《欧美网络平台监管制度的比较与借鉴》，载《北京航空航天大学学报（社会科学版）》2021年第5期。

体责任，因此仍需要进行平台分类，①武断地选择放弃分类并不可取。对于分类的标准，可以从监管角度出发，根据不同的商业模式、市场特征进行划分，从而制定不同的监管措施。②同时分类标准应尊重技术逻辑，并在此前提下规定相应的主体责任。

而以指南形式对互联网平台的分类分级以及主体责任标准作出宏观性指导，当情况发生变化时，修改指南的程序简单、便捷，能够及时满足新的要求。同时在宏观指导性的指南之外，还应在反垄断、数据合规等专门领域进行专项立法，以更高位阶的法律或法规增强互联网平台分类分级制度的权威性和有效性。

3. 可考虑细化主体责任并增加相关罚则及奖励机制

《主体责任指南（征求意见稿）》中对平台主体责任的规定还需要进一步细化和补充相关限定条件。③如《主体责任指南（征求意见稿）》第26条规定，"处理重要数据的互联网平台经营者应当明确数据安全负责人和管理机构"。重要数据的定义和范围是什么？平台经营者应该向谁明确？采取登记或备案的方式明确，还是公示即可？单独看第26条的规定，无法回答以上问题。未明确具体的限定条件，造成了法律的模糊性问题，④还可能出现自由裁量权过大的问题。⑤此外，主体责任中适用分级标准，但是仅采用定量标准，可能会出现片面、机械的问题，为互联网平台规避法律规制创造可能性。因此，也可以考虑细化分类分级标准，采取定性与定量相结合的方

---

① 王勇、吕毅韬、窦斌：《互联网平台的主体责任与分类分级——基于公共物品的视角》，载《经济社会体制比较》2022年第5期。

② 参见于立：《平台分类分级两种思路的经济学逻辑——从行业≠市场说起》，载《中国市场监管研究》2022年第2期。

③ 金美蓉、李倩：《论"守门人"制度的嬗变及其对完善我国互联网平台主体责任的启示》，载《内蒙古社会科学》2023年第2期。

④ 金美蓉、李倩：《错误成本分析理论下互联网平台准监管责任的问题与完善》，载《中国矿业大学学报（社会科学版）》2023年第2期。

⑤ 唐要家、唐春晖：《网络信息内容治理的平台责任配置研究》，载《财经问题研究》2023年第6期。

式，①制定出更合理全面的标准。

相较于DSA和DMA中对违反平台主体责任所要承担的法律后果进行详细规定，《主体责任指南（征求意见稿）》的规定完全采用"应当"的模式，一方面为平台设定了大量的法定义务，其中可能存在不适当的情况，可能会压抑平台的发展；②可以考虑对应予处罚的行为制定相应的处罚条款，或者指明应适用的相关法律，明确执法的法律依据，促进平台遵守法律。同时，也应适当考虑制定平台履行合理注意义务的激励机制，③从正向促进法律的实施。

4. 根据技术逻辑分类

不同互联网服务根据其在互联网分层架构上所处的位置所要遵循的基本原理存在较大差异。因此，监管思路应考虑区分在物理层、逻辑层运营的电信运营商、宽带服务商的法律规则和在应用层、内容层运营的平台法律规则。否则，监管规则的适用可能会出现过于简单化的趋势，不能有效地回应法律对于平台的多元预期，也不能有效地应对平台经济自身的逻辑。④此外，根据技术逻辑分类，在对平台进行精准分类分级的基础上，可以进一步落实主体责任承担，使得分类分级真正与责任承担相联系，平台与责任一一对应。

四、重点观察之二：网络运营者分类分级与一般侵权责任条款必要措施的应用

（一）问题简述

作为互联网平台知识产权保护的司法实践中较为常见的裁判规则，"通知—删除"必要措施的应用是网络服务提供者在知识产权保护领域的责任分

---

① 金美蓉、李倩：《论"守门人"制度的嬗变及其对完善我国互联网平台主体责任的启示》，载《内蒙古社会科学》2023年第2期。
② 刘权：《论互联网平台的主体责任》，载《华东政法大学学报》2022年第5期。
③ 唐要家、唐春晖：《网络信息内容治理的平台责任配置研究》，载《财经问题研究》2023年第6期。
④ 赵鹏：《平台公正：互联网平台法律规制的基本原则》，载《学术前沿》2021年第11期。

配规范体系的重要组成部分，《民法典》侵权责任编第1194—1197条对其进行了体系的架构。在实践过程中，知识产权保护与促进互联网平台经济发展的价值平衡的问题，如何达到权利人、网络服务提供者、网络用户的权益平衡和效率最优一直是亟待解决的难题。从必要措施的规范演变来看，该规则的适用范围已经从单一的著作权扩展到全部知识产权，交易类型从电子商务扩展到所有网络平台服务；①在权利人与网络服务提供者的利益平衡方面，对后者提出的承担责任的要求呈现加重趋势，《民法典》与《电子商务法》增加了反通知、网络服务提供者在合理期限内及时终止必要措施、错误通知的侵权责任等重要内容，②对网络服务提供者施加了在特定情形下的注意义务，以防止其借助通知删除规则规避法律责任。③我国通过引入"通知—删除"必要措施以减轻平台经营者承受知识产权诉讼的成本，有效控制其涉及侵权的风险。但随着数字经济和平台经济规模的不断扩大，一批头部的电子商务平台已经占据了绝大多数市场份额，其营业规模和对用户的限制能力能够承担更多社会责任，但现行的"通知—删除"体系则未能对不同内容性质、规模体量、业务种类的平台提供承担责任的延伸空间。④

在《主体责任指南（征求意见稿）》中，有关"通知—删除"的规定主要体现在第12条的"平台内容管理"之中。⑤此外，第22条的"知识产权保护"之中还提及互联网平台经营者应当建立有针对性的知识产权保护规则和相应治理规则，履行知识产权保护责任……在存在过错的情况下，承

---

① 王良：《〈民法典〉对"通知删除"规则的确立与完善》，载"金诚同达"微信公众号，https://mp.weixin.qq.com/s/KIeouuuby5PiyB9dNQ9Alg，最后访问时间：2023年5月15日。
② 茆荣华主编：《〈民法典〉适用与司法实务》，法律出版社2021年版，侵权责任章节"网络侵权责任中'通知—删除'规则的试用"。
③ 赵志强、黄晨、张琰：《"通知—删除规则"下短视频服务平台采取"必要措施"的司法适用》，载"浦东知识产权"微信公众号，https://mp.weixin.qq.com/s/Y8Cv4dh4ekvA-ulM6i0Pkg，最后访问时间：2023年5月15日。
④ 马更新：《欧盟〈数字服务法案〉探析及对我国的启示》，载《政治与法律》2022年第10期。
⑤ 《主体责任指南（征求意见稿）》第12条要求互联网平台经营者不得通过发布、删除信息以及其他干预信息呈现的手段侵害他人合法权益或者谋取非法利益。用户有上述行为的，互联网平台经营者应当及时采取相关措施，并向监管部门报告。

担相应法律责任。显而易见，上述有关规定的内容较为笼统、宽泛，并未对"采取相关措施"进行具体阐释，无法起到为互联网平台经营者提供行为指引的作用。此外，赋予所有网络平台相同的责任与义务、对其适用统一的标准和规则，且未能体现出各互联网平台在新的分级分类的体系之下所对应的权利与义务以及应当承担的主体责任的等级差异，背离了实质平等的要求。

《民法典》的网络侵权责任条款赋予了网络服务提供者一定的管理和自治的权利，主要体现于对侵权初步证据的审查、根据服务类型采取必要措施以及合理确定终止必要措施的等待期，目的是鼓励各网络服务平台积极参与管理。《分类分级指南（征求意见稿）》已经根据用户规模、业务种类以及限制能力等综合因素对平台进行了分级，根据该判定标准，更大的用户规模、更广泛的业务种类、更高的经济体量以及更强的限制商户接触用户的能力应当对应更高的管理能力，与之相适应的特殊义务也应当有所体现，从而使得"通知—删除规则"能够更清晰地得到应用。[①]

（二）核心争议点

我国《民法典》没有明文规定"禁止一般监管义务"，但已在一般责任条款、避风港规则、红旗原则中体现了网络服务提供者并不当然对用户上传的内容负责的倾向和理念。

网络侵权责任的一般规则适用过错责任的归责原则；规定了避风港规则中的通知权，包括权利人行使通知权的必要条件、网络服务提供者转通知及采取必要措施的义务、权利人错误通知的责任承担等；而反通知权及其行使规则更好地平衡了网络用户和权利人之间的利益关系，红旗规则的主观要件则进一步限定为"知道或应当知道"，若网络服务商未采取必要措施也须承担连带责任。借助于"通知—删除规则"和红旗规则，网络服务提供商可以

---

① 茆荣华主编：《〈民法典〉适用与司法实务》，法律出版社2021年版，侵权责任章节"网络侵权责任中'通知—删除'规则的试用"。

通过转通知和采用必要措施的方式免责。①

网络侵权责任的红旗原则方面。"红旗原则"要求网络服务提供者尽到合理的注意义务，②对于明显的侵权内容和链接不得视而不见③，即使权利人没有发出通知，也应当认定网络服务提供者知道或应当知道该侵权事实，并且承担采取必要措施的义务。否则，即不再享受"通知—删除"免责条款的庇护，而需要对用户或者来自第三方的直接侵权行为承担共同侵权责任。④"红旗原则"在我国《信息网络传播权保护条例》第23条中也有体现，同样仅针对著作权。⑤

以云计算平台最典型的弹性计算产品——云服务器（如AWS的EC2、Google的Compute Engine以及Azure的Virtual Machines）为例，因其属于托管\存储业务类的网络服务，故可适用避风港规则。避风港规则构成要素包括：对侵权行为无实际认知或红旗认知、不存在控制权力与能力且无直接归属经济利益以及收到侵权通知后做出删除或禁止访问措施。网络服务商能以此对于其用户的侵权行为可以免责的前提条件是：（1）不知道和不了解该项信息或使用该信息的活动系侵犯著作权的行为，或于知悉、了解该事实后立即采取删除或禁止访问的措施；（2）当其对侵权行为有权且有能力控制时，并未从该侵权行为获得"直接经济利益"；（3）在接到合格的侵权通知后，迅速采取删除或禁止访问的措施。

各网络运营者的差异方面，以社交平台和云服务厂商的对比为例，两者差异在于平台性质、用户期望、法律监管和技术成本等方面的不同。这些因素导致了必要措施的差异，包括删除等措施的实施方式和成本。

平台性质和功能：社交平台的主要功能是促进用户之间的交流和分享内

---

① 杨立新：《网络服务提供者在网络侵权避风港规则中的地位和义务》，载《福建师范大学学报（哲学社会科学版）》2020年第5期。
② 江必新主编：《最高人民法院司法解释与指导性案例理解与适用（第四卷）》，人民法院出版社2016年版，第624页。
③ 丁春燕：《网络社会法律规制论》，中国政法大学出版社2016年版，第241页。
④ 王冠华：《民法典新规则解读八：网络侵权责任红旗原则》，载"盈科乌鲁木齐律所"微信公众号，https://mp.weixin.qq.com/s/rU6EkZ6D7fll3eiPs1irJQ，最后访问时间：2023年5月15日。
⑤ 马更新：《欧盟〈数字服务法案〉探析及对我国的启示》，载《政治与法律》2022年第10期。

容，而云服务厂商主要提供存储、计算和网络服务等基础设施。社交平台上的内容更加公开和共享，用户更频繁地产生、传播和交互信息，因此需要更加积极地管理和监控内容。相比之下，云服务提供商更多关注基础设施的稳定性、可靠性和安全性，对用户数据的操作相对较少。

用户期望和隐私考虑：用户在社交平台上分享的内容更加私人化和敏感，同时社交平台通常有更多的用户互动，需要更多的监管和内容筛选措施来维护用户体验和社区安全。而云服务厂商更注重保护用户数据的完整性和机密性，提供安全的存储和传输方式，以确保客户数据的安全性。

法律和监管要求：社交平台可能受到更多的法律和监管要求，如涉及个人隐私、版权、虚假信息等方面的规定。这些平台需要采取更加积极的措施来应对相关法律法规，包括删除违规内容、封禁恶意账号等。相比之下，云服务厂商主要提供基础设施，遵循数据存储和处理的相关法律法规，但对于用户上传的具体内容不承担直接的责任。

技术成本和实施难度：不同平台对于删除等必要措施的实施成本和技术难度也存在差异。社交平台通常有大量的用户生成的内容，需要投入大量的人力和技术资源来监控和管理这些内容。相比之下，云服务厂商更关注基础设施层面的技术运维和安全防护，需要确保数据中心的稳定运行和安全性。

（三）域外借鉴

DSA中监管措施的主要对象除信息中介服务提供者（intermediary services）就包括了网络平台（online platforms），同时对于在欧盟范围内平均月活跃用户超过4500万人的超大网络平台进行了特殊规制。[①]DSA根据对平台的分类分级机制为其确定了明确的责任和问责要求，为平台移除非法内容建立了"通知和行动"以及对应的保障措施，规定了超大型在线平台应当承担的特殊义务，并且采取有效的风险管理措施，包括对风险管理措施进行独

---

① 葛翔：《欧洲又出数字服务新法案，DSA，能学到些什么？》，载"庭前独角兽"微信公众号，https://mp.weixin.qq.com/s/RL6tsbh2hG-TUTyACZxTBg，最后访问时间：2023年5月15日。

立的审计流程以防止系统滥用于非法内容和虚假宣传活动。

DSA 依据网络服务的主要内容和功能进行了分类，主要包括中介服务、托管服务和网络平台等；同时根据平台用户数量、规模以及影响力将超大型在线搜索引擎和超大型网络平台进行了单独的处理，对其施加了更高的责任标准，具体体现在第五节"超大型在线平台和超大型在线搜索引擎提供者管理系统性风险的额外义务"之中：①第34条规定，提供者应努力查明、分析和评估欧盟内因其服务及其相关系统（包括算法系统）的设计或运作而产生，或因使用其服务而产生的任何系统性风险，其中即包括对行使基本权利的任何实际或可预见的负面影响，特别是人格权、隐私权、个人数据保护、言论和信息自由、反歧视等，并对其推荐系统和任何其他相关算法系统的设计、内容审核系统以及自身的数据实践等因素展开调查。具体的纾解措施则在第35条中进行了清晰的列举，包括调整内容审核流程，包括处理与特定类型的非法内容有关的通知的速度和质量，并酌情而迅速删除或禁止访问所通知的内容，以及调整任何相关的决策程序和用于内容审核的专用资源。

一般义务上，DSA 在第8条中指明，不应使中介服务者承担积极地寻求表明非法活动的事实或情况的义务。为了受益于托管服务的免责条款，提供者在实际知晓或意识到非法活动或非法内容时，应迅速采取行动删除或禁止访问相应内容。删除或禁止访问应遵守服务接收者的基本权利，包括言论和信息自由的权利。提供者可以通过自行调查或个人或实体根据本条例提交的通知，获得对内容非法性的明确知情或了解，只要这些通知足够准确和有充分的根据，使得尽职的、经济理性的经营者能够合理地识别、评估并在适当的时候对涉嫌非法的内容采取行动。然而，不能仅基于相应提供者在一般意义上知道其服务也被用于存储非法内容的事实即认为其获得了这种明确的知情或了解。此外，提供者自动为上传到其服务的信息编制索引、具备搜索功

---

① 《欧盟数字服务法》，朱悦译，载"新治理"微信公众号，https://mp.weixin.qq.com/s/3IBqiXU063_Iafj7L9mrYA，最后访问时间：2023年5月15日。

能，或者根据服务接收者的画像或偏好推荐信息的事实，并不能成为认为相应提供者"明确地"了解在相应平台上进行的非法活动或存储的非法内容的充分理由。①

（四）评析

"网络中立原则"在平台承担多种法律义务的情况下已经难以继续成为其基本价值导向。平台在介入侵权纠纷以及引导、规范用户遵守法律法规以及相关行业规定等方面需要承担更加积极主动的社会责任。对平台注意义务进行强化的理由是，当平台控制了与相关市场和消费者的重要入口时，可以通过法律要求其积极地防范用户进行违法行为，激励平台担当公共利益守门人的责任，以提高不法行为的成本，降低不法行为的出现概率。②但在此基础上，加强网络平台的安全防范责任，还必须与其技术逻辑相适应。超级平台对大量用户行为的监督主要依靠的是以数据和算法模型支撑的技术系统，行为规则、系统的投诉处理机制都呈现统一性的特征，客观上难以做到精准判断并有针对性地处理每一件不尽相同的违规、侵权行为。所以，我国的法律规制需要把重心从具体的注意义务转移到宏观的、系统性的注意义务之上，要求平台不断完善自身的管理体系和技术系统以确保尽可能地降低平台被利用于侵权行为的风险。在此项责任落实的具体应用与实施方面，监管机构应根据行业惯例，制定若干关键性的指标以供平台遵循，并对某些管理体系存在结构性问题的平台予以处罚。

从域外趋势来看，在保持平台现有的民事责任制度的同时，部分发达国家也在努力推进平台的治理体系，不仅为平台创造了稳定且可预期的管理制度和法治环境，还有助于降低平台被利用于不法行为的系统性风险。

欧盟DSA对我国构建体系化的针对平台的法律治理规则具有创新性的

---

① 《欧盟数字服务法》，朱悦译，载"新治理"微信公众号，https://mp.weixin.qq.com/s/3IBqiXU063_lafj7L9mrYA，最后访问时间：2023年5月15日。
② 赵鹏：《平台公正：互联网平台法律规制的基本原则》，载《学术前沿》2021年第11期。

启发。我国近年来虽已开始健全多层次、统一性的监管机制，但相关法律法规中仍存在大量重复规定以及法律缺位的现象，直接导致适用的混乱和规制的漏洞产生。典型的例子即为分级分类的标准，《分类分级指南（征求意见稿）》《主体责任指南（征求意见稿）》《个人信息保护法》中虽然都区分对待超大型平台与小微平台，但其判定的标准并未保持统一，甚至概念、称呼都不一致，极易产生混淆。欧盟方面，首先，基于对DSP的分类和等级划分，根据服务类型和平台影响力等多种因素，科学确定DSP的责任。其次，针对VLOPs在实际应用中所面临的特定风险，通过对VLOPs的界定与判定，从风险评估、算法推荐、广告发布等角度对VLOPs进行严格的规范。最后，综合考虑用户、数字服务提供商和社会公众等多方主体的利益，在遵循"禁止一般监管义务"的原则的前提下，对部分数字服务提供商的事前内容审查义务，并对其进行限定。[1]

以欧盟为参考，可以考虑以我国拟出台的两大指南为基础，进一步出台具有更高效力级别的法律法规，按照"分类分级精细化—特殊平台特殊规定—多方主体利益平衡"的逻辑架构，构建出我国的体系化治理框架。如在适用红旗原则方面，可以区分网络运营者的服务内容和对违规内容的发现能力，进而设定不同的适用条件。首先应当先对网络运营者进行分类，分类后根据其技术逻辑和特点区分必要措施的适用要求，核心是应当尊重底层技术逻辑。如果网络服务中立且属于符合底层技术逻辑，则应当谨慎采取必要措施。

五、重点观察之三：网络运营者分类分级与"守门人"制度的衔接

（一）问题简述

近年来，互联网经济已经逐渐成为我国经济稳定增长的关键动力，互联

---

[1] 陈珍妮：《欧盟〈数字服务法案〉探析及对我国的启示》，载《知识产权》2022年第6期。

网平台的经济聚合效应不断凸显。①随着平台规模的不断扩展和市场影响力的持续攀升，用户对平台的依赖使得大型数字平台有恃无恐地对用户施以不公平待遇。2018年，经济合作与发展组织（Organization for Economic Co-operation and Development，OECD）竞争委员会召开"电子商务对竞争政策的影响"（Implications of E-commerce for Competition Policy）圆桌论坛，提出"歧视性杠杆"（Discriminatory Leveraging）竞争损害理论，警惕平台企业通过对其他市场竞争者的歧视待遇（Discriminatory Treatment）从而将其市场力量扩展到相邻市场；2019年，欧盟委员会发布《数字时代竞争政策报告》，报告将谷歌等平台巨头的部分垄断行为概括为"平台自我优待"，并指出该行为是将平台的市场力量进行杠杆传导的体现。2020年，欧盟委员会发布《数字服务法案》和《数字市场法案》两份数字新规草案，针对具有持久市场地位的超大型数字平台企业引入"守门人"概念，保障数据市场的公平性和开放性，确保数字市场的公平竞争和创新活力。②一旦被界定为"守门人"，相关企业在欧盟数字市场竞争中将负有特定义务。例如，确保对经营者和消费者都公平且开放的在线环境，遵守特定义务以确保所有主体都能够创新，同时减少不公平的市场行为。即便某一企业尚未被认定为具有稳定且持久的地位，只要将来有可能达到，也应当依照比例原则承担相应的特定义务，以防止通过不公平行为获取这种地位。

目前针对互联网超大型平台特殊治理的"守门人"制度在我国同样有所体现。2021年国家市场监管总局发布《分类分级指南（征求意见稿）》《主体责任指南（征求意见稿）》，确立的也是先分类、再分级的超级平台识别程序，首次提出中国版守门人制度的基本设想，为验证守门人条款提供了分析对象。目前两份指南的正式生效版本仍未出台，但在2021年之后，我国对于互联网平台合规的监管进程并未中断，如2023年4月，市场监管总

---

① 展鹏贺、罗小坤：《互联网平台分级监管的法律逻辑与路径完善》，载《湖南大学学报（社会科学版）》2023年第3期。

② 吴沈括、胡然：《数字平台监管的欧盟新方案与中国镜鉴——围绕〈数字服务法案〉〈数字市场法案〉提案的探析》，载《电子政务》2021年第2期。

局部署2023年度重点立法任务，拟加强市场监管法治建设，其中强调持续推进市场准入准营退出便利化，不断优化营商环境，切实提升平台经济常态化监管水平；制修订《企业名称登记管理实施办法》《互联网平台企业落实合规管理主体责任监督管理规定》。①

互联网超大型平台的崛起，已成为影响各国经济结构和社会政治文化形态的关键要素。在打造枝繁叶茂的互联网"生态圈"时，超大型平台也因其垄断市场、侵犯消费者权益、打压中小型平台发展等行为而备受诟病。在此背景下，国际主要数字经济体纷纷开启"守门人"制度，以反垄断方式规制具备"守门人"地位与规模的互联网超大型平台，保护公平和开放的数字市场。而我国也出台相应指南，提出平台分类分级监管思路，但总体而言，我国对"守门人"制度的系统研究还较为有限，还需要进一步探讨，以促进数字经济市场的健康可持续发展。

（二）核心争议点

《分类分级指南（征求意见稿）》和《主体责任指南（征求意见稿）》中均强调对于超大型平台应当设置特别规则来进行治理，这一思路与欧盟提出的"守门人"制度不谋而合。但仍需解决以下问题：

首先，未来我国针对超大型平台的监管思路是否会向着欧盟的DMA靠拢？是否要引入欧盟的"守门人"制度？境外的"守门人"制度与《分类分级指南（征求意见稿）》和《主体责任指南（征求意见稿）》的监管思路有何区别？

其次，如何科学合理认定"守门人"或"超大型平台"？"守门人"是否也应当考虑分类？境外的"守门人"制度是否有平台类别的例外？《分类分级指南》和《主体责任指南》中的"守门人"是否会因为平台定义的泛化，存在误伤的情况？

最后，如何设计"守门人"或"超大型平台"的义务和禁止性规定？

---

① 《加强法治建设 市场监管总局部署2023年度重点立法任务》，载人民网，http://finance.people.com.cn/n1/2023/0411/c1004-32661591.html，最后访问时间：2023年5月15日。

（三）域外经验借鉴与剖析

1. 是否应当引入"守门人"制度？

2020年起，国际主要数字经济体纷纷开启"守门人"制度，以反垄断方式规制具备"守门人"地位与规模的互联网超大型平台，保护公平和开放的数字市场。以《数字市场法》中的"守门人"制度为例，其提出主要是基于三方面的考量。首先，由于欧洲本土数字平台多为中小型企业，并未产生世界级的数字平台，因而导致了欧盟的数字平台市场被数字巨头所垄断。近年来，欧盟通过一系列立法希望加大数字平台监管力度，构建更安全、公平的竞争环境。其次，在赢者通吃、市场集中的结构中，具有优势地位的支配性平台，拥有过大的控制其他经营者生死的权力，如由于缺少选择空间，处于不利地位的经营者只能忍受压制性合同条款带来的更高成本；这种对平台的依存关系给他们的业务带来内在的风险。[①]最后，欧盟传统竞争法体系的实效对于隐藏于平台经济中侵害消费者的行为束手无策，传统竞争法所依赖的理论基础在面对数字市场带来的障碍时表现得不尽如人意。[②]"守门人"制度实际上是国外对于网络运营者分级分类与主体责任承担划定的标准的体现，其将互联网平台视为企业，确定网络运营者所拥有的能力与数字社会中介权力，最核心的是数据收集与信息处理的能力，当某一个网络运营者拥有足够独自影响市场的数据能力时，意味着其需要承担更大的责任，甚至需要政府出手对其进行规制。

尽管我国数字平台领域反垄断力度日趋增强，但平台结构复杂、利益纵横交错、分析方法缺乏的状态下，执法常常难以达到令人满意的效果。一方面，大型平台在优胜劣汰中不断壮大，随着市场份额的日益增加，其逐渐具备了垄断性的市场支配力。同时，由于大型平台掌握的消费群体十分庞大，进而使经营者对平台产生经济依赖性，因此，大型平台能够具备制定游戏规则的权

[①] 申琦：《是非"守门人"：国际互联网超大型平台治理的实践与困境》，载《湖南师范大学社会科学学报》2023年第1期。

[②] 严驰、王晓丽：《〈数字市场法〉"守门人"制度解析与展望》，载《信息通信技术与政策》2023年第3期。

力，从而对缺乏议价能力的用户提出不公平、限制性的交易条件。由此可见，如不对平台的私权力行使进行有效的监管和约束，则会使权力滥用的情况愈演愈烈。另一方面，超大型平台运用"守门"权力侵害经营者、消费者、竞争者等主体权益的现象屡见不鲜，如平台对用户个人信息的保护不到位，平台优待自营产品，损害其他商业用户的合法权益并破坏平台内的公平竞争秩序等。然而，现有法律对"守门"权力的约束力度不足，《反垄断法》《电子商务法》等均有力所难及之处。①由此可见，DMA对我国平台经济的发展以及未来国家政策治理具有积极影响。法案中所表露出的准确、高效监管，打造平台竞争的合理框架，也正是我国规制平台经济垄断现象的发展目标。②

但需要注意的是，当前作为先行者的欧盟"守门人"制度实践仍处于起步阶段，长远来看"守门人"制度的设计与实施仍存在诸多不确定性。综上，考虑到我国与欧洲数字战略及数字发展水平的差异性，可以优先考虑在确保自身制度未受其冲击的前提下，借鉴"守门人"制度的相关内容，针对存在较大社会风险的在线平台建立起强有力的监管机制，从而确保对数字服务的挑战性监管在任何情况下都能发挥效力③。而对于网络基础设施提供者如云服务商高度重视技术发展的行业，现阶段尚不适合直接施加守门人义务。

2. 如何认定"守门人"？

在"守门人"认定上，DMA通过定量与定性相结合的方式，灵活认定"守门人"身份。在正式生效的DMA规定中，满足下述三项标准的核心平台服务提供者将被推定为守门人，平台也可提出证据进行抗辩：（1）对欧盟内部市场有重大影响（如过去三个财政年度内，数字平台所属企业在欧盟境内的年均营业额达到或超过75亿欧元，或者其所属企业过去一个财政年度内平均市值或市场公允价值最低达到750亿欧元，并且至少为三个成员国提供平台服务，均可以被视为对内部市场具有重要影响）；（2）提供核心平台服务，

---

① 张钦昱：《数字经济反垄断规制的嬗变——"守门人"制度的突破》，载《社会科学》2021年第10期。

② 余惠民、陈彤：《欧盟"守门人"制度及启示》，载《合作经济与科技》2023年第5期。

③ 参见吴沈括、胡然：《数字平台监管的欧盟新方案与中国镜鉴——围绕〈数字服务法案〉〈数字市场法案〉提案的探析》，载《电子政务》2021年第2期。

且该服务是商业用户与终端用于接触的重要途径（如若使用核心平台服务的月终端用户数超过4500万人，其中包含本土和居住于欧盟境内的用户，或者上一财政年度内拥有注册于欧盟境内的企业用户超过10000家，可以被视为提供了核心平台服务）；（3）具有稳定和持久地位，或可预见在不久的将来将享有这种地位，对此，DMA进一步规定，在过去的三个财政年度内每年均达到规定的用户数量标准即可认为具有该种市场地位。此外，DMA还设计了兜底条款，欧盟委员会还可以基于"平台的规模（包括营业额及市值）""商业用户及终端用户的数量""因网络效应和数据驱动优势导致的市场进入壁垒""纵向整合""用户锁定效应"等结构性市场特征，对未达到以上三项标准的企业进行调查和评估，从而认定为"守门人"。

由于欧美相继出台一系列法案试图引入守门人制度，我国亦深受影响，出台具有明显守门人制度内容的配套措施。在2021年发布的《分类分级指南（征求意见稿）》和《主体责任指南（征求意见稿）》中，将互联网平台分为"三级六类"，在公平竞争示范、平等治理、开放生态、数据获取等方面对互联网超大型平台设定事前"红线"。《分类分级指南（征求意见稿）》中明确依据用户规模、业务种类、经济体量和限制能力，将在中国上年度年活跃用户不低于5亿元、核心业务至少涉及两类平台业务、上年底市值（估值）不低于10000亿元人民币、具有超强的限制商户接触消费者（用户）能力的互联网平台定义为超级平台。

对比境内外对于"守门人"的认定标准可知，欧盟采用了"不对称管制"的监管思路，即对不同力量市场主体，根据特定区分标准进行特定管制的经济性和社会性监管。如在DMA草案中，不对称管制体现为对互联网平台的分类管理，在分类上，DMA草案根据互联网平台业务划分了八大核心平台服务。此类核心平台服务具有边际成本过低、网络效应过强、连接能力过大等特点，容易形成极端规模效应和锁定效应，并通过数据优势、垂直整合造成业务和终端用户极强的依赖性。①但是上述标准仍被指责过于笼统，没

---

① 郑鹏程、龙森：《双边市场理论在平台经济反垄断中的实践价值与局限——兼论〈平台经济反垄断指南〉的完善》，载《湖南师范大学社会科学学报》2021年第5期。

有针对平台特点进行分类，从而设置义务。此外，在欧盟的DSA法案中，中介服务商（如互联网接入服务提供商）和托管服务商（如云服务商）与典型在线平台承担的义务不同。托管服务商无须承担与政府共享数据、禁止针对儿童定向广告、审查第三方供应商凭证和设计合规性等严苛的义务。而如果不加筛选地对所有"守门人"企业进行严格的事前规制，则会让云计算等互联网基础设施业务失去成长的土壤，进而破坏DSA法案所致力于维护的促进创新、提高竞争力等价值。由此可见，在认定"守门人"时，不仅要根据规模进行分级，同时还需要根据平台特点进行分类。

此外，需要警惕的一点是，"守门人"认定的泛化也可能导致误伤。如《个人信息保护法》第58条规定，提供重要互联网平台服务、用户数量巨大、业务类型复杂的个人信息处理者，应当履行特定义务。该规定借鉴了欧盟DSA法案和DMA法案的成果，规定了重要互联网平台作为特殊的个人信息处理者应承担的特殊义务。同时，将"守门人"概念从公平竞争延伸到个人信息保护，再引入狭义的平台责任领域，这会让"守门人"的内涵和外延模糊，甚至变成一个口袋概念。目前由于平台定义的泛化，并辅之强合规义务界定，可能将一些基层主体纳入到守门人范畴中来，即对其报以更高的"积极义务"期待。而"守门人"一旦作为概念被泛化，可能造成既有立法的冲突，也可能会无限加剧网络运营者的义务，让守门变得艰难甚至不可能。

3. 如何设计"守门人"或"超大型平台"的义务和禁止性规定？

如何认定"守门人"抑或"超级平台"是网络运营者分类分级治理的先决条件，在制定科学合理且灵活的界定规则后，还需关注如何设计"守门人"所需承担的义务，以及需被禁止的行为。

DMA法案中第5条至第7条集中规定了"守门人"应当遵守的义务，包括"积极义务"和"消极义务"。① 前者是要求实施的事项，如在特定情况下

---

① 胡晓红：《反垄断法视域下我国平台经济领域"守门人"义务之构造》，载《学海》2023年第2期。

允许第三方与"守门人"的自有服务进行交互操作、向在其平台上做广告的公司提供"守门人"的表现测评工具以及必要信息，使广告商和发布者能够对"守门人"托管的广告开展独立测评、允许平台的商业用户在平台之外推广产品、签订合约、允许平台商家获取他们的平台活动所产生的数据；后者是禁止实施的事项，如禁止用户卸载平台预装的软件、禁止利用商家数据与商家开展竞争、禁止限制用户使用他们可能已经在"守门人"平台以外获得的服务保障数据互联互通等。两大类义务协同作用，防止"守门人"的不公平行为并督促"守门人"开放竞争。可见，DMA以事前规制的方式规范"守门人"的行为，与传统事前监管以反垄断法为代表的"事后工具箱"形成互补，弥补了事后监管在互联网市场监管中反应速度慢和效力不足的缺陷，确保了市场可竞争性和公平性的目标。[①]

（四）评析

相较于国际"守门人"制度，我国《主体责任指南（征求意见稿）》则根据我国以往互联网治理的法律法规和规章文件，以高度概括方式规定35项事前义务，同样禁止超大型平台利用平台服务形成的非公开数据获得不正当竞争优势，并禁止对关联平台提供的服务进行捆绑。为维护公平竞争，《主体责任指南（征求意见稿）》仅原则性地强调了平台不应实施自我优待。但是《主体责任指南（征求意见稿）》中并未就数据可携带权，数据互联互通作出规定，其主要是从数据安全保障方面要求超大型平台建立数据安全审查机制。并且就罚则而言，DMA为了对守门人进行威慑，将企业上一财年的全球营业额作为罚款基数，然而《主体责任指南（征求意见稿）》中未就罚则进行规定，考虑到《主体责任指南（征求意见稿）》并非生效有强制力的法律法规，未来如何对守门人违法违规进行惩罚，需与其他法律法规进行衔接配合。

当前，我国"守门人"制度仍处于探索阶段，需基于国情差异，以现有

---

① 申琦：《是非"守门人"：国际互联网超大型平台治理的实践与困境》，载《湖南师范大学社会科学学报》2023年第1期。

国际实践为镜鉴，不断改善优化。未来的"守门人"制度设计可以参考借鉴DMA的认定机制、提供畅通的企业异议渠道、协助"守门人"企业落地合规建设，不断优化互联网平台监管体系建设。同时，我国在"守门人"制度建设过程中，一方面需要对"守门人"进行科学分类，另一方面也应根据分层式垄断竞争的市场特点，在促进超大型平台合规的同时客观认识到其对数字经济发展的重要作用，以防政府过度介入。

综上，欧盟平台"守门人"制度在世界范围内广受关注并呈现出普及的趋向，但"守门人"制度作为平行于反垄断法的新经济规制即行业规制，有其独特的生成逻辑和运行机理。从我国当前互联网经济发展的阶段出发，对于"守门人"制度应当保持审慎谦抑的态度，结合我国出台《分类分级指南（征求意见稿）》和《主体责任指南（征求意见稿）》，对不同分类各个层级平台设置不同类型的义务，根据竞争市场的特点，在促进超大型平台合规的同时客观认识到其对数字经济发展的重要作用，以防政府过度介入，从而实现"严监管"与"促发展"并举。

六、小结与展望

考量到互联网平台与网络运营者的内在联系，本报告采用"网络运营者"概念。本报告认为：网络运营者分类分级通过明确责任与义务、差异化监管、资源配置与监管优先级的确定以及促进行业健康发展，可以有效维护互联网法治秩序，是互联网法治监管的重要举措。鉴于当下我国分类分级指南中存在的概念模糊、分类目的不明、分类分级关联性较弱、责任承担笼统等问题，可以从如下角度着手：立法模式上考虑"概括指南+专门法规的方式"、考虑细化主体责任并增加相关奖惩机制、分类标准中考虑引入技术逻辑、与"守门人"制度有效衔接。

《中国数字经济发展指数报告（2022）》指出，自2013年以来，中国数字经济发展指数高速增长，数字经济规模已经连续多年位居世界第二。繁荣的数字经济之中，互联网平台经济中占据重要一席，成为促进数字经济健康蓬勃发展的重要力量。随着平台经济的崛起，平台规制在全球范围内成为新兴议题。[①] 但是，互联网所特有的规模经济、范围经济以及大数据特性使得平台市场产生了巨大的进入壁垒，市场资源加速向头部平台集中，"二选一""大数据杀熟"等竞争现状使得"经营者集中""拒绝交易"等隐忧层出不穷。

我国发布的《分类分级指南（征求意见稿）》《主体责任指南（征求意见稿）》虽然做出了对平台分类分级精细化管理的尝试，也强调了平台需落实主体责任，但是因两指南文件关于网络运营者分类分级及其对应的主体责任过于宏观，导致互联网平台无法精准、细致实施，成为亟待解决的问题。

本报告通过对《分类分级指南（征求意见稿）》和《主体责任指南（征求意见稿）》的整体分析，将其优势和不足一一展开剖析，并针对其中核心争议点（如何分类分级，如何与"通知—删除"必要措施衔接，如何与"守门人"制度衔接）进行了重点观察，以此为基础并结合我国的平台经济特性进行法律构造探讨。此外，互联网平台具有无国界、无边界特征，域外经验同样值得我们重视，故而本报告也对欧盟、英国等国家和地区的相关法律法规及案例进行了分析介绍。蒋慧教授指出，多元参与、共同治理固然能促进平台善治，但是关键还在于完善政府的外部治理与平台自治的有效衔接，完善对平台生态中各类主体的权利义务的合理配置，促进平台维护良善的平台市场竞争秩序，形成更加有效的共同治理新格局[②]。当前，全球正处于动荡与变革的转折点，互联网经济是大国博弈的重要抓手，是科技革命、经济发展与改善民生的主要推动者与实施者，国家在鼓励、规制、反垄断三者之间应找寻平衡，创新监管方式与体制，尽可能多采取、优先采取行为规制等相对稳妥、有效举措，以更好地解决当前网络运营者合规领域的实施难题，从而规范行业秩序、促进平台经济长远健康发展。

---

① 金美蓉、李倩：《论"守门人"制度的嬗变及其对完善我国互联网平台主体责任的启示》，载《内蒙古社会科学》2023年第2期。

② 蒋慧：《数字经济时代平台治理的困境及其法治化出路》，载《法商研究》2022年第6期。

结　语

"Across the Great Wall we can reach every corner in the world."
跨越长城，走向世界。

1987年9月20日，这封从北京向海外发送的第一封国际电子邮件至今已数十载，我国互联网产业也从一步三摇的襁褓婴儿成长为朝气蓬勃的舞勺豆蔻。在此期间，互联网技术快速迭代，风口层出不穷，热点各领风骚；在此期间，与互联网产业有关的众多领域从粗放生长开始，在各界的热切关注、广泛讨论和大胆尝试下逐步走向成熟；在此期间，人们经历和见证了一批批互联网应用的更替——直至今日，互联网已经成了社会大众日常生活中牢不可分的一个重要组成部分。

在此背景下，2004年4月14日北京大学互联网法律中心成立，成为中国大陆专门从事互联网领域法律与政策研究的重要机构之一。十九年栉风沐雨，不忘初心，中心立足互联网法律政策研究前沿，通过科研立项、论文资助、会议组织、论文编刊等方式开展互联网法律和政策问题的深度研究，为政府决策、产业发展、学术研究、人才培养提供支撑。

在互联网法律这一交叉学科的研究中北京大学互联网法律中心始终以联系实际、服务产业为目标，以基础理论研究带动实务对策研究为基本范式，促进了中心学术科研水平的不断提高。本次"大治论坛"是继中心连续举办多届互联网法律与公共政策研究论坛之后的又一次升级实践，是中心继续依托我国互联网产业发展、在产学研互动基础上形成稳定研究平台、推动我国

结 语

互联网法理论研究水平进步、加强与国际同类科研机构交流合作、促进研究成果国际化的又一次努力尝试!

时至今日,互联网产业持续发展也为社会带来了许多新议题。这些议题或大或小,连接着互联网与社会各个领域的方方面面。本报告从法律适用的角度出发,选取了五个议题:算法的法律治理:应用与规制,数据要素市场化配置:理论与实践,开源:法律治理与生态构建,元宇宙发展中的法律适用以及网络运营者分类分级法律规制。这些议题均为当前广受全球瞩目的热点议题,各国为应对这些新议题,颁布了诸多新法新规,学界亦绽放出诸多学说观点之花。这些新法新规、学说观点和有关应对措施能否为我国互联网产业所用,亟待进一步探讨。本报告结合近几年产业状况、热门案例、全球有关理论和应对经验进行了归纳和提炼,并在此基础之上提出了一些新的展望。

在此之外,互联网大潮上还有浩如烟海的无数重要议题,它们同样十分引人入胜。可以预见,未来必定还会有更多更为先进的技术诞生,互联网产业也将与个人生活结合得更为紧密,带来更多的便利。更多前所未有的社会关系和交互网络也将随之被构建,而新的社会关系和形式又必然会带来更多新的议题。面对这些新的议题,相信未来的人们仍将秉承互联网精神,通过开放和协作,合作共赢,共谋发展。

致　谢

《全球互联网前沿科技法律观察（2022—2023）》于2023年年初形成初稿，邀请了法学领域专家针对初稿提出指导意见和修改意见，在此基础上形成改稿和公开发布的定稿。

2023年5月20日，"北京大学知识产权学院成立三十周年纪念学术研讨会 暨第三届大治论坛：全球互联网前沿科技法律观察（2022—2023）"在北京和广州同步召开，报告于主论坛中发布，两个分会场共逾百名学术界、实务界的专家学者针对报告提出的法律议题展开了探讨。

2024年1月12日，由北京大学法学院、中国法学交流基金会、北京大学粤港澳大湾区知识产权发展研究院联合主办的第四届"大治论坛：智能社会治理法律观察（2023—2024）"在广州香雪国际公寓、澳门青年人创新部落成功举办，邀请了70余位具有影响力的学者和实务从业者参与研讨，同样对有关话题进行了深度讨论。

在此，向提供指导意见的法学专家和在"大治论坛：全球互联网法律观察（2021—2022）"中参与发言的专家、学者、实务工作者表达感谢，正是他们有益的分享、建议和讨论促进了互联网行业的法律之治。他们分别是：

《全球互联网前沿科技法律观察（2022—2023）》指导专家（按所审阅稿件在本书中的排列顺序）：

　　姚　佳　中国社会科学院法学研究所编审、教授、博士生导师

　　张凌寒　中国政法大学数据法治研究院教授、博士生导师

| 致　谢 |

徐美玲　对外经济贸易大学法学院助理教授
李晓宇　广东外语外贸大学法学院讲师
徐玖玖　中国社会科学院法学研究所网络与信息法研究室助理研究员

再次感谢以上专家学者,以及2023年、2024年两届"大治论坛"参与专家学者、实务工作者对本书和"大治论坛"的支持!

后　记

　　本书的编辑出版得到了中国法制出版社及王熹、吕静云、贺鹏娟、王紫晶等编辑的大力支持。北京大学粤港澳大湾区知识产权发展研究院在执行院长张平的辛勤组织下，吸收来自全国各高校的硕士、博士研究生，组建研究团队针对有关话题进行长期研究，并共同参与本书的撰写、修订工作，具体参与写作人员如下：

　　各部分主持人：辜凌云（北京大学法学院）、闫文光（中国人民大学法学院）、谢阳（中山大学法学院）、刘伟斌（北京航空航天大学法学院）、梁欣然（澳门科技大学法学院）；参与撰写和修订工作的团队成员：赵怡冰（北京大学法学院）、朱园伟（中南大学法学院）、徐佳鑫（北京大学法学院）、许洋龙（北京大学法学院）、张梓楠（深圳大学法学院）、秦瑞翰（厦门大学知识产权学院）、夏瑜（中国人民大学法学院）、李林凡（中国人民大学法学院）、凌晓苏（厦门大学知识产权学院）、黎活文（暨南大学法学院）、谢巽（华南理工大学法学院）、蒯鸿娜（华南理工大学法学院）、王清杨（悉尼大学文学院）、陈彤欣（华南农业大学国际教育学院）；其他参与撰写人员（按姓名首字母顺序）：陈蕾、陈琳、段南星、郭依贝、胡誉川、金宇航、李佳一、潘婧怡、施田琪、吴熙辰、吴亚曦、徐煜涵、叶卓颖、张晗、章璐、周劭涵、周弋文、朱培瑜。

　　未来，"大治论坛"将持续关注并选取有意义的互联网或智能社会法律议题，为互联网行业合规及互联网法治生态良性发展提供方向，为互联网监管提供参考思路，响应国家依法治网、推动建立全球互联网治理体系

| 后 记 |

的号召。本书难免有瑕疵甚至错误之处，敬请读者批评指正。欢迎与我们联系（电子邮箱：pkuiplaw@ipip-gba.cn），也期待并感谢您的任何意见或建议！

图书在版编目（CIP）数据

全球互联网前沿科技法律观察：2022—2023 / 张平主编. -- 北京：中国法制出版社, 2024. 8. -- ISBN 978-7-5216-4671-9

Ⅰ. D912.104

中国国家版本馆CIP数据核字第2024CA9975号

责任编辑：吕静云　　　　　　　　　　　　封面设计：杨泽江

全球互联网前沿科技法律观察：2022—2023
QUANQIU HULIANWANG QIANYAN KEJI FALÜ GUANCHA：2022—2023

主编 / 张　平
经销 / 新华书店
印刷 / 三河市国英印务有限公司
开本 / 710毫米×1000毫米　16开　　　　印张 / 17.75　字数 / 265千
版次 / 2024年8月第1版　　　　　　　　2024年8月第1次印刷

中国法制出版社出版
书号ISBN 978-7-5216-4671-9　　　　　　定价：80.00元

北京市西城区西便门西里甲16号西便门办公区
邮政编码：100053　　　　　　　　　　传真：010-63141600
网址：http://www.zgfzs.com　　　　　　编辑部电话：010-63141781
市场营销部电话：010-63141612　　　　印务部电话：010-63141606
（如有印装质量问题，请与本社印务部联系。）